Hans Bürger / Kurt W. Rothschild

Wie Wirtschaft die Welt bewegt

Die großen ökonomischen Modelle auf dem Prüfstand

Hans Bürger / Kurt W. Rothschild

Wie Wirtschaft die Welt bewegt

Die großen ökonomischen Modelle auf dem Prüfstand

lesethek

Bibliografische Information Der Deutschen Bibliothek:
Die Deutsche Bibliothek verzeichnet diese Publikation in der
Deutschen Nationalbibliografie; detaillierte bibliografische Daten
sind im Internet über http://dnb.ddb.de abrufbar.

www.lesethek.at

Braumüller GmbH, A-1090 Wien

ISBN 978-3-99100-009-9
1. Auflage 2009

Cover: reiter ad work, A-8010 Graz
Coverbild: Fotolia, Pix Byte Media
Fotos hintere Umschlagklappe und Rückseite: Daniela Klemencic
Layout: Christian Ginner
Grafiken: Michael Saathen / Christian Ginner
Druck: Ferdinand Berger & Söhne Gesellschaft m.b.H., A-3580 Horn

Inhalt

Vorwort

Das ist kein Buch über die Krise.

Aber an ihr vorbei können und wollen wir auch nicht.

Das ist ein Buch über die Wirtschaft: Wie sie die Welt bewegt. Das tut sie, seit Menschen Güter tauschen und miteinander handeln. Deshalb ist dieses Buch *auch* ein Buch über die Krise, weil es sehr viel um den „Faktor" Mensch gehen wird. – Um jenes Wesen, das nicht nur ein „homo oeconomicus" ist. Denn das menschliche Wesen trifft seine Entscheidungen in der Welt der Wirtschaft nicht nur aus rationalen Erwägungen, sondern aus vielerlei Beweggründen: Aus Angst, aus Lust, aus Langeweile oder etwa aus Gier. Seine Überlegungen werden mitunter auch getrieben von Prestigedenken bis hin zum blanken Neid: Alles Faktoren, die den rein ökonomischen Blickwinkel verzerren.

Um nicht bei Adam und Eva beginnen zu müssen, haben wir uns einen Zeitraum von nicht ganz 250 Jahren ausgesucht. Warum gerade von der Mitte des 18. Jahrhunderts bis heute? Weil wir damit Wirtschaft genau ab jenem Zeitpunkt erfassen können, ab dem sie zur Wissenschaft geworden und an den Universitäten als eigene Studienrichtung gelehrt worden ist.

Und damit werden wir wieder unweigerlich auf die zweite Weltwirtschaftskrise, nach jener ersten in den 1930er-Jahren, stossen. Denn wir wollen aufzeigen, dass auch sie nicht aus dem Nichts gekommen ist. Wie keine der Krisen, die in den vergangenen 250 Jahren Länder, Teile von Kontinenten oder auch ganze Erdteile erfasst haben. Zwar sind die Ursachen nicht immer die gleichen gewesen. Was aber die Auswege betrifft, ist immer ein roter Faden zu finden: Ist eine Volkswirtschaft oder gar die gesamte Weltwirtschaft einmal aus dem Gleichgewicht gekommen, findet sie allein, ohne fremde Hilfe, kaum mehr in die Balance zurück. Die freie Marktwirtschaft, der Markt allein, schafft es jedenfalls nicht.

Und noch einen Bezug zur Krise können wir herstellen: Ohne Krise hätten sich Lehrer und Schüler nicht wieder getroffen. Damit sind wir bei der Frage: Wer sind eigentlich „wir?“. Wir, das sind der 1985 emeritierte Universitätsprofessor für Volkswirtschaftslehre Kurt Rothschild und der ORF-Journalist Hans Bürger, Rothschilds letzter „geprüfter“ Schüler im Oktober 1985 an der Johannes Kepler Universität in Linz. Nach Abschluss des Studiums verlieren sich unsere Wege, 23 Jahre später kreuzen sie sich wieder. Bürger hört im österreichischen Kulturradio Ö1 eine vierteilige Serie über das Wirken des Postkeynesianers Kurt Rothschild. Nach rund dreißig Jahren im Schatten des ökonomischen „Mainstreams“ steigt die „Nachfrage“ nach jenen Wissenschaftlern, die den Markt als alleinigen Regulator des Wirtschaftsgeschehens ablehnen, plötzlich sprunghaft an. Die schwere Krise des Neoliberalismus auf den Finanzmärkten hat einen Markt für Anhänger staatlicher Eingriffe geschaffen. Der „run“ auf nachfrageorientierte Ökonomen wird so groß, dass sogar neoliberale Ökonomen plötzlich hunderte Milliarden schwere Konjunkturpakete propagieren. Ökonomen, die den Staat zumindest nicht verteufeln, haben nach dreißig Jahren Spielpause wieder Konjunktur im Dauermatch der ökonomischen Theorien. Einer von ihnen ist Kurt Rothschild. Und mehrere Interviews liest und hört eben auch sein früherer, sein „letzter“ Schüler bevor Rothschild als Universitätsprofessor emeritiert, Hans Bürger.

Schon nach dem ersten Treffen mit den Verlagschefs, Konstanze und Bernhard Borovansky wird klar: Nein! Wir wollen kein Buch über die Krise schreiben. Was wir wollen, ist Hintergründe anbieten. Nicht Hintergründe für diese Krise, sondern dafür, dass der Kapitalismus an und in sich nicht krisenfest ist. Dass nicht der Staat stets an den Störungen und am Ungleichgewicht auf den Märkten schuld ist, sondern der Markt selbst, wenn er völlig ungeregelt ist. Und das auf allen seinen „Spielwiesen“: Am Gütermarkt, am Arbeitsmarkt und am Kapitalmarkt.

Die Idee ist es, Professor und Journalist, der nach seinem Volkswirtschaftsstudium politischer Redakteur geworden ist, in „ökonomische Gespräche“ zu verwickeln und diese Gespräche aufzuzeichnen. An vielen Tagen zwischen Mai und Juli 2009 reden Rothschild und Bürger – reden, reden, reden. Ein kleines Aufnahme-Gerät sorgt dafür, dass die Stenotypistin im Braumüller Verlag nach den Aufnahmetagen keine ruhigen Nächte mehr hat.

Hans Bürger ist es dann, der seine eigenen Fragen und Meinungen und die von siebzig Jahren ökonomischer Erfahrung geprägten Antworten Rothschilds neu formuliert, zu einem Ganzen zusammenfügt und in Kapitel „tranchiert“ – ein Ausdruck, dem wir im Teil über die neue Krise mehrmals begegnen werden. Das Kapitel „Und was jetzt?“ am Ende dieses Buches schreibt Professor Kurt Rothschild selbst. Wenigstens hier muss er nicht unter journalistischer Verkürzung durch den Redakteur Bürger leiden.

Kapitel I

Der Glaube an den Markt und das ewige Gleichgewicht

„Krise. Krise! Krise? Krise.“, schallt es heute quer über den gesamten Globus. Im Nachhall werden gleich die Erklärungen dazu geliefert: Kasinokapitalismus eben. Spekulanten. Gier. Das Böse im Menschen an sich. Nachfrageprobleme. Angebotsprobleme. Die Deregulierung der Finanzmärkte. Deregulierung überhaupt. Die Wurzeln des Übels werden meist bloß bis in die 1970er-Jahre zurück verfolgt. Damals begannen wieder so genannte neoliberale Ökonomen die Lehrbücher zu beherrschen.

Für die Autoren gehen diese Erklärungsversuche nicht weit genug. Dieses Buch will – so kühn dies auch klingen mag – das Problem an der wirklichen Wurzel packen. Und die begann vor rund 250 Jahren zu wachsen. Natürlich wurde auch vorher gewirtschaftet, doch eine erste Gebrauchsanweisung hatte noch niemand geschaffen. Das gelang erst Adam Smith. Wer immer heute nach Erklärungen für eine große Wirtschaftskrise sucht, wird sie im 18. Jahrhundert finden. Im Glauben an den freien Markt: An eine Kraft oder, wie sie bei den „Klassikern“ benannt wird, an die „unsichtbare Hand“. Sie sorgt dafür, dass Menschen, die etwas produzieren, es auch verkaufen können, und dass Menschen, die etwas kaufen wollen, dies am Markt auch bekommen. Regeln bedarf es dazu keiner, nur bestimmter Instrumente: Preise, Löhne, Zinssätze, Profite. Selbstverständlich hat es in diesen 250 Jahren jahrzehntelange Zeitabschnitte gegeben, in denen das Spiel, auch Kapitalismus genannt, funktioniert hat. Vereinfacht ausgedrückt immer dann, wenn handfeste Produkte (Rohstoffe, Nahrungsmittel, Luxusgüter wie zum Beispiel Pelze) gehandelt worden sind. Schwierig wurde es immer dann, wenn die Finanzwelt die Oberhand gewonnen hatte. Bereits die Welt der Waren funktioniert nicht völlig ohne Regeln. Die Welt der Finanzprodukte schon gar nicht.

Man muss den so genannten Klassikern der Wirtschaftswissenschaften von Smith über Ricardo bis Mill zugute halten, dass sie nicht ahnen konnten, was Börsianer und Finanzgurus zwei Jahrhunderte später aus ihrem liberalen Gedankengut machen würden. Dass sich in den Krisen Anfang des 20. Jahrhunderts – also auch in den Weltwirtschaftskrisen der 1930er-Jahre und der, die 2008 begann – Geld systematisch von realen Werten entkoppeln und selbst zur Ware werden würde: In den 1930er-Jahren noch auf Aktien und Kredite beschränkt und Ende des zweiten Jahrtausends auf hunderte Finanzprodukte und Kreditderivate (also von Krediten abgeleitete Finanzierungsprodukte) erweitert. Ein Markt ohne Waren also: Ein Markt, in dem Wetten auf das Auf und Ab von Kursen geschlossen werden, deren Grundlage reale Werte wie Gebäude oder Maschinen sein sollten, es aber immer weniger sind.

Und dennoch, die Regel des 18. Jahrhunderts behält noch immer ihre Gültigkeit: Nur ja kein Eingreifen in diesen Wirtschaftskreislauf. Kein Staat, keine Institution soll die Marktmechanismen stören. Zehntausende Politiker und Finanzexperten aus aller Welt geben weiterhin vor, an die „unsichtbare Hand" zu glauben. Einigen dämmert es langsam, dass das Spiel irgendwann aus sein müsste, doch vielleicht ist es dann für ein öffentliches Bekenntnis zu spät. Warum dämmert es einigen? Weil sie die Grundlage der Marktabläufe erkennen. Sie heißt Wachstum. Das System *kann* nur funktionieren, wenn es immer wieder weiter geht. Wenn immer wieder neue Käufer für neue Finanzprodukte gefunden werden. Stillstand ist in diesem System nicht vorgesehen. Im Kapitalismus generell nicht. Auch er braucht Wachstum. Auch er kann auf Dauer Bedürfnisse der Menschen nicht nur erfüllen, er muss sie erzeugen. Nur Bestehendes zu befriedigen und zu bewahren ist in einem System, dessen Grundlage der Profit ist, nicht machbar.

Dennoch sehen wir heute einen entscheidenden Unterschied: Wachstumsraten von ein bis zwei Prozent können bei einer ständig steigenden Weltbevölkerung als „natürlich“ bezeichnet werden. Rendite-Versprechungen von Bankmanagern von 20 bis 25 Prozent pro Jahr nicht. Da braucht es einen geschickten Aufbau eines Finanzsystems, am besten einen, der durch völlige Undurchschaubarkeit besticht.

Anfang des dritten Jahrtausends ist eine Welt entstanden, die mit einem Mausklick Gewinne möglich macht, die das Lebensvermögen eines internationalen Konzernchefs mickrig aussehen lassen. Milliarden Euro in wenigen Sekunden. Wozu soll der Mensch da noch einer geregelten Arbeit nachgehen? Wozu sollen Produkte erzeugt werden, mit Hilfe von Arbeitern, Kapital und Maschinen?

Und obwohl wir in einer Welt der scheinbar totalen Information leben, zumindest mit schier unendlichen Möglichkeiten sich diese zu beschaffen, fußt der Erfolg des ausufernden Finanzkapitalismus auf einer breiten Vertrauensbasis, gekoppelt mit Unwissenheit. Anders wäre es nicht erklärbar, dass Millionen von Menschen über Jahre hinweg Finanzberatern – von Schattenbanken, aber auch von renommierten Banken – ihr gesamtes Hab und Gut anvertraut haben, ohne je zu wissen, was der nette Herr, die nette Dame, die sie vom Schalter kannten, oder vom Telefon oder auch nur von E-Mails, wirklich mit dem mühsam Ersparten machen würden. Ein bis heute schwer nachvollziehbares Vertrauen, das, wie es Nobelpreisträger Paul Krugman formuliert, zu einem Vertrauensmultiplikator geworden ist.

Am Ende stand die Übertreibung. Nach oben und nach unten. Plötzlich wollten sie alle mitnaschen, an den Riesen-Renditen von 20 bis 25 Prozent. Seit 2008 will niemand mehr dabei sein.

Das erklärt die enormen Berg- und Talfahrten der Finanzmärkte, die nicht notwendig gewesen wären, hätte man den Märkten einige Regeln gegeben.

So hatten es die Gründerväter der Ökonomie nicht gemeint. Und dennoch haben sie die Basis gelegt für heutiges wirtschaftliches und wirtschaftswissenschaftliches Handeln. Die Denkfehler der Ökonomie liegen ein Viertel Jahrtausend zurück.

1. Papa Markt wird's schon richten oder ein echter „Klassiker"

Weshalb wissen wir eigentlich, was wir in diesem Buch schreiben wollen? Weil auch Wirtschaft eine Wissenschaft ist. Das klingt selbstverständlich, ist es aber noch gar nicht so lange. Genau genommen knapp über 230 Jahre. Seit Adam Smith sein großes Werk, der *Reichtum der Nationen*, veröffentlicht hat. Aber dazu später. Im 18. Jahrhundert, genau genommen 1776, ist also Wirtschaft zu einer Wissenschaft geworden und hat bis heute so viel Wissen geschaffen, dass immer mehr Politiker den Überblick verloren haben. Die Entwicklung ist übrigens parallel verlaufen. Der Liberalismus ist die philosophische, wenn man so will politische, Grundlage für das wirtschaftliche Leben ab dem Ende des 18. Jahrhunderts und sollte es auch rund eineinhalb Jahrhunderte lang bleiben. In der Wirtschaftswissenschaft spricht man von der „Klassik". Natürlich haben sich auch vor den „Klassikern" Menschen mit Wirtschaft befasst, von den Physiokraten in Frankreich bis zu Aristoteles zurück, aber mit Adam Smith, dem Schotten, entstand zum ersten Mal eine eigene Richtung; eine Wirtschaftstheorie im klassischen Sinn. Und während sich die Physiokraten vor allem mit Landwirtschaft beschäftigt hatten, hatte Smith schon die industrielle Entwicklung im Auge. Diese „klassische" Phase der Wirtschaftswissenschaften fällt mit der Entwicklung des Kapitalismus zusammen. Die alten Formen der Zunftwirtschaft, der regionalen Wirtschaft, gehen in ein nationales und eigentlich schon damals weltwirtschaftliches Denken über. Globalisierung als eine Idee des 20. Jahrhunderts? Mitnichten.

Adam Smith (1723-1790)

Adam Smith wurde in Schottland geboren, mit 14 Jahren begann er sein Studium in Glasgow bei dem Moralphilosophen Francis Hutcheson. Er setzte das Studium der Philosophie in Oxford fort. Schließlich wurde er zuerst Professor für Logik, später, 1751, Professor für Moralphilosophie an der Universität in Glasgow. Zu jener Zeit entwickelte sich seine Freundschaft mit David Hume. Entsprechend ist auch Adam Smiths erstes Buch ein moralphilosophisches: *The Theory of Moral Sentiments* (*Theorie der ethischen Gefühle*), erschienen 1759.

Als er den Sohn des britischen Schatzkanzlers drei Jahre lang auf dessen Grand Tour auf dem Kontinent begleitete, begann Smith die Arbeit an seinem Hauptwerk *An Inquiry into the Nature and Causes of the Wealth of Nations* (*Reichtum der Nationen – Eine Untersuchung seiner Natur und seiner Ursachen*), das allerdings erst wesentlich später, 1776 veröffentlicht wurde. Mit diesem Werk wurde Smith zum ersten großen Wirtschaftsdenker und Begründer der klassischen Schule der Nationalökonomie. Smiths Ideen bedeuten eine Abwendung vom Merkantilismus und dem absolutistischen Staat, hin zum eigenverantwortlichen, selbstbestimmten Individuum.

Er formulierte im *Reichtum der Nationen* die Gesetze des Marktes und wollte die „unsichtbare Hand" analysieren, die Menschen auf eine Weise lenke, die der Gesellschaft als Ganzes diene. Als höchsten Zweck des Wirtschaftslebens bezeichnete Smith den freien Austausch von Waren und Dienstleistungen.

Sein Werk wurde erst nach seinem Tod wirklich anerkannt, doch die großen Konstanten, die Smith beschreibt, bilden bis heute die Basis des Wirtschaftslebens.

Was sagte nun Adam Smith so Sensationelles, dass viele Ökonomen bis heute von ihm schwärmen?

Er wollte zeigen, dass wirtschaftliches Handeln nach bestimmten Gesetzmäßigkeiten abläuft. Man darf nicht vergessen, dass der Markt im Frühkapitalismus etwas Neues war – zum ersten Mal wurde auf breiter Basis produziert: Eben nicht auf Bestellung, also weil ein Handwerker einen Auftrag bekommen hatte, sondern für einen Markt. Für einen Markt, auf dem sich Verkäufer und Käufer nicht kannten. Beide blieben also anonym und die Frage war anfangs, ob da auch etwas Vernünftiges herauskommen konnte, wenn die einen nicht wussten, wer ihre Waren kaufen würde, und die anderen nicht, wer sie erzeugt hatte.

Es zeigte sich zweierlei: Durch Konkurrenz und durch Preisbildungen konnte ein Netz entstehen; ein Netz, das zwischen Anbietern und Nachfragern gespannt war. – Und das war das Revolutionäre: Dieses „vernetzte Handeln" der Marktteilnehmer lief sogar nach bestimmten Gesetzmäßigkeiten ab. Diese Gesetzmäßigkeiten hatte es schon Jahrhunderte lang gegeben, aber niemandem waren sie aufgefallen. Adam Smith war der erste Wissenschaftler, der sie formulierte.

1.1. Erste Denkfehler – wo ist das Geld?

Die Klassiker klammern sich an das so genannte „Saysche Theorem", das vereinfacht sagt, jedes Angebot schafft sich seine Nachfrage.

Das Problem ist, dass das in dieser Entschiedenheit nur für den Austausch von Gütern gilt. Jean-Baptiste Say hatte postuliert, dass es weder Überproduktion noch Nachfragemangel geben könne, weil jedes Angebot eines Gutes gleichzeitig der Nachfrage nach einer anderen Ware entspreche. Wenn Sie etwa Mäntel erzeugen und Schuhe brauchen, dann suchen Sie jemanden, der Ihnen zwei Paar Schuhe für einen Mantel gibt. In diesem Fall spielt Geld überhaupt keine Rolle.

Was die Klassiker allerdings schon aufzeigen konnten, war die Dynamik auf solchen Märkten. Angenommen, aus welchen Gründen auch immer, es steigt plötzlich die Nachfrage nach Schuhen, und zwar so dramatisch, dass jemand sogar bereit wäre, zwei Mäntel für ein Paar Schuhe zu geben. Wir erinnern uns: Am Beginn des Marktprozesses hätte der Mantelerzeuger sogar vier Paar Schuhe für zwei Mäntel bekommen. Was sich nun geändert hat, ist das Tauschverhältnis. Ohne Geld ist das natürlich sehr mühsam. Denn *will* der Schuhverkäufer plötzlich auch zwei oder gar vier Mäntel für ein Paar Schuhe?

Offensichtlich ja, sonst würde er den Tausch nicht machen. Allerdings müssen sich Anbieter und Käufer auch immer finden. Am Marktplatz ist das am einfachsten, innerhalb einer Stadt ist es vielleicht auch nicht so schwer, vielleicht sogar innerhalb eines Bundeslandes findet jeder Mantelverkäufer seinen Schuh-Anbieter und umgekehrt. Doch in der Volkswirtschaft eines ganzen Landes stößt das Tauschprinzip an seine Grenzen. Um weiterzukommen, braucht es Geld.

Für John Maynard Keynes war das Ausblenden der tatsächlichen Geldfunktion der erste große Denkfehler der klassischen Nationalökonomie. Er sagte genau 160 Jahre nach Smith, dass die Theorie, dass sich jedes Angebot seine Nachfrage schafft, in einer Geldwirtschaft nicht stimmt.

Geld hat den großen Vorteil, dass man ein allgemein gültiges Zahlungsmittel hat, das alle anerkennen. Es ermöglicht den indirekten Tausch: Ich kann zunächst eine Ware gegen Geld tauschen und erst anschließend den Anbieter suchen, der für Geld bereit ist, seine Produkte anzubieten. Aber dann gilt nicht mehr, dass Angebot gleich Nachfrage ist. Denn es kann durchaus passieren, dass jemand, der Mäntel verkaufen will, niemanden findet, der ihm dafür Geld geben will. Sein Angebot eines Gutes führt nicht direkt zur Nachfrage eines Gutes, wie es beim Tausch noch funktioniert hat.

Was Ökonomen aber damals vor allem übersahen, war, dass Geld nicht nur ein Tauschmittel, sondern auch ein Vermögens-Bedarfsmittel ist. Für die „Klassiker" war Geld nur eine Art Schmiermittel, um eine arbeitsteilige Wirtschaft zu ermöglichen. Es hatte vor allem auch die Funktion, Güter bewerten zu können.

Und das funktionierte über die Preise. Ein einfaches System: Wenn alle Leute plötzlich mehr Mäntel wollten, stieg der Preis für Mäntel; mehr Mäntel wurden erzeugt. Waren zu viele Mäntel am Markt, musste der Preis wieder fallen, um die Kleidungsstücke auch rasch absetzen zu können.

Das System der wechselnden Preise ist das Herz der klassischen Theorie. Mit flexiblen Preisen kann man sich an die Wünsche der Marktteilnehmer anpassen. Natürlich war auch den Ökonomen von damals klar, dass sich die Anpassungsvorgänge verzögern könnten. Dennoch glaubten sie an einen sich immer wieder einpendelnden Idealzustand: An ein durch bewegliche Preise entstandenes Gleichgewicht. An eine Art „momentanes Tausch-Gleichgewicht", in dem jede und jeder gekauft hat, was er wollte und jede und jeder verkauft hat, was er loswerden wollte. Die Klassiker räumten ein, dass in diesem Gleichgewicht nicht alle zufrieden sein mussten. Aber die Unzufriedenen hatten zumindest die Möglichkeit, in der „nächsten Runde" dabei zu sein. Neue Wünsche, neue Preise, der Markt kam wieder in Bewegung, solange bis sich Angebot und Nachfrage neuerlich gefunden hatten.

In diesem System kommt es natürlich auch nie zu einer Absatzkrise. Ein ungestörtes Preissystem sorgt etwa bei einem Überangebot von Waren dafür, dass die Preise so lange fallen, bis alle Waren abgesetzt sind. Natürlich wird in einem derartigen System der Unternehmer auch nicht mehr bereit sein, die bisherigen Löhne zu zahlen, weil er für seine Produkte weniger Geld bekommt. Da sich diese Wirtschaftstheorien im Wesentlichen bis zur ersten Weltwirtschaftskrise in den 1930er-Jahren gehalten haben, war die Krisenstrategie des „Preise und Löhne runter" auch das Rezept der Neoklassiker in den 1930er-Jahren – mit den bekannten Folgen: Die Unternehmen senkten wegen ihrer gefallenen Produktpreise die Löhne. Und die Konsumenten, konfrontiert mit niedrigeren Einkommen, kauften auch weniger, beziehungsweise noch deutlich weniger, als sie sich leisten hätten können, weil sie erstens verunsichert waren und zweitens die Hoffnung hatten, dass die Preise noch mehr fallen könnten. Sie warteten ab und hielten das Geld zurück.

Wieder erkennen wir, dass die Funktion des Geldes seit Beginn der Wirtschaftswissenschaften vollkommen unterschätzt worden ist.

1.2. Der „Kapitalist" – Arbeitsteilung, Konkurrenz, Profit

Man muss zu den „Klassikern" aber auch fair sein. Adam Smith hat nicht nur geirrt. Im Gegenteil, seine Grundidee war höchst sozial. Smith wollte nicht weniger als die weltweite Armut bekämpfen und da schien ihm die „Arbeitsteilung" als das am besten geeignete Instrument.

Er ging davon aus, dass weltweit einfach mehr produziert werden müsste, damit seine Theorie funktionieren würde. Das würde man aber nur mit einer höheren Produktivität schaffen: Also dieselbe Menge an Produkten durch Verbesserung der Arbeitsweise bei gleichbleibender Qualität in weniger Zeit zu erzeugen. Vereinfacht ausgedrückt, ein Arbeiter kann viel mehr produzieren, wenn er richtig, also effizient und damit produktiv arbeitet. Das heißt, anstatt in einer Stecknadelfabrik jeden Tag einige komplette Stecknadeln zu fertigen – dieses Beispiel nennt Smith – könnte einer den Stecknadelkopf, der andere die Nadel, wieder ein anderer den Zusammenbau und so fort übernehmen. Die Produktivität stieg damals auf diese Weise in verschiedenen Fabriken gar um das 100-fache pro Arbeiter.

Natürlich stellt sich spätestens jetzt die Frage, warum sich irgendein Mensch, sei er noch so edel und fleißig, all das antun soll. Wozu Fabriken bauen, Arbeiter einstellen, Löhne zahlen, Abnehmer suchen und die Produktivität steigern? Die Antwort gilt bis heute und überrascht wohl nicht: Weil am Ende auch für den Unternehmer etwas übrig bleibt. Der Gewinn. Der Profit. Am Ende steht der Kapitalist. Am Anfang steht der Kapitalist.

Dumm für alle Konsumenten wäre es, wäre dieser erste Kapitalist allein geblieben. Also ein Unternehmer, der alle Produkte erzeugt. Es würde schon genügen, wenn ein bestimmtes Produkt aus nur e i n e m Unternehmen kommen würde. Dann könnte dieser Unternehmer höchste Extrempreise verlangen um soviel wie möglich für sich selbst als Gewinn einzubehalten. Das würde er auch tun, solange er keinen Konkurrenten hätte. Auch das zeigt Smith.

Da sich am Markt aber sehr wohl viele Anbieter tummeln, werden wohl nur die überleben, die für ihre Produkte Preise verlangen, die nicht von anderen Anbietern unterboten werden.

Und hier kommt eines der berühmtesten Schlagwörter klassischer Wirtschafts*theorie* oder liberaler und späterer neoliberaler Wirtschafts*politik* ins Spiel: Die „unsichtbare Hand". Die „unsichtbare Hand" ist es, die laut Adam Smith dafür sorgt, dass Angebot und Nachfrage immer aufeinander abgestimmt sind. Bewegliche Preise auf ungestörten, nicht regulierten Märkten mit anonymen Marktteilnehmern führen zu einem effizienten Gleichgewicht.

Nun wissen wir also, warum jemand Kapitalist wird und warum am Markt Gleichgewicht herrscht. Was wir nicht wissen, ist warum das Gewinnstreben eines einzelnen (von Kritikern mit Profitgier übersetzt) mehreren Menschen, gar einer ganzen Gesellschaft und letztlich a l l e n helfen sollte. Also warum dieses ökonomische Denken einiger, Reichtum für alle (Nationen!) bringen sollte. Dazu sagt Adam Smith sinngemäß: Kein Bäcker bäckt Brot um den Menschen Gutes zu tun, sondern weil er damit verdienen will. Aber weil eben der Unternehmer so handelt, sorgt er „automatisch" für allgemeinen Wohlstand. Heute wissen wir, dass das so nicht stimmt, wenn nicht eine zweite Säule greift, mit der sich nach Smith vor allem zwei weitere berühmte ökonomische „Klassiker" beschäftigt haben: David Ricardo und John Stuart Mill. Beide machten sich Gedanken über die gerechte Verteilung des Wohlstandes: Mit dem, was wir heute Sozialpolitik nennen.

John Stuart Mill hoffte, dass eine gewisse Grundanständigkeit der Menschen dafür sorgen würde, dass das, was produziert, auch gerecht verteilt wird. Mill ging davon aus, dass höher entwickelte Gesellschaften, in denen weniger kranke und weniger arme Menschen leben, auch moralischer agieren würden.

Der Philosoph Thomas Hobbes hatte das im 17. Jahrhundert ganz anders gesehen: Er postulierte „Homo homini lupus" … dass im menschlichsten der Menschen noch immer der Wolf steckt. Deshalb brauche man – so Hobbes – einen starken Diktator, der den Menschen aufzwingt, was sie zu tun haben. Nur dann würde man sich in einer Gesellschaft nicht gegenseitig umbringen.

Vor allem bei Mill zeigt sich aber der Unterschied zwischen den Klassikern und den späteren Neoklassikern. Ihn interessierten soziale Fragen außerordentlich. Der Kapitalismus sei notwendig, argumentierte er in der zweiten Hälfte des 19.Jahrhunderts, weil die Produktion noch zu schwach sei. Auch deshalb müsse man auch noch einige Zeit das Unrecht einer unsozialen Einkommensverteilung in Kauf nehmen. Allerdings, und wieder argumentierte der Ökonom, der sich übrigens auch vehement für mehr Frauenrechte einsetzte, mit dem Charakter des Menschen: Wenn alle Menschen den Status der Menschenliebe erreichten, dann würden sie auch Verantwortung im Wirtschaftsprozess übernehmen.

Dafür sorgen sollte laut Mill Erziehung und Bildung. Aber – und das ist das Überraschende bei diesem Klassiker – auch der Staat. Zum Beispiel schlug Mill eine fast hundertprozentige Erbschaftssteuer vor. Damit wollte er die seiner Ansicht nach völlig ungleichen Startbedingungen für Jugendliche zumindest dämpfen. Warum sollten jene von reichen Eltern so eklatant bevorzugt werden, fragte er, während jene aus armen Familien von Anfang an kaum Chancen hätten.

Gleichzeitig machten ihm seine eigenen Vorschläge Angst. Denn in den Marktprozess sollte der Staat selbstverständlich nicht eingreifen. Außerdem sei die „moralische Instanz" Staat immer durch Korruption und Machtvorteile für bestimmte

David Ricardo (1772-1823) und John Stuart Mill (1806-1873)

Der Engländer **David Ricardo** entwickelte die auf dem Grundsatz der Wirtschaftsfreiheit beruhende klassische Verteilungslehre. Er stammte aus einer holländisch-jüdischen Familie, sein Vater hatte es als Börsenmakler zu Reichtum gebracht. Auch Ricardo selbst gelangte nach der Enterbung durch seinen Vater schnell an der Börse zu viel Geld und konnte sich anschließend in Ruhe seinen Studien widmen.

In seinem Hauptwerk *On the Principles of Political Economy and Taxation* (*Grundsätze der politischen Ökonomie und der Besteuerung*, 1817) begründet Ricardo, warum Großgrundbesitzer dauerhaft auf Kosten anderer Bevölkerungsschichten reich werden. Ein weiteres wichtiges Element seiner Theorie ist die Arbeitswertlehre, die besagt, dass der Preis einer Ware, von der Menge und dem Wert der in sie investierten Arbeit abhängt.

Der „komparative Kostenvorteil" wurde ebenfalls von Ricardo formuliert. Danach hängt es von den Produktionsverhältnissen ab, ob ein Warenaustausch zwischen zwei Ländern Vorteile bringen kann. Die Spezialisierung einzelner Länder auf die kostengünstige Produktion bestimmter Waren, die dann exportiert werden, bringt Wohlstand in allen an dem Handel beteiligten Ländern – diese Theorie wird zur Basis für die Konzepte des Freihandels und der Schutzzölle.

John Stuart Mill zeigte schon als Kind Interesse an der Ökonomie, wie, unter der Anleitung seines Vaters, auch an vielen anderen Bereichen. Bereits mit 14 Jahren begann er sein Studium in Montpellier, zu dieser Zeit hatte er auch erstmals Kontakt mit Gleichaltrigen.

1823 nahm er seine Tätigkeit in der Korrespondenzabteilung der Ostindischen Handelsgesellschaft auf, eine Anstellung, die ihm bis zu seiner Pensionierung Freiraum für seine wissenschaftlichen Interessen bot. Mills Werke bilden die Grundlagen der klassischen Nationalökonomie, er gilt als Vollender des klassischen Systems. Gleichzeitig war Mill aufgrund seiner breit gefächerten Interessen sowie dem Einfluss seiner politisch aktiven Ehefrau Harriet Taylor, ein sozialer Reformer.

Mills Hauptwerk *Principles of Economy* (*Prinzpien der Politischen Ökonomie*) erschien 1848; es bietet einen vollständigen Überblick über verschiedene Bereiche der Wirtschaft. Seine darin vertretene Hauptthese lautet, dass es keinen fundamentalen Unterschied zwischen Produktion und Einkommensverteilung gäbe. Das Buch kann ebenso als groß angelegter Gesellschaftsentwurf, der Modell für die Reformierung des Kapitalismus stehen sollte, gelesen werden. Mill analysierte darin auch frühe kommunistische

Ideen, von denen er allerdings nicht überzeugt war. Seiner Einschätzung nach würde die Gesellschaft einen stationären Zustand erreichen, der Wohlstand für alle bedeutete. Die *Principles* waren ein großer Erfolg, das Werk wurde zum meist verwendeten Lehrbuch des 19. Jahrhunderts, Mill selbst brachte sogar eine kostengünstige Volksausgabe davon heraus.

Gruppen gefährdet. Mills Lehre ist eine permanente Gratwanderung, dennoch ist sein Lehrbuch in der zweiten Hälfte des 19. Jahrhunderts das führende an europäischen Universitäten.

Die meisten neoliberalen Denker gehen bis heute davon aus, dass individueller Egoismus und ökonomischer Wettbewerb, getragen von effizienter Produktion, automatisch zu mehr Wohlstand für die gesamte Gesellschaft führen.

Natürlich stimmt die Idee im Ansatz bis heute, gäbe es da nicht das Problem der Monopolbildung und der ungerechten Verteilung, weil eben auch weiter entwickelte Gesellschaften keineswegs eine gerechtere Einkommensverteilung implizieren.

Monopolen ist es gelungen, durch überhöhte Preise die Gewinneinkommen, die so genannte Monopolrente, zu erhöhen. Eine Rente – verdient nicht durch Leistung, sondern durch individuelle Preispolitik.

Hier stellt sich die Frage, ob es in den damals rund 100 Jahre lang anerkannten „klassischen" Wirtschaftswissenschaften niemanden gab, der eine andere Position vertreten hätte.

Da fällt wohl jedem Karl Marx ein. Selbstverständlich sorgte *Das Kapital* für Aufruhr und löste in vielen Ländern heftige Proteste von Seiten der Führungseliten aus. Aber Marx war nie, wie man es heute formulieren würde, ökonomischer „Mainstream". Wissenschaftlich gesehen, blieb Marx mit seinem Werk Außenseiter; er wurde nie als Wirtschaftswissenschafter an den Universitäten gelehrt. Wenn, dann wurde ihm in soziologischen Vorlesungen ein meist bescheidener Raum gewidmet. Und dennoch war es Marx, der als einer der Ersten die Schwächen und Denkfehler der klassischen Wirtschaftswissenschaften erkannt hat.

2. Zwischenspiel ohne Wissenschafts-Bühne: Karl Marx

In einem großen Überblick über jene Wirtschaftsmodelle, die sowohl an den Universitäten gelehrt und dann auch in einem Staat praktiziert worden sind, würde Marx also fehlen. Dies mutet seltsam an: Zwar stimmt es, dass im Gegensatz zu klassischer, neoklassischer, keynesianischer, sozialistischer oder monetaristischer Wirtschafts*politik* kein Land eine *marxistische* Wirtschaftspolitik betrieben hat. Dennoch sind die Verdienste von Karl Marx für die Weiterentwicklung der Ökonomie zumindest heute weitgehend anerkannt.

Immerhin wird Marx in der modernen Volkswirtschaftslehre mittlerweile als Ökonom geführt. Das war nicht immer so: Lange Zeit wurde er ausschließlich als Philosoph und politischer Journalist eingeordnet.

Marx' gesamtes Schaffen hier zu besprechen würde den Rahmen sprengen, weil es zu umfangreich ist. Hier wollen wir nur in aller Kürze darstellen, dass Karl Marx der erste Intellektuelle gewesen ist, der die Gedanken der klassischen Nationalökonomie, vor allem deren Anspruch, eine tatsächliche Wissenschaft zu sein, kritisch hinterfragt hat.

Schon in seinen Pariser Manuskripten von 1844, also lange vor seinem Hauptwerk *Das Kapital*, hatte sich Marx mit Adam Smith, David Ricardo und John Stuart Mill beschäftigt. Erschienen sind diese Manuskripte übrigens erst in den 1930er-Jahren.

Der Arbeitslohn wird bestimmt durch den Kampf zwischen Arbeiter und Kapitalist, schreibt Marx in den 1840er-Jahren. Das, womit sich Marx in dieser Zeit beschäftigt, nennt er übrigens selbst „ökonomische Scheiße". Womit wohl alle Zweifel beseitigt wären, was er von dieser „Wissenschaft" hält.

Später, 1862, „konkretisiert" er: „Diese Grundrenten-Scheiße!" Aus seiner Sicht hat der Klassiker Ricardo die Kosten mit den Marktpreisen verwechselt. Die Marktpreise einer Ware seien

Karl Marx (1818–1883)

Der Philosoph, Ökonom, Journalist und Politiker Karl Marx entstammte einer alten Rabbinerfamilie. Er studierte in Bonn und Berlin, konnte seine akademische Laufbahn aber aus politischen Gründen nicht fortsetzen. Als ihm auch seine Arbeit als Zeitungsredakteur verwehrt wurde, ging Marx nach Paris, wo er politische Ökonomie studierte.
1844 lernte er Friedrich Engels kennen, gemeinsam gründeten sie den Bund der Kommunisten und verfassten das *Manifest der kommunistischen Partei* (1848). Im Manifest wurde ihre später als Marxismus benannte Weltanschauung erörtert, in der die Gesellschaftsentwicklung als eine Geschichte von Klassenkämpfen dargestellt wird. Im Kapitalismus stehen einander die moderne Bourgeoisie und die Arbeiter gegenüber. Den einen gelingt es, ihren Reichtum ständig zu vermehren, dieses Kapital baut allerdings auf der Lohnarbeit auf, dabei werden die Arbeiter ausgebeutet und in die Armut getrieben.
Von Paris ging Marx 1848 nach London, wo er bis zu seinem Tod lebte. Neben seiner journalistischen Tätigkeit konzentrierte sich Marx auf seine Studien. Als Basis für seine Kritik an den herrschenden Verhältnissen beschäftigte er sich mit einer grundlegenden Analyse der kapitalistischen Gesellschaft. Die Ergebnisse legte er in seinem dreibändigen Hauptwerk *Das Kapital* (erster Band 1867, weitere Bände postum) vor. Darin entwickelte er seine Theorie des Mehrwerts, kritisierte die politische Herrschaft und polemisiert auch gegen Ökonomen wie Adam Smith und David Ricardo.
Wenngleich viele seiner Ideen heute als gescheitert betrachtet werden müssen, so ist die Bedeutung seiner Theorien und Schriften unbestritten. Marx gelang es in seinen Werken, den Einfluss der Ökonomie auf die Gesellschaft und die geschichtliche Entwicklung aufzuzeigen.

selbstverständlich viel höher als die Kostenpreise, also als die reinen Kosten, die die Herstellung der Ware verursacht hat.

Wenn also die Marktpreise höher als die Kostenpreise sind, dann muss doch jemand die Differenz einstecken, argumentiert Marx. Und das macht für ihn der Unternehmer, der Kapitalist.

Das längste Kapitel im berühmten *Kapital* ist jenes über den Arbeitstag. „Das Kapital ist verstorbene Arbeit, die sich nur vampirmäßig belebt, durch Einsaugung belebt … umso mehr belebt, je mehr sie davon einsaugt". So beginnt das siebzigseitige Kapitel über die „Blutmahlzeit des Kapitalisten“. „Der Sauger lässt nicht los, solange noch ein Muskel, eine Sehne, ein Tropfen Blut auszubeuten ist“. So endet es.

Dem Kapitalismus wohne ein Trieb inne, der die Produktivkraft der Arbeit permanent steigern will. Das passiert für Marx vor allem über den technischen Fortschritt. Immer modernere Maschinen werden gebaut. Aber: Sie erzeugen zwar mehr Waren, bringen allerdings keinerlei Vorteile für den Arbeiter. Auf der einen Seite verlieren so viele ihren Job, weil die Arbeit Maschinen übernommen haben, und andere sind gezwungen, durch die Zuhilfenahme der Maschine in einer Stunde deutlich mehr Waren zu erzeugen als bisher.

Und hier setzt die weitere Erklärungskette von Marx an, die bis heute Gültigkeit hat: Was macht der Unternehmer, wenn er seine Produktion dank Maschinen und dank immer schneller arbeitender Menschen permanent steigern kann? Er macht sich Sorgen. Weil er immer weniger Abnehmer für seine Waren findet. Arbeitslose („Die industrielle Reservearmee“, so Marx) kaufen wenig – die Arbeitenden verdienen nicht mehr, weil den Mehrwert der Kapitalist einstreift. Und die Nachfrage nach Arbeitskräften steigt trotz höherer Produktion auch nicht. Dafür sorgen immer bessere, effizientere Maschinen.

Was tun?

Bestehende Märkte mit neuen Waren erweitern oder neue Märkte suchen. Hier wachsen also die Wurzeln der industriellen Globalisierung. Bevor das jedoch gelingt, steigt die Produktion der Kapitalisten permanent an und führt eben irgendwann zu Überproduktion. Der Unternehmer bleibt auf seinen Waren sitzen, muss weitere Arbeiter entlassen. Als Arbeitslose haben sie in Summe noch weniger Kaufkraft, der Warenabsatz fällt weiter. Es entsteht eine Krise.

In der klassischen Theorie wäre das Problem einfach gelöst. Wo immer die Störungen her kommen, die Preise werden sich so einspielen, dass wieder Gleichgewicht herrscht. Überproduktion löst einen Preisverfall aus – die Menschen kaufen wieder. Voraussetzung dafür ist der Druck der Konkurrenz. Jedes Ungleichgewicht wird wieder ausgeglichen durch bewegliche Preise und Löhne. Jede Produktion kann abgesetzt – jede Nachfrage befriedigt werden. Herrschen keine optimalen Wettbewerbsbedingungen, weil beispielsweise eine bestimmte Ware nur von einem Unternehmer angeboten wird (Monopol), funktioniert der freie Markt auf Dauer nicht mehr.

Jedenfalls ist Marx einer der ersten Ökonomen, der das Auf und Ab der Wirtschaft sieht, den späteren Konjunkturzyklus. Aber er ist nicht der einzige. Auch bürgerliche Ökonomen beginnen sich mit Konjunkturtheorien zu befassen, sie bleiben aber an den Hochschulen ebenso Außenseiter wie Marx. Boom und Rezession werden von damaligen „Mainstream"-Ökonomen als kurzfristige Ausnahmesituationen gesehen und erst im 20. Jahrhundert Schritt für Schritt in die herrschende Lehre eingebaut.

Marx spricht schon im *Kommunistischen Manifest* 1848 davon. Darin schreibt er bereits von Handelskrisen, die dem kapitalistischen System innewohnen würden. Ein Entrinnen sei unmöglich, durch Armut breiter Bevölkerungsschichten auf der einen Seite und immer schnellere Maschinen auf der anderen Seite: Für Marx hat das System eine permanente Tendenz zur Überproduktion.

„Ich bin mehr denn je davon überzeugt, dass es keine ernstzunehmende Revolution ohne Handelskrise geben wird", schreibt Marx, der früher oder später nahezu jedes Land, in dem er Arbeiter zur Revolution gegen die kapitalistischen Ausbeuter aufgerufen hat, verlassen muss. In den Aufschwung gelangt man laut Marx durch neue Märkte und nicht durch flexible Löhne und Preise, wie das rund 100 Jahre lang (Mitte des 18. bis Mitte des 19. Jahrhunderts) angenommen worden ist.

Aber was steht am Ende? Geht es mit den neuen Absatzmärkten letztlich allen besser? Marx, der politische Journalist, ruft laut: Nein!

Das „Gesetz der kapitalistischen Akkumulation" sorge dafür, dass es nur einem besser gehe: Dem Kapitalisten, der die zusätzlichen Gewinne auf größeren Märkten für sich „akkumuliere“, während der Arbeiter „verelende“.

Machen wir einen Sprung 100 Jahre nach vor und betrachten wir, was dazu ein Ökonom, dessen Lehrbuch *Volkswirtschaftslehre* Wirtschaftsstudenten aller Länder (auch ich, der „Schüler“) jahrzehntelang strebern mussten, in den 1970er-Jahren gemeint hat: „Man sehe sich die heutigen Arbeiter mit ihren Autos und Mikrowellenherden doch an – besonders verelendet sehen sie nicht aus.“ Das sagt Paul Anthony Samuelson, geboren 1915, für seine meist mathematische Betrachtung der Neoklassik inklusive Bestandteilen des Keynesianismus hat er den Nobelpreis erhalten. Marx hätte geantwortet: So ein Schwachsinn, nie habe er gemeint, dass alle Arbeiter verelenden, sondern nur der „tiefste Niederschlag“, die ärmsten der Armen. – Heute würde man sagen, die soziale Unterschicht und Arbeitskräfte in unterentwickelten Ländern. Eine immer größere werdende Gruppe allerdings – damals und heute. Heutzutage bilden vor allem Langzeitarbeitslose und „schwer Vermittelbare“ die so genannte soziale Unterschicht. Und der erste Marx-Biograf des neuen Jahrtausends, Francis Wheen, meint gar, „nur ein Geistesschwacher oder ein Professor der Volkswirtschaft“ würde an der Interpretation festhalten, dass Marx die absolute Verelendung der Arbeiter gemeint habe.

Marx hat übrigens nie vom bösen Kapitalisten gesprochen, sondern stets vom zerstörenden Kapitalismus. Der Unternehmer als Person sei sogar gezwungen, so zu handeln, wie er eben handelt, sonst könne auch er nicht überleben. Das Böse am Kapitalisten selbst könne nur die Art und Weise sein, wie er sich das Vermögen erworben hat. Doch hat er einmal das Vermögen erworben, sozusagen auch als Arbeiter am Markt, dann zwinge ihn das System zu seinen Handlungen – vor allem wegen des Konkurrenz-Kapitalismus. Und deshalb müsse der Kapitalismus als solcher verschwinden.

Ziemlich zeitgleich mit den Ideen von Marx entsteht eine Weiterentwicklung von Smith & Co.: Die Neoklassik. Manche meinen sogar spöttisch, die neoklassische, so genannte Österreichische Schule sei gegründet worden, um Argumente gegen den Marxismus niederzuschreiben. Um die Klassenunterschiede zwischen Kapitalisten und Arbeitern abzuschaffen und beide Gruppen als Konsumenten zu sehen.

3. Noch mehr Markt: Klassik minus Wohlfahrt (Die „Neoklassik")

Rund hundert Jahre nach Adam Smiths aufsehenerregendem *Reichtum der Nationen* setzt in den Wirtschaftswissenschaften zwar kein Umdenken, aber der Versuch einer Präzision der klassischen Ideen ein. Rund 80 Prozent der Lehre werden von den „Klassikern" übernommen, aber die Ökonomen ab 1870 haben den Ehrgeiz, eine Art „Naturwissenschaft" zu werden: Also Gesetzmäßigkeiten herauszufinden, die am Markt gelten, und die sich so erfassen lassen wie Gesetze. Gefragt sind grafische und mathematische Modelle mit Kräftediagrammen und Preisbewegungen. Einer der konsequentesten dieser so genannten „Neoklassiker" ist der französische Ökonom Leon Walras, der sich auf die Suche nach einer Mechanik des Wirtschaftsnetzes macht.
Damit gehen die sozialen Aspekte verloren. Das sei Aufgabe der Politik, argumentieren die Neoklassiker. Ein extremer Fall ist ein Österreicher: Der spätere Nobelpreisträger Friedrich August von Hayek. Er lehnt sogar das Wort „sozial" ab. Für die Ökonomie sei dieses Wort zu weich, außerdem stelle sich jeder etwas anderes darunter vor. Sozial, das ist für die Neoklassiker etwas, um das sich die Kirche oder wohltätige Institutionen kümmern sollen.

Hayek argumentiert, dass Wirtschaften ein derart komplexes Zusammenspiel erfordere, dass kein staatlicher Eingriff damit fertig werden könne. Staatliches Handeln verlange zu viel an Markt-Information. Es könne dem Staat gar nicht gelingen, diese in ausreichendem Maße zu bekommen.

Léon Walras (1834–1910)

Léon Walras gilt als der Vater der Neoklassik. Bekannt ist er vor allem für seine Theorie des allgemeinen Gleichgewichts auf den Märkten, in der er mathematisch nachgewiesen hat, dass die Marktwirtschaft zum Gleichgewicht tendiert und sich eine optimale Güterversorgung von selbst einstellt. Diese Annahme ist die Grundlage der modernen Ökonomie. Zeit seines Lebens blieben Walras' Ideen allerdings unerkannt, sie wurden erst lange nach seinem Tod gewürdigt.

Bereits sein Vater, Auguste Walras, war Ökonom, Walras selbst absolvierte vorerst ein Ingenieur- sowie ein Literaturstudium. Er arbeitete als Journalist und veröffentlichte 1858 einen Roman. Schließlich entschloss er sich aber, das väterliche Erbe fortzuführen und wandte sich der Ökonomie zu. 1859/60 erschien sein erstes wirtschaftswissenschaftliches Werk *L'économie politique et la justice.* 1870 wurde er Professor am neu eingerichteten Lehrstuhl für Politische Ökonomie an der Universität Lausanne, wo er die Lausanner Schule begründete.

Es gelang Walras, die Ansätze seines Vaters zu einer Theorie auszuformulieren – er erkannte Knappheit und Nutzen als die Quelle des Wertes. In der Folge formulierte er das Prinzip des abnehmenden Grenznutzens, das besagt, dass der Wert eines Gutes dessen individuellem Nutzen entspricht. Der Nutzen einer Ware steigt zwar mit jeder weiteren konsumierten Einheit, allerdings nimmt diese Steigerung gleichzeitig jeweils ab, bis sie gegen Null tendiert, weil eine weitere Einheit keinen zusätzlichen Nutzen darstellen würde. Diese Idee wurde unabhängig voneinander gleichzeitig auch von anderen Ökonomen entwickelt, bereits dreißig Jahre zuvor hatte sie der deutsche Ökonom Hermann Heinrich Gossen formuliert.

Mit Walras' Theorie des allgemeinen Gleichgewichts einher geht seine Theorie der Preisbildung – es entstehen Gleichgewichtspreise, wenn sich wie auf einer Auktion die ausgerufenen und die vorgeschlagenen Preise decken. Deshalb fordert die Neoklassik offene Märkte, auf denen sich Angebot und Nachfrage einpendeln können. Gleichzeitig trat Walras für eine gerechte Verteilung des Reichtums ein; es sollten zwar keine Steuern eingehoben, doch Grund und Boden sozialisiert werden. Der Staat würde Miet- und Pachtzinsen einnehmen und damit vor allem Schulen und Universitäten finanzieren.

Um 1870 haben drei Ökonomen gleichzeitig, aber unabhängig voneinander, – William Stanley Jevons in England, Léon Walras in Lausanne und Carl Menger in Österreich – eine neue Werttheorie geschaffen: Die so genannte Grenznutzenlehre. Sie begannen, sehr logische Fragen zu stellen, etwa: „Warum ist ein Konsument bereit, um so viel mehr für einen Diamanten zu zahlen, als für eine Semmel?“ Die Antwort war: Weil der Grenznutzen eines Diamanten höher ist. Was heißt das? Angenommen, ich habe schon drei Semmeln gegessen und jemand bietet mir eine vierte an. Dann wird er es schwer haben, mir auch die vierte zu verkaufen. Der Grenznutzen der *zusätzlichen* vierten Semmel ist also für mich sehr gering. Völlig anders ist die Situation beim Diamanten: Diamanten gibt es auf dieser Welt nicht allzuviele, zumindest nicht im Übermaß. Angenommen, ich habe bereits drei Diamanten, so werde ich doch, falls das Angebot kommt, auch einen vierten kaufen. Denn der *zusätzliche* Grenznutzen ist in diesem Fall ein sehr großer.

Diese Beispiele haben Güterpreise und Abwägungen des Konsumenten betroffen. Die Grenznutzenlehre gilt aber etwa auch für Arbeitskosten und Abwägungen des Unternehmers. Eine zusätzliche Arbeitskraft werde ich nur anstellen, wenn der zusätzliche Grenznutzen dieser Arbeitskraft höher ist, als die zusätzlichen Grenzkosten.

Grenznutzen und Grenzkosten. Damit ist in der Ökonomie eine völlig neue Betrachtungsweise eingekehrt. Man nennt sie auch Mikroökonomie. Das ist der Kern der Neoklassik. Auf der einen Seite die Betrachtung der Nachfrage und auf der anderen Seite die Betrachtung der Kosten. Ein Blickwinkel aus Sicht des Unternehmers, der aber auf alle Marktteilnehmer, also auch auf die Konsumenten, ausgedehnt wird.

Im Gegensatz zur Klassik, in der vor allem die Erhöhung der Produktion im Mittelpunkt gestanden ist, konzentrieren sich die Neoklassiker auf die Kosten und auf Nutzenmaximierung. Es ist eine Blütezeit der Ökonomen. Sie glauben an den Unternehmer, den Markt, die beweglichen Preise – das Gleichgewicht.

4. Das Glück auf Erden: Die Wohlfahrtsökonomie

Nicht wirklich einordnen lässt sich die damals rund um die Wende zum 20. Jahrhundert entstehende Wohlfahrtsökonomie. Vereinfacht gesagt ein wirtschaftliches Theoriegebäude, das sich mit der Frage beschäftigt, welche Auswirkungen ein bestimmtes Handeln des einen automatisch für den anderen hat. Wenn man so will auch eine Wissenschaft der Werturteile über ökonomisches Handeln. Eine Frage, mit der sich etwa der Ökonom Max Weber beschäftigt hat: Soll Wissenschaft wertfrei sein? Jedenfalls gilt es zu unterscheiden, was „ist" und was „sein soll". Rauchen schadet der Gesundheit, wäre eine „Ist"-Aussage der Wissenschaft. Man soll nicht rauchen, ist eine normative Aussage und keine Aussage über ein Faktum.

Hinter Diskussionen wie diesen steckt bis heute der mittlerweile fast 250 Jahre alte Wunsch und Drang von Ökonomen, Gesetzmäßigkeiten des wirtschaftlichen Handelns zu finden, die den Naturwissenschaften ähnlich sind. Bis heute akzeptiert ist, dass sich die Wirtschafts*theorie* an Fakten halten soll und die Wirtschafts*politik* mit normativen Urteilen arbeitet. Dennoch haben manche Ökonomen auch immer wieder versucht, diese normativen Urteile zumindest theoretisch festzuhalten. Daraus ist die Wohlfahrtsökonomie letztlich entstanden. Ziel war es, einen Ökonomen zu finden, der auf einer fundierten wissenschaftlichen Basis sagen kann: „Für das Allgemeinwohl wäre es besser, jetzt das zu tun und jenes zu unterlassen."

Natürlich war der Wunsch nach mehr Glück für alle immer existent. In der Klassik im 19. Jahrhundert hieß es, wirtschaftliches Ziel müsse das größte Glück der größten Zahl von Menschen sein. In der Neoklassik hieß es später, wirtschaftliches Ziel müsse der größte Nutzen aller Menschen sein.

Der Neoklassiker Arthur Cecil Pigou etwa verlangte eine progressive Steuer, also eine, bei der höhere Einkommen auch mit höheren Sätzen besteuert werden, und eine Umverteilung zu den Ärmeren, weil dort ein zusätzliches Einkommen mehr Nutzen bringe, als seine Reduktion den Reichen schade. All das basierte aber nicht auf Kaufkraftgedanken, sondern auf der Idee des Nutzenvergleichs. Später wurde darauf hingewiesen, dass objektive interpersonelle Nutzenvergleiche nicht möglich seien. Wer garantiert, dass der Ärmere glücklicher ist, wenn er weniger arm ist? Das soll nicht zynisch klingen, sondern das Dilemma aufzeigen, wie schwierig es ist, eine objektive Nutzentheorie zu finden. Versucht hat dies – und dafür ist er an den Wirtschaftsuniversitäten auch berühmt geworden – der Italiener Vilfredo Marquis Pareto.

Sein Ansatz: Wenn ich jemandem etwas geben kann, ohne dass ich dafür jemand anderem etwas wegnehme, dann kann ich sagen, der Gesamtnutzen ist erhöht worden. Das Pareto-Optimum ist dann erreicht, wenn ich mit einer letzten Maßnahme gerade noch eine Person besser stelle, ohne jemand anderen schlechter zu stellen. Wenn ich mit der nächsten Maßnahme nur noch dann einer Person zusätzlichen Nutzen bringe, indem ich einer anderen schade, dann bin ich über das Optimum hinausgeschossen.

Mit reiner Umverteilung ist das nicht möglich. Aber etwa durch technischen Fortschritt. Es geht also immer um den Versuch, in einer Wirtschaft solche Änderungen vorzunehmen, die zumindest einem nützen und niemandem schaden.

Dass solch ausgeglichene Zustände eher im Paradies als auf der Welt anzutreffen sind, wussten die so genannten „neuen Wohlfahrtsökonomen" auch selbst, deshalb haben John Richard Hicks und Nikolas Kaldor 1939 die Sache etwas entspannter gesehen und weniger einschränkend argumentiert: Eine Situation sei auch dann objektiv besser, wenn die Summe derer, die dann Vorteile haben, grösser ist, als jene, die dadurch Nachteile erlitten haben, sodass letztere „im Prinzip“ durch Zahlungen der Gewinner an die Verlierer kompensiert werden könnten. Die wichtige Frage, ob solche Kompensationen tatsächlich stattfinden, wird aber nicht behandelt. Das wird der Politik überlassen (Umverteilung oder keine Umverteilung). Wirklich durchgesetzt hat sich die Wohlfahrtsökonomie in der praktischen Anwendung kaum.

5. Tränen statt Glück – „Klassisch“ vorerst am Ende

Glück und Wohlfahrt gehörten nicht gerade zu jenen Themen, mit denen sich die Menschen in der Zwischenkriegszeit vorrangig beschäftigen konnten. Anfangs vielleicht schon noch: Zumindest stand es für einige in den 1920er-Jahren noch im Vordergrund: Denn an den Börsen ging es bergauf und bergab, Erwartungen und Aktienkurse rannten im Paarlauf hinterher. Warum, das weiß man bis heute nicht so genau. Die Geschäfte gingen gut, das Vertrauen der Menschen wurde größer, Unternehmen investierten. In Phasen wie solchen werden alle risikofreudiger: Unternehmer und Aktienbesitzer. Man will höhere Gewinne, man will noch mehr.

In dieser Stimmungslage genügt eine einzige gravierende Störung. Diese allein muss nicht zum Kollaps führen, wenn die richtige Medizin verabreicht wird. Wird aber das falsche Mittel gespritzt, bricht das gesamte System in sich zusammen. So geschehen in den 1930er-Jahren – und so im Großen und Ganzen nicht geschehen ab 2008.

Doch vorerst ist von Störung keine Rede, jeder zweite amerikanische Haushalt hat Aktien, die Kurse steigen und steigen. Am

29. Oktober 1929 ist es vorbei: An der Wallstreet wollen sich an einem einzigen Tag so gut wie alle von ihren Papieren trennen. Die Kurse stürzen ins Bodenlose.

Und dennoch – dieser Tag allein hätte bei weitem nicht für eine Weltwirtschaftskrise ausgereicht. Dafür mussten zwei weitere Faktoren hinzu kommen: Angst und Vertrauenseinbruch bei den Menschen und falsche Rezepte bei den Ökonomen. Für diese These spricht, dass es nach diesem Schock-Jahr zunächst wieder bergauf ging. 1930 jedenfalls. Und 1932 folgte dann der nächste Kollaps – aber diesmal nicht mehr nur an der Wallstreet, sondern in den gesamten USA und auch in weiten Teilen Europas.

Ein Beispiel für Psychologie und Hysterie ist das riesige Bankinstitut Creditanstalt in Österreich. Als sie 1931 zusammenbricht, ahnt noch niemand die weltweiten Folgen. Mitten in einer psychologisch so wichtigen Stabilisierungsphase kommt es zum totalen Vertrauensbruch in der Welt der Finanzen. Wer kann, läuft zu seiner Bank und will sein Geld abziehen. Bekommt auch nur ein einziger sein geparktes Vermögen nicht ausbezahlt, bricht Massenpanik aus. Gleichzeitig werden Banken illiquide: Zunächst eine, dann mehrere, weil immer mehr Leute ihre Forderungen realisieren wollen. Dann erfasst die Panik schlecht gehende Firmen, die ihre Vermögenswerte liquidieren, auch sie wollen plötzlich Forderungen realisieren, die normalerweise noch Jahre weiterlaufen würden. Das bringt weitere Banken und erste gesunde Betriebe in Schwierigkeiten. Schon damals reifen übrigens erste Gedanken über eine Sicherung der Spareinlagen durch den Staat, ohne jedoch umgesetzt zu werden. Heute ist man klüger.

Die Banken allerdings haben in derartigen Situationen noch ein weiteres Problem. Durch die Kursverluste geht auch ihr Eigenkapital zurück und sie werden keine Kredite mehr vergeben. Sie haben Angst, dass die Finanzkrise auf die Realwirtschaft der Güter und Dienstleistungen übergreift und Kredite „faul" werden, also nicht mehr eingebracht werden könnten. Die Folge: Die Kreditzinsen steigen.

Es entsteht eine Art Finanz-Pandemie: Gläubiger bekommen ihr Geld nicht zurück und können ihrerseits die eigenen Schulden nicht bezahlen, was dadurch verschärft wird, dass viele Spekulanten ihre Aktien mit geborgtem Kapital bezahlt haben. In dieser Phase bedarf es zumindest bestimmter „Bankenpakete", wie sie 2008 weltweit geschnürt worden sind. Das führe nur zu Inflation, sagten Klassiker und Neoliberale. Stimmt. Aber nur in „normalen" Zeiten. Nicht in einer Krise, schon gar nicht in einer so dramatischen.

Und damit sind wir – neben dem Vertrauenseinbruch – beim noch explosiveren Faktor für das Entstehen einer Weltwirtschaftskrise. Bei der falschen Reaktion der Ökonomen und Regierungen, die sich an deren Ratschlag halten.

Zwei Tipps sind es, die von den die Lehre beherrschenden Neoklassikern empfohlen wurden:

1. Nichts tun.
2. Sparen.

Bleibt nur offen, welche der beiden Empfehlungen fataler gewesen ist.

Mit „nichts tun" meinte man die Selbstheilungskräfte des Marktes. Wenn die Preise sinken, würden die Menschen wieder kaufen. Wenn daraufhin die Löhne sinken, würde das den Kostendruck der Unternehmer mildern und sie könnten wieder investieren, produzieren und Arbeitslose einstellen.

Mit „Sparen" war gemeint: In Zeiten wie diesen müssten *alle* vorsichtiger sein. Die Menschen, die Unternehmer und vor allem auch der Staat. Dieser bekomme ohnehin weniger Steuern, müsse mehr für soziale Notfälle ausgeben und schon allein deshalb die Staatsausgaben drastisch kürzen.

Die Folgen sind bekannt. Der Markt übernahm tatsächlich die Rolle der Krisenfeuerwehr. Doch statt zu löschen, steckte er noch mehr in Brand. Bis die Löhne und Preise – schön dem klassischen und neoklassischen Gleichgewichtsmechanismus folgend – um rund 25 Prozent gesunken waren. Und dem Staat war es gelungen, durch Untätigkeit und Sparkurs ähnliche Raten zu erzielen. Allerdings steigende. Eine Arbeitslosigkeit auf 20 bis 25 Prozent in den USA zu treiben und auf bis zu 30 Prozent in Europa.

Der Traum vom immerwährenden ökonomischen Gleichgewicht war geplatzt.

Das System der Klassik und Neoklassik funktioniert nur, wenn die Konjunkturzyklen nicht zu groß sind. Kommt es zu einer gravierenden Störung, muss jemand eingreifen. Wenn nicht, kann das Gleichgewichtsmodell schon allein wegen des mangelnden Vertrauens der Menschen nicht funktionieren. Nichts gilt dann mehr. Weder wird trotz niedrigerer Zinssätze investiert, noch trotz niedrigerer Preise gekauft. Und trotz niedrigerer Löhne wollen die Unternehmen auch keine zusätzlichen Arbeitskräfte einstellen.

Es war zu einer Krise auf allen Märkten gekommen. Und ein ökonomisches wird auch zu einem psychologischen Problem. Eine einzige Institution hätte dies verhindern können: der Staat.

Kapitel II

Der Glaube an den Staat

Ein müßiger Gedanke, aber eine spannende These: Hätte John Maynard Keynes sein Hauptwerk nur zehn Jahre früher geschrieben, also 1926 statt 1936, vielleicht wäre die Weltwirtschaftskrise in den 1930er-Jahren nicht so eskaliert.
John Maynard Keynes war es 1936 in seiner *General theory of Employment, interest and money* gelungen, viele neue, durchaus nicht nur eigene Gedanken in ein zusammenhängendes Ganzes zu fügen. Und schon damit hat er einen völlig neuen Zweig der Ökonomie gegründet. Die Makroökonomie. Er wandte sich von der Neoklassik ab, indem er meinte, die entscheidenden Fragen des Wirtschaftens seien nicht auf individueller Ebene zu finden, sondern die Einzelhandlungen müssen in ihrer Gesamtheit untersucht werden. Ein Umstand, den seine Gegner bis heute kritisieren. Keynes fehle der mikroökonomische Unterbau, heißt es. Eine Kritik, die so nicht stimmt. Man kann aus Mikrobeobachtungen nicht immer verlässliche Makroschlüsse ziehen. Wenn man in einem Theater in der 17. Reihe sitzt und schlecht sieht, scheint es das beste Rezept zu sein, einfach aufzustehen. Man wird besser sehen. Stehen alle auf, sieht keiner besser, aber alle sind schlechter gestellt. Das ist die so genannte Täuschung der Verallgemeinerung, es stimmt also von Anfang an nicht, das man aus individuellem Handeln – was für mich gut ist, wird in Summe für alle gut sein – allgemeine Schlüsse ziehen kann. Keynes geht also von der Beobachtung der Gesamtwirtschaft aus, will aber die Mikroökonomie nicht verdrängen, er übernimmt sie zum Teil, oder bringt eigene Ideen ein, z.B. dass Leute bei wachsendem Einkommen einen immer größeren Teil davon sparen. – Die Mikroökonomie fragt: Was beeinflusst die Kaufentscheidungen und die Produktionsentscheidungen des Einzelnen?

John Maynard Keynes (1883–1946)

Keynes wurde in Cambridge geboren, wo sein Vater Ökonomie und Logik lehrte. Mit 14 Jahren wurde er am Eton College aufgenommen, es folgte ein Studium der Mathematik am King's College in Cambridge, unter anderem bei Alfred Marshall. Gleichzeitig studierte Keynes Ökonomie. Er zählte zur Bloomsbury Group, einer Gruppe von Künstlern und Wissenschaftlern, die sich in der ersten Hälfte des 20. Jahrhunderts regelmäßig im Londoner Stadtteil Bloomsbury zum intellektuellen Austausch traf.
1919 wurde er erst Lecturer, später Dozent am King's College, wo er bis 1942 unterrichtete. Er arbeitete jedoch auch als Publizist, Versicherungs- und Investmentmanager, wurde Zeit seines Lebens als Berater in verschiedensten hohen politische Sachverhalten eingesetzt.
Als Ökonom hat Keynes die Wirtschaftswissenschaften mit seiner Theorie revolutioniert, wie zuvor nur Adam Smith oder Karl Marx. Er erkannte die Bedeutung der Gesamtnachfrage und hat ein Modell des realisierbaren Kapitalismus erschaffen, das bis heute große Bedeutung hat.
In seinen Werken versuchte er, die Weltwirtschaftskrise der 1930er Jahre zu erklären. In seinem Hauptwerk *The General Theory of Employment, Interest and Money* (*Die allgemeine Theorie der Beschäftigung, des Zinses und des Geldes*, 1936) stellte er fest, dass es, entgegen früherer Annahmen, auch wirtschaftliches Gleichgewicht bei Arbeitslosigkeit geben kann. Aus Mangel an Nachfrage kommt es zur Stagnation auf unbestimmte Zeit, die Produktion geht zurück und Rezession stellt sich ein. Das neue an diesem Ansatz war, dass nicht, wie zuvor postuliert, das Angebot, sondern die Nachfrage der entscheidende Faktor ist.
Keynes bietet in seinem Werk auch einen Lösungsvorschlag: In der Krise soll der Staat einspringen und zum Beispiel durch öffentliche Arbeitsprojekte und Investitionen die Nachfrage ankurbeln. Die Produktion wird auf diese Weise erhöht, es gibt weniger Arbeitslose, auch die Privatunternehmen ziehen mit. Wenngleich ähnliche Ansätze bereits in einigen Staaten durchgeführt wurden, wie zum Beispiel in den USA durch Roosevelts Wirtschafts- und Sozialreformen, war Keynes' *General Theory* ein großer Erfolg und wurde in viele Sprachen übersetzt. Er hat damit ein Modell zur Überwindung von Krisen für die Politik vorgelegt, das bis heute nachwirkt.

Die Makroökonomie interessiert sich für die Summe dieser Entscheidungen.

Vor allem war John Maynard Keynes tatsächlich jener bahnbrechende Ökonom, der ein weltweites Umdenken eingeläutet hat. Ein Umdenken von einer Wirtschaft, die mehr oder weniger reibungslos abläuft, hin zu einer Wirtschaft, die durch Unsicherheit gekennzeichnet ist, und in der Geld eine ganz besondere Rolle spielt.

1. Ohne Geld kein Keynes

Geld ist bei Keynes nicht nur ein Tauschmittel, sondern mehr. Viel mehr.

Ein Problem der Neoklassik ist, dass sie immer vom „homo oeconomicus" ausgeht, also vom ohne Unterbrechung rational handelnden Wirtschaftsteilnehmer. In dieser Welt würde natürlich jeder ökonomisch denkende Mensch sein Geld, und auch wenn er dafür nur ein halbes Prozent Zinsen bekommt, zur Bank tragen. In einer unsicheren Welt, und von dieser geht Keynes aus, ist dieses Verhalten nicht immer logisch. Was ist, wenn der Sparer Angst um sein Geld hat, weil vielleicht die Bank in Konkurs gehen könnte. Oder wenn er erwartet, dass die Zinsen steigen werden und deshalb sein Geld noch einige Zeit zu Hause hortet, statt es zinsbringend anzulegen. All das sind Überlegungen, die 160 Jahre lang kaum eine Rolle gespielt haben. Denn Angebot und Nachfrage am Kapitalmarkt würden automatisch, durch die „unsichtbare Hand", für den „richtigen" Zinssatz sorgen, hatten Klassiker und Neoklassiker stets argumentiert. Keynes hingegen spricht von der berühmten Liquiditätsfalle. Die Menschen legen in Phasen der Unsicherheit ihr Geld weder in Wertpapieren an, noch kaufen sie damit ein. Sie halten sich „liquide".

Entscheidend für das Spar- und Investitionsverhalten des Menschen sind eben nicht nur Zinssätze, sondern auch die „animal spirits“, wie sie Keynes nennt. Diese instinktiven Verhaltensweisen der Wirtschaftsteilnehmer sind entscheidend. Und der wirkmächtigste Einfluss auf den Menschen ist die Unsicherheit. Tritt Unsicherheit ein, funktioniert nichts mehr so, wie es sich die Gleichgewichtstheoretiker der Klassik und Neoklassik vorgestellt haben. Keynes gilt also auch als der erste ernst zu nehmende Ungleichgewichtstheoretiker. Jedenfalls räumt Keynes mit der Einschätzung der bisher geltenden Wirtschaftstheorie auf, Geld habe nur die Funktion eines „Schleiers“. Geld beeinflusst in der klassischen Theorie nur die Preise. Die Geldmenge führt also nur zu Deflation oder Inflation, wenn man sie „störend“ einsetzt. Geldpolitik stört nur das Marktgleichgewicht. Dem widerspricht Keynes vehement. Sehr wohl kann die Geldmenge auch die *reale* Wirtschaft beeinflussen und als Steuerungsinvestment in der Wirtschaftspolitik eingesetzt werden.

Was ist eigentlich Geld? Was ist Geldmengenpolitik? Einfache Fragen, auf die Volkswirte leider nicht selten so komplexe Antworten geben, dass auch Studierende mindestens ein Semester brauchen, um die diversen Schmöker zur Geldtheorie zu verstehen. Dabei wäre es relativ einfach zu erklären, würden Professoren der Nationalökonomie nicht immer gleich mit wilden Kurven und mathematischen Formeln herumwerfen. Ein Ökonom hat einmal formuliert: Geld ist etwas Wertloses, das einen Wert bekommen soll. Sein erster Wert heißt Austauschfunktion. Nur mit Geld wurde erstmals statt des direkten Tauschs von Gütern (wir erinnern uns, Mantel gegen Schuhe) der indirekte Tausch möglich.

Die zweite Funktion des Geldes ist die Wertaufbewahrung und die Vermögensbildung. Was auf den ersten Blick schon nicht mehr so einleuchtend ist. Welchen „Wert“ hat so ein Stück Papier schon? Im Unterschied zum früheren Gold, dessen Wert mehr oder weniger eindeutig „auf der Hand“ liegt? Das Stück Gold, wird immer jemand in Zahlung nehmen, aber eine Münze oder Papier?

- Die erste Antwort heißt Knappheit. So wie alles, das einen Wert bekommen soll, muss auch Geld „knapp gehalten" werden. Eine unabhängige Notenbank muss eine bestimmte Geldmenge für eine Volkswirtschaft definieren und diese Menge permanent kontrollieren.
- Die zweite Antwort heißt, wie so oft in der Ökonomie, Vertrauen. Vertrauen der Menschen, dass sie für ihr Geld auch etwas bekommen. Dieses Grundvertrauen herzustellen, ist Aufgabe des Staates: „Mit eurem insgesamt zur Verfügung stehenden Geld ist es euch möglich, alle Steuern zu bezahlen" – Staatsegoismus, aber letztlich eine sinnvolle Denkweise, die beim zweiten Blick nicht nur ärgerlich klingt, sondern tatsächlich Vertrauen schafft. Ist dieses Vertrauen in die eigene Währung gestört, wie etwa zu Ende des letzten Jahrhunderts in Thailand, wird es dazu kommen, dass eben die Menschen plötzlich Waren nur noch gegen Dollar und nicht für die eigene Währung hergeben.

Geld beruht also auf künstlicher Knappheit, auf Vertrauen und selbstverständlich auf halbwegs stabilen Preisen. Bei Inflationsraten von 1000 Prozent, wie wir das aus Schwellenländern kennen, wo die Preise mehrmals am Tag angehoben werden, ist das Vertrauen verloren.

Nun wird es aber doch ein wenig komplizierter. Denn seit der Existenz von Banken ist Geld immer mehr als nur Geld gewesen. Münzen gibt es angeblich schon seit bald 4000 Jahren, Geldscheine in Europa seit dem 17. und 18. Jahrhundert, aber mit den Banken gesellten sich völlig neue Formen des Geldes zu Münzen und Scheinen dazu – von Schecks bis zu elektronischen Direkt-Zahlungskarten.

Heute versteht man unter Geld dreierlei: M1, M2 und M3. M wie „money". Das Problem: Nicht alle Institutionen definieren diese drei Geldmengen exakt gleich. In der Tendenz ergibt sich aber doch eine große Übereinstimmung.

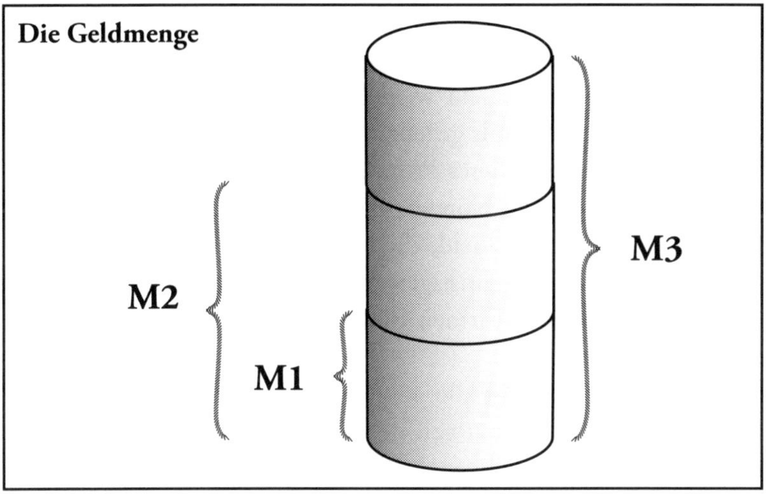

M 1: Das gesamte in einer Volkswirtschaft in Umlauf befindliche Geld, Münzen und Banknoten, sowie alle so genannten Sichteinlagen. Diese Einlagen auf den Banken sind sozusagen täglich „sichtbar", was umgangssprachlich als das definiert werden kann, was ich „auf dem Konto" habe und täglich abheben kann. Auch gebundene Einlagen mit einer Laufzeit von unter 30 Tagen gelten noch als „Sicht"-Einlagen.
M 2: Entspricht M1 plus Einlagen mit einer Laufzeit von bis zu zwei Jahren und mit einer Kündigungsfrist bis zu drei Monaten. Verkürzt handelt es sich hier also um die Sparbücher.
M3: Entspricht M2 plus Papieren des Geldmarktes, das sind bestimmte Wertpapiere, die ausgegeben werden, um sich kurzfristig Geld zu beschaffen. Zu M3 zählen auch noch andere Varianten der „Termineinlagen", aber mit längeren Laufzeiten als in M2.

Was heißt es nun, wenn eine Regierung „keynesianisch" handeln will und in einer Krise „Geld in die Wirtschaft pumpt"? – Alle gebrauchen diese Formulierung, doch was bedeutet sie wirklich?

Am „pumpen" ist schon etwas dran. In Krisenzeiten stockt, wie es ökonomisch exakt heißt, das im Umlauf befindliche Geld irgendwo im Wirtschaftskreislauf. Unsicherheit und Angst lassen es die Menschen nicht mehr ausgeben, auch nicht sparen, sondern tatsächlich „horten". Dieselbe Unsicherheit ist es, die Banken keine Kredite mehr geben lässt, weil sie weder den Firmen noch den Privatkunden vertrauen. Jetzt „pumpt" man hinein, um das nicht mehr fließende Geld wieder in Bewegung zu bringen. Es wird ein kräftiger Impuls gegeben.

Eine Möglichkeit dieses Pumpens ist eine Zinssenkung. Geld wird also billiger. Die Notenbank verleiht den Geschäftsbanken zu niedrigeren Zinsen Geld, die können es – müssen aber nicht (Kreditklemme) – als günstigere Kredite weitergeben. Privatkunden und Wirtschaft stürmen die Bank, kaufen und investieren wieder. So *sollte* es sein.

Möglichkeit zwei ist die so genannte Offenmarktpolitik der Notenbanken: Sie kaufen von den Geschäftsbanken Wertpapiere auf (mit bis zu dreistelligen Milliarden-Beträgen, wie es etwa in der zweiten Weltwirtschaftskrise ab 2008 in den Vereinigten Staaten passiert ist), wodurch neues Geld in den Umlauf kommt … wenn es die Geschäftsbanken auch weitergeben. Die Geldmenge in dieser Volkswirtschaft ist gestiegen. Der Effekt ist der gleiche wie bei einer Zinssenkung: Durch den Kauf der Wertpapiere steigt deren Kurs und das führt zu einem sinkenden Zinssatz.

Dazu ein einfaches Beispiel: Ich habe ein Wertpapier mit einem Nennwert von 100 Euro und einer fünfprozentigen festen Verzinsung, das heißt, dass unabhängig vom Kurs des Wertpapiers jährlich fünf Euro Zinsen ausbezahlt werden. Jetzt beginnt an der Börse ein „Run" auf diese Anleihe, weil etwa der Staat, die Notenbank, aufkaufen und Geld in die Wirtschaft pumpen will. Die Nachfrage ist so kräftig, dass sich der Kurs auf 200 Euro erhöht. Die jährliche Zinszahlung von fünf Euro stellt bei 200 Euro nur noch eine jährliche Verzinsung von 2,5 Prozent dar. Der Zinssatz ist gefallen.

2. Sparen oder Konsumieren?

Ein weiterer Kernpunkt bei Keynes ist die Konsumfunktion. Die These heißt: Je höher das Einkommen, umso kleiner ist der Anteil des zusätzlichen Einkommens, der für den Konsum ausgegeben wird. Das heißt, in hohen Einkommensschichten werden von 100 zusätzlichen Euro nur noch rund 75 bis 80 ausgegeben. Der Rest wird angelegt, gleich ob am Sparbuch, oder in Aktien. In unteren Einkommensschichten gilt das nicht. Je weniger Menschen verdienen, desto mehr werden sie vom zusätzlichen Einkommen wieder ausgeben, also vielleicht 98 von 100 zusätzlichen Euro.

Aber kaum ein Bereich der Ökonomie bestätigt auch länderspezifische Unterschiede – fast ist man versucht zu sagen: Klischees – im Konsum- und Sparverhalten mehr, als die Verteilung von Konsum und Sparquote. In der gesamten Europäischen Union der 27 legt 2007/2008 im Schnitt jeder der knapp 400 Millionen Einkommensbezieher von 100 verdienten Euro 11 Euro auf die Seite, konsumiert sie also nicht.

In Dänemark sind es aber nur 5 Euro.

In Deutschland, dem Sparmeister Europas, sind es 17 Euro, die gespart und nicht konsumiert werden (nur die Schweizer sind noch sparsamer – welch Überraschung!), in Frankreich und Italien 15 Euro. In Lettland geben die Einkommensbezieher nicht weniger für den Konsum aus, als sie verdienen, sondern mehr! Kein Dauerzustand, aber 2007 und 2006 haben die Letten 104 Euro konsumiert und 100 Euro verdient.

Und während Österreich und Slowenien „nur" 84 Euro konsumieren und 16 Euro sparen, reißt Rumänien wieder in die andere Richtung aus: Gleich 114 Euro werden ausgegeben, bei einem Verdienst von 100.

97 von 100 verdienten Euro gehen in Großbritannien in den Konsum.

Noch zwei Nicht-EU-Länder: Norwegen liegt 2007 bei einer Sparquote von 5 Prozent und die Schweiz bei enormen 18 Prozent.

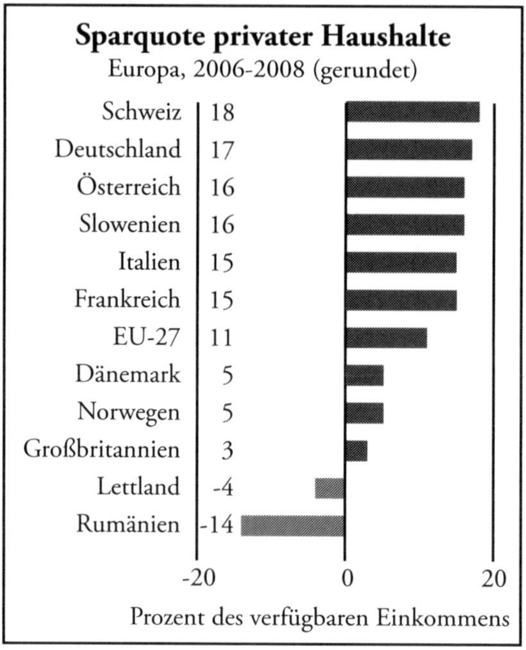

Mit seinen Gedanken zur Konsumquote hat John Maynard Keynes jedenfalls einen Riesensprung weg von der Neoklassik gemacht. Hayek in purer Form würde bedeuten, es ist gut, wenn Menschen mehr sparen, dann können andere mehr investieren. Aus Sicht neoklassischen Denkens klingt das logisch: Die Banken bekommen durch die höhere Sparquote insgesamt mehr Geld, die investierenden Unternehmer und geldsuchenden Konsumenten eilen zum Bankschalter und holen es sich als Kredit. Das ist der ursprüngliche Gedanke. Die Wirklichkeit schaut anders aus: Wer unsicher ist, nimmt keinen Kredit auf und fragt weniger Güter nach. Das führt zu einem Produktionsausfall auf Unternehmer-Seite.

Und hier gehen die Denkweisen wieder völlig auseinander. Für Neoklassiker ist Sparen gleichbedeutend mit „Geld zur Seite legen“, was zu sinkenden Zinsen und durch diese zu höheren Investitionen mit Hilfe des ersparten Geldes führt.

Für Keynes ist Sparen gleichbedeutend mit „nicht konsumieren“, was nicht unmittelbar zu Investitionen führt. Es führt im Gegenteil zunächst zu einem Ausfall auf der Nachfrageseite.

In der Neoklassik würde bei hohem Sparvolumen der Zinssatz stark sinken und die Investitionen solange anwachsen, bis sie gleich hoch wie die Ersparnisse sind. Bei Keynes hingegen denken die Unternehmer bei ihren Investitionsentscheidungen nicht andauernd an die jeweilige Zinslandschaft, sondern vor allem auch an die künftigen Absatzmöglichkeiten.

Dennoch gilt bis heute in vielen Wirtschaftsköpfen die unumstößliche Annahme, dass der Unternehmer schon investieren wird, wenn der Zinssatz nur ausreichend niedrig ist. Dass dem nicht so ist, hat die Krise in Japan in den 1980er-Jahren gezeigt, als die Zinssätze bei Null gelegen sind und dennoch niemand daran gedacht hat, in neue Maschinen oder Projekte zu investieren. Besonders in Spekulationskrisen zeigt sich die Schwäche der rein zinssatzabhängigen Investitionstheorie, wie wir auch 2008 und 2009 gesehen haben.

Für Keynes können die Investitionswünsche einfach zu klein sein. Und Keynes denkt den umgekehrten Kreislauf. Wenn ein Volk viel spart, gibt es weniger aus. Die Unternehmen bleiben auf einem Teil ihrer Produkte sitzen und verschieben oder stornieren geplante Investitionen. In Folge schrauben sie die Produktion zurück und brauchen weniger Beschäftigte. Insgesamt steigt damit in dieser Volkswirtschaft die Zahl jener Menschen, die nur noch von Arbeitslosengeld leben: Das bedeutet in Summe deutlich weniger Gesamteinkommen. Von diesem niedrigeren Gesamteinkommen wird natürlich in absoluten Zahlen weniger gespart. Ein neues, nach unten gerutschtes, Gleichgewicht ist entstanden – niedrigere Investitionen – niedrigere Einkommen – niedrigere

Ersparnis. ABER: Die Arbeitslosigkeit bleibt. Für Keynes kann Sparen daher kontraproduktiv sein. Kurz zusammengefasst: Ein ganzes Volk spart zwar mehr und am Ende steht doch eine gesamtwirtschaftliche Einkommensverminderung.

Man muss bei Keynes auch immer wieder das zeitliche Umfeld beachten: Die erste wirkliche Weltwirtschaftskrise. Leer stehende Fabriken. Millionen Arbeitslose. Was hätte Sparen da für einen Sinn?, fragte sich der britische Ökonom. Dennoch blieben die Neoklassiker damals auf Linie: Über Friedrich August von Hayek ist folgende Begebenheit überliefert. In einer Sitzung mitten in der Zeit der Wirtschaftskrise wurde er gefragt:

„Herr Hayek, glauben Sie wirklich, dass Sie, wenn Sie sich jetzt in diesem kalten Winter einen Mantel kaufen statt zu sparen, der Investition und der Konjunktur schaden?" Hayeks Antwort: „Ja."

3. Unsicherheit, effektive Nachfrage und das böse Schuldenmachen („deficit spending")

Keynes räumte mit einer weiteren „klassischen Idee" auf: Dass man Nachfrage im Gleichgewichtsmodell als mögliche oder gewünschte Nachfrage betrachten müsse. Für ihn ging es nur um eines: um die *effektive* Nachfrage. Wobei Keynes darunter vor allem die Investitionsnachfrage der Firmen versteht. Wenn also Unternehmer im Prinzip investieren wollen und auch die nötigen Mittel dafür hätten, aber aufgrund von pessimistischen Erwartungen doch nicht investieren, dann senkt das die so genannte effektive Nachfrage nach Investitionsgütern.

In einer Krise denken Konsumenten genau so. So wird etwa der Wunsch nach einem Autokauf verschoben, wenn der potentielle Konsument befürchten muss, möglicherweise arbeitslos zu werden. Wie schon bereits erwähnt, gilt daher die Unsicherheit als eine der zentralen Thesen von John Maynard Keynes. Denn nichts beeinflusst das Investitionsverhalten der Unternehmen und letztlich das gesamte Wirtschaftsgeschehen mehr, als die Unsicherheit und die Unmöglichkeit sicherer Prognosen über das Kaufverhalten. Die neoklassische Theorie geht davon aus, dass Menschen immer rational handeln. Dies bedeutet: Wenn der Preis stimmt, wird das Auto gekauft.

Fehlt nun also in einem Staat effektive Nachfrage, so kann sie auf zwei Arten erhöht werden. Entweder die Menschen bekommen mehr Geld,

- weil sie weniger Steuern zahlen müssen oder weil sie andere Zuwendungen bekommen
- oder der Staat springt ein.

Was kann eine Regierung tun, wenn die private Nachfrage zurückgeht? Darauf gab Keynes eine Antwort, die ihm bis heute als Schimpfwort um die Ohren fliegt: „Deficit Spending". Keynes argumentiert, warum der Staat einspringen sollte – um das nachzufragen, was die Konsumenten und Unternehmen nicht nachfragen können oder wollen. Und sei es eben auch auf Schulden.

Warum wird eigentlich die Bedeutung Keynes' von Generationen an Politikern und Ökonomen nur auf diese beiden Worte „deficit spending" reduziert? Weil Keynes bewusst oder unbewusst von seinen Kritikern missinterpretiert worden ist. Keynes hat nie gesagt, dass er Defizite befürwortet, er hat sie aber als „notwendig in bestimmten Situationen" bezeichnet, als Instrumente einer Wirtschaftspolitik, die man eine gewisse Zeit einsetzen nehmen müsse. Natürlich hat Keynes auch gesagt, dass in Boom-Phasen wieder gespart werden sollte, doch daran hat sich die Politik dann leider nicht mehr gehalten.

Wirklich ausformuliert hat Keynes die so genannte antizyklische Wirtschaftspolitik allerdings nie, wie auch neuere Keynes-Interpreten betonen. Also jenes berühmte Prinzip „Spare in der Zeit, dann hast Du in der Not". Aber als Gedanke ist dieses

Prinzip aus seinem Hauptwerk sehr wohl herauszulesen. Für seine Kritiker funktioniert Keynes nur, wenn die Defizite dauerhaft, also von Jahr zu Jahr erhöht werden. Egal, ob in einer Abschwung- oder in einer Aufschwung-Phase. Doch genau das wollte Keynes nie. Er war sich sehr wohl dessen bewusst, dass in Aufschwung-Phasen Defizite auch wieder reduziert werden müssen, da sonst auf lange Sicht jeder Investitionsspielraum für einen Staat verloren geht und Steuereinnahmen irgendwann nur noch zur Zinszahlung für Staatsschulden herangezogen werden können. Keynes sagte allerdings schon, dass ein Staat auf Dauer ein Defizit haben kann. Das funktioniert dann, wenn das Volkseinkommen permanent steigt. Und das steigt laut Lehre dann, wenn die Vollbeschäftigung gehalten werden kann. Ein großes Heer von Arbeitslosen würde zu Nachfrage- und in Folge zu Produktionseinbrüchen führen.

Wenn allerdings die Menschen einen bestimmten Anteil sparen und staatliche Wertpapiere dauerhaft akkumulieren und der Staat diese Summen investiert, dann ist laut Keynes sogar ein permanentes Budgetdefizit möglich. Dann würden Einkommen, Ersparnisse, Staatsschulden, Defizite und Zinszahlungen im Gleichschritt wachsen. Die Anteile (!) blieben unverändert. Soweit die Theorie.

Es kann also in reichen Staaten durchaus so sein, dass Volkseinkommen, Schulden und Zinsen in gleichem Maße wachsen, ohne dass sich an der Struktur etwas ändert. Nur die effektive Nachfrage muss stets mithalten. Entsteht eine Lücke, springt als Nachfrager kurzfristig der Staat ein und das Wachstum geht weiter. So sieht sie aus, die schöne neue Welt des John Maynard Keynes.

Einige Schüler Keynes', die sein Gedankengut übernommen hatten, hatten eine weitere Vision. Sie hofften, dass sich die ewigen Konjunkturzyklen, dieses für Volkswirtschaften so mühsame Auf und Ab, durch eine vernünftige Staatsausgabenpolitik in der Krise überhaupt vermeiden ließen. Das Ziel: Eine zyklusfreie Wirtschaft. Und wieder sehen wir den komplett gegenteiligen

Denkansatz zur Klassik. Denn für die „alten" Ökonomen ist Keynes geradezu ein Verrückter. Gerade seine Staatsinterventionen würden die Krise auslösen, argumentieren sie. Dazu ist festzuhalten, dass Keynes sein Hauptwerk 1936 veröffentlicht hat. Die damals größte Krise aller Zeiten war gerade eben im Abklingen. Keynes' Lehren können es also nicht gewesen sein.

Aber natürlich wissen wir heute, dass auch die Schüler Keynes' geirrt haben wenn sie vom Ende der Konjunkturzyklen geträumt haben. Denn die Folgen der Handlungen, die der Staat setzt, sind erst mit Verzögerung spürbar und greifen möglicherweise zu spät. Fazit: Konjunkturzyklen können gedämpft werden. Aber die Hoffnung, dass aus der berühmten Wellenlinie irgendwann ein Strich wird, hat sich bis heute nicht erfüllt.

Das Hauptkriterium für Keynes war die Arbeitslosigkeit. Nachfrage zu schaffen war aus seiner Sicht unumgänglich, auch mit Hilfe von Defiziten. Weil nur durch diese Politik die Produktion wachsen würde, argumentierte der Ökonom. In Folge werde das Steueraufkommen in einer Volkswirtschaft wieder zunehmen und die Staatsschulden könnten auch wieder reduziert werden. Für die Neoklassiker ein Gräuel: Zusätzliche Nachfrage hat nach ihren Vorstellungen überhaupt keine positiven Beschäftigungseffekte, sondern löst nur *eine* Reaktion aus: Die Preise steigen, die Inflation nimmt also zu. Die Unternehmen müssten dann auch die Löhne erhöhen, was die Preise neuerlich in die Höhe treibt. Es kommt zur berühmten „Lohn-Preis-Spirale". Zynische Schlussfolgerung der Klassiker und Neoklassiker: Wir brauchen auch Arbeitslose – die so genannte „natürliche" Arbeitslosigkeit – um damit überzogene Forderungen der Gewerkschaft und der Arbeiter zu verhindern. Viel wichtiger ist für die Neoklassiker die Preisstabilität.

Eine besondere Form der keynesianischen Arbeitsmarktpolitik findet sich übrigens in den 1970er-Jahren in Österreich. Im „Austrokeynesianismus" gilt, dass man Inflation nicht bekämpfen soll, indem man hohe Arbeitslosigkeit zulässt, sondern durch eine konsensuale Einkommenspolitik, bei der Regierung, Unternehmer und Arbeiter dazu stehen, dass die Löhne in ihrer Gesamtheit nicht stärker steigen als die Produktivität.

Das ist eine Politik, wie wir sie in vielen europäischen Ländern finden, in Österreich und Skandinavien nur besonders deutlich ausgeprägt.

Bis zu einem gewissen Grad kann man sagen, dass die relativ gute Stellung Österreichs in der Beschäftigungsfrage bis 1980 dieser Politik des Austrokeynesianismus zu verdanken ist. Möglich war diese Politik mit einer Sozialpartnerschaft aus Arbeitnehmer- und Arbeitgebervertretung. Ein Weg in einer Periode der wirtschaftlichen Depression, der dazu führte, dass Österreich noch Vollbeschäftigung hatte, als fast alle anderen europäischen Länder schon gegen Arbeitslosigkeit ankämpfen mussten. Ein Weg, der aber auch seinen Preis hatte: Den Preis einer enormen Staatsverschuldung, an der Österreich noch lange knabbern sollte …

Wie funktioniert nun dieses berühmte „deficit spending“? Grundsätzlich sehen Keynesianer zwei Möglichkeiten.

- Da ist zum einen die Geldpolitik: Über die Veränderung der in einer Volkswirtschaft im Umlauf befindlichen Geldmenge oder über eine Zinsänderungspolitik durch die jeweilige Notenbank wie im Kapitel „Ohne Geld kein Keynes“ beschrieben.
- Und zum anderen die Fiskalpolitik: Entweder der Staat tritt selbst als Wirtschaftssubjekt auf und lässt beispielsweise Straßen bauen, oder aber er senkt die Steuern. Auch das soll laut Modell die Gesamtnachfrage erhöhen, weil die Konsumenten mehr verfügbares Einkommen haben.

Keynes hat nie ein Hehl daraus gemacht, dass er fiskalische Maßnahmen für wirksamer hielt. Vor allem in einer Krise. Denn wenn die Zinssätze schon gegen zwei Prozent, ein Prozent oder gar Null fallen, dann ist jede Zinspolitik, wie schon angeführt, wirkungslos. Außerdem wirkt die Geldpolitik nur indirekt. Man senkt den Zinssatz und es passiert – zunächst – nichts. Erst dann, wenn der Unternehmer mit den niedrigeren Zinsen auch Kredite aufnimmt und investiert. Wartet er nur auf bessere Zeiten, wird die Zinssenkung verpuffen. Die Konjunkturspritze des Staates wirkt direkt, allerdings auch nicht sofort (dynamischer Prozess).

4. Der „Multiplikator"

Es war zwar nicht Keynes, der den Multiplikator erfunden hat – das war der Ökonom Richard Kahn – dennoch glaubt er fest an ihn. Vereinfacht ausgedrückt, besagt er: Wenn ich zum Beispiel zehn Milliarden Euro in die Volkswirtschaft pumpe, kann ich etwa einen Effekt von 20 bis 25 Milliarden Euro erzielen. Doch wie ist das möglich? Und ist es auch so?

Angenommen, eine Firma investiert und kauft eine riesige Produktionsmaschine. Damit steigt der Absatz in jenem Unternehmen, das diese Maschine herstellt. Dazu braucht dieser Auftragnehmer mehr Arbeiter oder die vorhandenen machen Überstunden. Jedenfalls entstehen dadurch neue Einkünfte. Nicht nur jene beim Unternehmer, der die Maschine herstellen lässt, sondern auch bei den Arbeitern, die insgesamt mehr Löhne bekommen (entweder weil es mehr Arbeiter geworden sind oder weil die gleiche Anzahl mit Überstunden mehr verdient). Diese Löhne werden wieder ausgegeben, es werden Produkte gekauft. Damit entsteht auch in anderen Branchen mehr Produktion. Um sie bewältigen zu können, muss investiert werden. Und so weiter und so weiter. Man spricht vom Multiplikator-Prozess.

In der Theorie der früheren Klassik würde dieser Prozess, wie oben beschrieben, nur Inflation auslösen. Und Zinserhöhungen. Laut klassischer Theorie herrscht Vollbeschäftigung und deshalb müsste die Branche, in der investiert werden soll, Arbeiter und

Kapital aus anderen Branchen abziehen, was den Preis der Arbeiter (Löhne) und den des Kapitals (Zinsen) erhöht. Die völlig rationale Annahme im klassischen Modell ist, dass bei höheren Zinsen mehr gespart und weniger konsumiert wird. Der Absatz für bestimmte Produkte, vor allem für jene, die die Konsumenten nicht unbedingt brauchen, bricht ein. Die betroffenen Branchen müssen Arbeitskräfte entlassen – und schon sind diese für die investierende Branche frei.

Nun zurück zu Keynes: Empirische Studien zeigen: Tatsächlich kann eine Konjunkturspritze von zehn Milliarden Euro rund ein Jahr später einen Effekt von 20 bis 25 Milliarden Euro auf die Gesamtwirtschaft haben. Aber: Wohin fließt das Geld – wohin fließen die vielen Milliarden, die Regierungen, neuerdings egal ob links oder rechts, in großen Wirtschaftskrisen in so genannte Konjunkturpakte packen? Kritiker sagen: In den Import. Und damit wäre der Effekt für das betreffende Land gleich Null.

Keynes war sich darüber im Klaren, dass der Import ein Problem ist und gab seinen Kritikern eine erste globale Antwort: Wenn es tatsächlich so ist, dass die Arbeitslosigkeit international um sich greift, und andere Länder *keine* Beschäftigungspolitik machen, also kein Geld in die Wirtschaft pumpen, damit auch in diesen Ländern wieder mehr investiert, gekauft und importiert wird – ja, dann müsse man eben den Import beschränken. Nach dem Motto: Wenn ihr nicht mehr Waren von uns importiert, dann importieren wir nicht mehr Waren von euch. Im Ernstfall plädiert Keynes also für höhere Zölle. Und das, obwohl er ein Anhänger des Freihandels war.

5. Arbeitslosigkeit – gibt's die überhaupt?

Die Klassiker sagen: Nein! Unfreiwillige Arbeitslosigkeit gibt es nicht. Die Klassiker gehen von einer vollbeschäftigten Wirtschaft aus. Wenn unter diesen Bedingungen ein zusätzlicher

Arbeiter eingestellt werden soll, dann wird das, was diese zusätzliche Arbeitskraft produziert, geringer sein, als das, was die bisherigen Mitarbeiter produzieren (die Grenzproduktivität sinkt). Deshalb müssen in dieser Wirtschaftswelt die Löhne fallen und es würde sich ein neues Gleichgewicht auf niedrigerem Preisniveau ergeben. Das Problem – Löhne und Preise sind rigide; sie fallen eben nicht rasch und manchmal fallen sie gar nicht. Löhne nicht, weil es Gewerkschaften gibt, und Preise nicht, weil wir nicht in der totalen sondern, im Gegenteil, in der unvollkommenen Konkurrenz leben. In einer Welt der Oligopole, in der die Preise festgesetzt sind.

Ein Oligopol ist eine Marktform mit zwar vielen Nachfragern, aber wenigen Anbietern. Die geringe Anzahl an Anbietern hat den Vorteil, dass diese sehr schnell aufeinander reagieren können: Sowohl mit den Warenmengen als auch mit den Preisen. Einige wenige Konzerne bestimmen das Angebot; deren Verhaltensweisen und nicht Angebot und Nachfrage führen zu den Preisen, die der Konsument zu bezahlen hat. Positive Effekte hat dies für ihn nur im Fall des so genannten ruinösen Wettbewerbs: Ein Konkurrent will oder muss aus Kostengründen eine gewisse Unternehmensgröße erreichen. Er betreibt eine besonders aggressive Preispolitik und zwingt alle anderen Anbieter ebenfalls zu Preisstürzen, solange, bis einer aufgibt. Vorgangsweisen, wie wir sie heute etwa im Elektrohandel immer wieder sehen.

Die Löhne werden im Großen und Ganzen durch Kollektiv- oder Tarifverträge bestimmt. Also wird ein nomineller Lohn festgesetzt. Gemeint ist der Lohn, der am Gehaltszettel steht. Das Problem ist, dass dieser Nominallohn über längere Perioden de facto gleich bleibt beziehungsweise nur leicht ansteigt. Ökonomisch wichtiger ist der Reallohn. In diesem wird auch die Höhe der Inflation berücksichtigt. Ist die Inflation Null Prozent, wären Nominal-und Reallohn gleich. Steigt die Inflation auf zehn Prozent, ist der Reallohn um zehn Prozent niedriger als der Nominallohn, weil die Güter um zehn Prozent teurer geworden sind und daher mein Geld um zehn Prozent weniger wert ist. Ich kann mir also dementsprechend weniger leisten. In solch einer Phase werden natürlich die Gewerkschaften versuchen, auch die Löhne um zehn Prozent anzuheben, was nicht immer gelingen wird – und was auch volkswirtschaftlich schlecht wäre, weil das in Folge die Inflation noch mehr nach oben treiben würde (Lohn-Preis-Spirale).

Eine realistische Alternative: Der Lohn könnte sich im Gleichschritt mit der Produktivitätssteigerung entwickeln, also letztlich parallel zum technischen Fortschritt. Eine solche Politik ist im Rahmen der so genannten Österreichischen Sozialpartnerschaft lange Zeit verfolgt worden (Austrokeynesianismus). Wenn es modernere Maschinen und effizientere Arbeitsabläufe ermöglichen, dass die gleiche Produktion kostengünstiger hergestellt werden kann, dann könnte man diese Ersparnis theoretisch entweder über höhere Löhne oder über Arbeitszeitverkürzung an die Arbeitnehmer weitergeben. Die produktivitätsorientierte Lohnpolitik könnte einen Rahmen schaffen, in dem es weder zu inflationären noch zu sozial unverträglichen Ergebnissen kommt.

Was ist nun Keynes' Antwort in der Krise? Er akzeptiert, dass höhere Löhne unmöglich sind, und dass die Unternehmer auch von nur gleich bleibenden Löhnen nichts wissen wollen. Deshalb sagt er : Wenn schon niedrigere Reallöhne in der Krise notwendig sind, dann über die Preise nicht über die Nominallöhne. Lieber eine Inflation als eine tatsächliche Lohnkürzung, die der Arbeitnehmer (als Nominallohn) auch am Gehaltszettel sieht. Damit würden monatelange Lohnkürzungskämpfe mit der Gewerkschaft vermieden, auch die Kollektivverträge müssten nicht geändert werden. Während die liberalen Denker argumentieren, dass Arbeitslosigkeit nur freiwillig stattfindet, weil eben die Betroffenen nicht zu niedrigeren Löhnen arbeiten *wollen,* sieht Keynes als erster das Ungleichgewicht im Gleichgewicht. Es kann auch dann ein Ungleichgewicht am Arbeitsmarkt herrschen, wenn die Gütermärkte ausgeglichen sind. Das Angebot von Arbeit ist dann größer als die Nachfrage der Unternehmen nach Arbeit. Weil Arbeitslose aber deutlich weniger Geld haben als arbeitende Menschen, führt dies in der Folge dazu, dass auch auf den Gütermärkten weniger nachgefragt wird. Die politische Antwort der Liberalen liegt auf der Hand: Schafft die Gewerkschaften ab, dann können die Löhne wieder sinken. Damit sinken die Lohnkosten der Unternehmen und in Folge auch die Preise. Nur so könne man auf neues Gleichgewicht zusteuern. Damit sind wir mitten in einem politischen Diskurs: dem Neoliberalismus.

In den 1930er-Jahren, also der Zeit der ersten Weltwirtschaftskrise, wurde das klassische Modell angewendet. Die Devise hieß: Löhne runter, Preise runter – um bis zu 25 und 30 Prozent. Die Reallöhne, also, das, was ich mir mit meinem Gehalt bei herrschender Inflation, tatsächlich leisten kann, veränderten sich indes nicht. Deshalb stellten die Unternehmer auch keine zusätzlichen Arbeitskräfte ein; auch ihre Profitrate stieg nicht mehr. Eine „lose/lose" Situation für alle. Die Folge: Unternehmen gingen in Konkurs, Millionen Menschen waren ohne Beschäftigung.

6. Die positiven „Dämpfer" einer Krise (Keynes' automatische Stabilisatoren)

Leider weiß man erst heute, wie falsch die Krisenpolitik in den 1930er-Jahren gewesen ist. Die vorherrschende Lehre der Neoklassiker hatte verlangt, dass trotz immer niedrigerer Steuereinnahmen der Staat ein ausgeglichenes Budget schaffen müsse. Und er sollte deshalb auch noch seine Sozialausgaben einschränken. Die Krise wurde dadurch so drastisch verschärft, dass die Abwärtsspirale nicht mehr zu stoppen war.

Das keynesianische Rezept klingt simpel – und hat sich dennoch in dieser zweiten großen Weltwirtschaftskrise 2008/2009 vorerst als richtig erwiesen:

- Schaffe die sozialen Zuwendungen des Staates wie Arbeitslosengeld, Notstandshilfe und dergleichen nicht ab, kürze auch nichts. Lasse sie so, wie sie sind und nimm das höhere Budgetdefizit in Kauf. Die effektive Nachfrage wird dann nicht so stark zurück gehen, weil die automatischen Stabilisatoren wie Arbeitslosengeld und dergleichen greifen.

Staatsschulden allein stellen für einen Keynesianer übrigens nicht immer ein Problem dar. Wenn der Staat nicht nur die automatischen Stabilisatoren wirken lässt, sondern selbst – vielleicht nicht unbedingt während einer Rezession – als Akteur auftritt, dann kann er ja auch vernünftige Dinge initiieren und bezahlen. Es können die Verkehrsnetze ausgebaut, die Infrastruktur erneuert werden. Davon haben auch die nächsten Generationen etwas und deshalb können auch sie einen Teil der Staatsschulden zurückzahlen. Die Staatsschulden kämen so einer Art Kredit für die Kinder und Enkel gleich.

Es sind einige Postkeynesianer, die noch jenen Schritt weiter gehen würden, den wir schon in Kapitel 3 angeführt haben. Sie sagen, dass in reichen (!) Ländern bei einer halbwegs guten Beschäftigungslage der Staat „immer ein Defizit“ machen kann. Es müsse nur das Volkseinkommen mitwachsen, was der Fall sei, wenn die meisten Menschen Arbeit haben und ausreichend konsumieren. Dann könnten auch die Zinszahlungen mitwachsen. Hinkt die private Nachfrage hinterher, müsse der Staat als Nachfrager einspringen.

Für Neoliberale ist es hingegen ein Gräuel, von derartigen Maßnahmen auch nur lesen zu müssen. Für sie ist der Staat wenig mehr als ein Störenfried. Letztlich verdränge er mit eigenen Investitionen nur geplante Vorhaben der Unternehmer („crowding out“-Hypothese).

7. Der Ökonom als Zahnarzt. Haben wir nicht ohnehin schon genug Güter?

Was wollen wir eigentlich noch alles haben? Genügen nicht zwei Autos, drei TV-Geräte, drei Computer, vier Handys usw. pro Haushalt?

Die Idee der Sättigungstendenzen ist nicht neu. Zahlreiche Unterkonsumptionstheorien schwirrten schon in der Klassik zu Beginn der Wirtschaftswissenschaften herum. Einer der berühmtesten Verfechter der Überproduktions- beziehungsweise Unterkonsumptionsthese ist Karl Marx. Und dennoch haben sich all diese Modelle nicht durchgesetzt. Dabei klingt es logisch, dass man irgendwann alles besitzt und nur noch Ersatzinvestitionen tätigt, sollte ein altes Produkt nicht mehr funktionieren.

Es war eigentlich auch die Utopie der Frühökonomen, Adam Smith und John Stuart Mill, dass man irgendwann in einer Gesellschaft werde leben können, die in einen Zustand eines befriedigenden Lebensstandards geglitten sein wird. Und auch Keynes hat um 1930 in seinem Artikel „Ökonomie für meine Enkel" über die langfristige Zukunft geschrieben: In 100 Jahren, also 2030, werden unsere Bedürfnisse mehr oder weniger befriedigt sein und dann können wir uns all den guten Dingen des Lebens hingeben. Künste, Wissenschaften, Freizeit, auch Muße, der Ökonom wird dann so arbeiten wie ein Zahnarzt, er wird nur die kleinen Fehler ausbessern müssen.

Heute wissen wir: Dieser Traum, dass die Menschheit einer Sättigung näher kommt, hat sich als historisch falsch erwiesen. Einer Sättigung, die man ohnehin einerseits als Bedrohung gesehen hat, weil dann vielleicht nicht mehr genügend Arbeitsplätze vorhanden wären – und andererseits als Wunschzustand, weil dann alle grundlegenden Bedürfnisse befriedigt wären. Die Wirklichkeit zeigt, dass die Bedürfnisse immer wieder durch neue Produkte, durch Variationen, durch Dienstleistungen angefacht werden, dass das Bedürfnis nach Abwechslung, nach Neuem, für einen Stillstand zu stark ist.

Man kann also nicht nur dem Unternehmer vorwerfen, dass er mit stets neuem Angebot eine (künstliche) Nachfrage schafft – man weiß heute aus den Forschungsergebnissen der Konsumpsychologie, dass der Mensch selbst, also der potentielle Konsument einen statischen Zustand a lá „Jetzt habe ich alles, was ich brauche", ablehnt.

Der rational klare Wunsch eines gebildeten Menschen wäre: Es fehlen noch Lebensmittel für eine Milliarde Menschen, also produziert zuerst diese, bevor ihr über neue Produkte für Wohlstandsgesellschaften nachdenkt. Menschen, die in diesem Sinne denken, stellen allerdings eine Randgruppe in Industriegesellschaften dar. Die meisten Konsumenten wollen „shoppen", um Neues zu sehen und nach Möglichkeit auch erwerben zu können. Damit ist es auch der Konsument selbst, der den technischen Fortschritt antreibt. All das spricht gegen ein Sättigungslimit.

Ginge es um die *potentielle* Nachfrage, dann hätten die Unterkonsumptions- und Überproduktionstheoretiker zurück bis Marx recht: Es bleiben bei vielen Bevölkerungsschichten Wünsche offen. Doch es geht, wie wir bei Keynes gesehen haben, immer nur um die effektive Nachfrage, also um die, die umgesetzt wird. Es geht um die kaufkräftige Schicht der Gesellschaft. Solange es kaufkräftige Konsumenten gibt, werden die Unternehmer für sie auch produzieren. Nahrungsmittelproduktion für unterentwickelte Länder statt neue Autos für die Industriegesellschaft, das wäre ethisch korrekt, aber für einen Unternehmer keinesfalls ökonomisch. Ein moderner Unternehmer will Dinge anbieten, für die noch keine Nachfrage besteht und diese mittels Marketing schaffen. Das ist der entscheidende Unterschied zum Kapitalisten des 18. und 19. Jahrhunderts. Er hatte damals eine essentielle, bestehende Nachfrage vor Augen und konnte das Angebot danach ausrichten. Eine wachsende Bürgerschicht mit gutem Einkommen wollte schöne Kleider und schöne Häuser. Also produzierte der Unternehmer schöne Kleider und schöne Häuser. Allerdings auch nur für die kaufkräftige Bevölkerung. Die Armen interessierten ihn nicht. Damals genauso wenig wie heute. Im Kapitalismus geht es grundsätzlich nie um objektiv wichtige, sondern nur um kaufkräftige Nachfrage.

Das soll nicht heißen, dass die These der Sättigungstendenzen in einer entwickelten reichen Gesellschaft generell falsch ist. Die obersten Schichten mit mehreren Grundstücken, Häusern, Yachten und Autos, sie haben sehr wohl ein Problem – ein Luxusproblem: „Wohin mit dem Geld?" Eine mögliche Antwort drängt sich auf: Das Geld in vernünftige Finanzprodukte zu investieren. So, wie es reiche Unternehmen oder Institutionen auch tun.

Und das war einer der Hauptgründe, warum findige Finanzexperten und Bankberater neue „Angebote" schaffen mussten. Sie konnten so die ständig steigende Nachfrage nach Luxus-Geldanlagen befriedigen. Der Finanzkapitalist wurde zum Anbieter für den nachfragenden Kapitalisten. Nachfrage schafft Angebot. Und Angebot schafft Nachfrage. Denn plötzlich wollten alle die „neuen, tollen Finanzprodukte" kaufen, auch die, die es sich eigentlich nicht leisten konnten. Doch davon später mehr.

Der Hauptmotor für neue Bedürfnisse bleibt indessen der technische Fortschritt. Das wissen Ökonomen seit 250 Jahren. Die letzten 25 Jahre des letzten Jahrhunderts bezeichnen viele als die neue Schumpeter'sche Pionierphase. Die Durchbrüche bei Informations- und Kommunikationstechnologie, Bio-, Gen-, Laser- und Nano-Technologie, bei neuen Baumaterialien und Treibstoffen und so weiter gelten als wichtigste tatsächliche Antriebskraft. Zweifellos ist der technische Fortschritt die Basis für die generelle Vergrößerung von Reichtum. Schumpeter zeigt auf, dass im klassischen Modell, sobald vollkommene Konkurrenz herrscht, die Profite gegen Null gehen. Neue Profite können nur dann gemacht werden, wenn ein Unternehmen zumindest vorübergehend ein gewisses Monopol hat. Etwa, weil es ein völlig neues Produkt erfunden hat, das niemand kennt, das niemand hat, das niemand

Joseph A. Schumpeter (1883–1950)

Der österreichisch-amerikanische Ökonom wurde in der Provinzstadt Treisch in Mähren geboren, später zog die Familie nach Wien. Im Rahmen seines Studiums der Rechtswissenschaften in Wien besuchte Schumpeter auch nationalökonomische Vorlesungen unter anderem bei Carl Menger und Eugen Böhm Ritter von Bawerk, die die so genannte Österreichische Schule der Neoklassik vertraten. Bereits als Student publizierte er erfolgreich, 1909 wurde Schumpeter jüngster Professor Österreichs in Czernowitz, anschließend nahm er eine Professur in Graz an.
1911 erschien sein Hauptwerk *Theorie der wirtschaftlichen Entwicklung*, eine der bedeutendsten Interpretationen des Kapitalismus. Schumpeter sah Kapitalismus dynamisch und wachstumsorientiert, doch auf lange Sicht ohne Zukunft: Das System würde an seinem Erfolg zu Grunde gehen.
Schumpeter erhielt später einen Lehrstuhl in Bonn, ab 1932 war er als Professor bis zu seinem Tod 1950 an der Harvard Universität tätig. Dort brachte er sein Werk *Business Cycles* (1939) heraus, in dem er drei Arten von Konjunkturzyklen unterschiedlicher Zeitdauer beschrieb. 1929 wurde die Weltwirtschaftskrise ausgelöst, weil sich alle drei Zyklen gleichzeitig negativ entwickelten.
Heute ist der Kapitalismus noch immer nicht zugrunde gegangen, Schumpeters Prognose ist im Rückblick wohl eher gesellschaftlich als ökonomisch zu sehen (vergleiche auch den Titel seines entsprechenden Werks: *Capitalism, Socialism, and Democracy*, 1942). Es gelang ihm allerdings, auch Einflüsse anderer Disziplinen und Bereiche einzuarbeiten und damit gleichzeitig die Grenzen der Wirtschaftswissenschaften sowie das unberechenbare Element wirtschaftlicher Prozesse aufzuzeigen. Moderne Theorien wie die Chaos-Theorien werden in Schumpeters Werk auf diese Weise vorweggenommen.

anderer erzeugen kann. Das Unternehmen wird so lange Profite machen, bis die anderen aufholen. Ein berühmtes Beispiel dafür ist wohl die Geschichte von Microsoft.

Jedenfalls finden wir hier zwei Bereiche, in denen Keynes geirrt hat. Erstens ist die Konsumneigung der Bevölkerung viel größer, als er erwartete, und zweitens hat Keynes die Innovationskraft der Unternehmen unterschätzt. Der zuvor schon erwähnte

Ökonom Pigou spottete in dem Zusammenhang über Keynes: „Wahrscheinlich werden in der Menschheitsgeschichte noch ein paar Güter erfunden werden". Und das war im Jahr 1936 ... Er meinte, Keynes solle einfach nicht so pessimistisch sein.

Dennoch: Der Zusammenbruch 1929 und die beginnenden 1930er-Jahre erschütterten den Glauben an klassische und neoklassische Ökonomen und an deren Marktgläubigkeit zutiefst. Immer stärker setzten sich die Ideen von John Maynard Keynes durch. Die Rolle des Staates wurde immer gewichtiger. Aber: Eines darf nicht übersehen werden – die erste keynesianische Welle hatte nichts mit den Theorien des britischen Ökonomen zu tun, sondern viel mehr mit der dramatischen Wirklichkeit. Der Zweite Weltkrieg brach aus, die Regierungen der Welt pulverten sukzessive unglaubliche Summen in die Rüstungsindustrie. So hatte es John Maynard Keynes nicht gemeint.

8. Das Keynesianische Zeitalter

Bis heute herrscht ein großer Irrtum vor: Dass Keynes den Kapitalismus ablehnte. Das Gegenteil war der Fall. Am ehesten kann man Keynes als „Kapitalismus plus soziale Perspektive" verstehen. Keynes näherte sich bloß von der anderen Seite an. Der Kapitalismus war für ihn gefährdet, wenn man das Problem der Arbeitslosigkeit nicht in den Griff bekäme. Natürlich sah Keynes vor allem die soziale Dimension von Arbeitslosigkeit. Aber er fürchtete auch um den Kapitalismus.

Vom keynesianischen Zeitalter spricht man ab den 1950er-Jahren. Die keynesianischen Ideen setzten sich nach dem Zweiten Weltkrieg sukzessive durch. Die Lage der Bevölkerung und die neue Wirtschaftstheorie griffen ergänzend ineinander. Die Nachfrage war nach dem Krieg enorm und die Finanzierungsmöglichkeiten in Europa dank US-Marshallplan gegeben, die Erwartungen waren hoch. Die Grundstimmung war eine des

Anpackens und Aufbauens. Dazu kamen noch jede Menge technische Neuheiten aus den Vereinigten Staaten, die in Europa noch nachgeholt werden mussten. Um die Inflation nicht ausufern zu lassen, rationierte man in Großbritannien bis 1952 sogar die Nachfrage. Man kann das auch Zwangssparen nennen.

Als Lehrbuch-Keynesianismus kann man die Zeit nach dem Zweiten Weltkrieg bis in die 1970er-Jahre dennoch nicht bezeichnen. Eher als eine Kombination von Marktwirtschaft und Sozialpolitik: Bekannt geworden und letztlich – obwohl in ihrer Bedeutung schwankend – bis heute praktiziert als Soziale Marktwirtschaft. Der reine freie Markt war vorerst jedenfalls tot.

Hinzufügen muss man aber auch, dass die Betonung der Sozialpolitik keine wirtschaftspolitische, sondern eine politische Frage ist. Wir erinnern uns an Hayek, der meinte, dass das Soziale in der Wirtschaftstheorie nichts verloren habe. Diese Sichtweise war in den 1950er-, 1960er- und Anfang der 1970er-Jahre völlig passé. Die damaligen Mainstream-Ökonomen hatten anerkannt, dass bei einem völligen Loslassen der Wirtschaftspolitik nur eine ungerechte Einkommensverteilung herauskommen könne, eine Sozialpolitik sei vonnöten.

Dieses Denken galt dann im Wesentlichen über die Parteigrenzen hinweg. Im Schock der großen Krise und des Zweiten Weltkrieges waren auch viele Unternehmer in ganz Europa zu sozialen Reformen bereit. Auch sie erwarteten nun vom Staat, dass er bestimmte Dinge regulierte.

In ganz Europa wurde eine bewusste Wirtschaftspolitik betrieben: Sehr pragmatisch und sehr konsensual, wie etwa in Österreich im Rahmen der Sozialpartnerschaft zwischen Arbeitnehmer- und Arbeitgeberverbänden. In Deutschland war es etwas mühsamer. Der Ökonom Erich Schneider begann erst in den 1950er-Jahren, den Regierenden die Lehren Keynes' beizubringen.

Die Politik beschloss Investitionsprämien für Unternehmen, baute die Sozialleistungen aus und machte eine bewusst expansive

– und wenn man so will, tatsächlich keynesianische – Politik. Viele europäische Regierungen handelten gemäß der Grundsätze von John Maynard Keynes; auch, wenn sie dies nicht bewusst taten.

Vollbeschäftigung als Wirtschaftsziel hatte es vor den 50er- und 60er-Jahren nicht gegeben. Denn das „alte“ Ziel war gewesen, Inflation zu vermeiden. Jetzt galt: Vollbeschäftigung erhalten und Sach-Investitionen fördern. Diese Betonung der Vollbeschäftigung und einer Kreditpolitik, die Investitionen und Wachstum fördert, diese Kombination ist das Urtypische für das keynesiansiche Zeitalter.

Das magische Vieleck wurde erfunden.

Das magische Vieleck

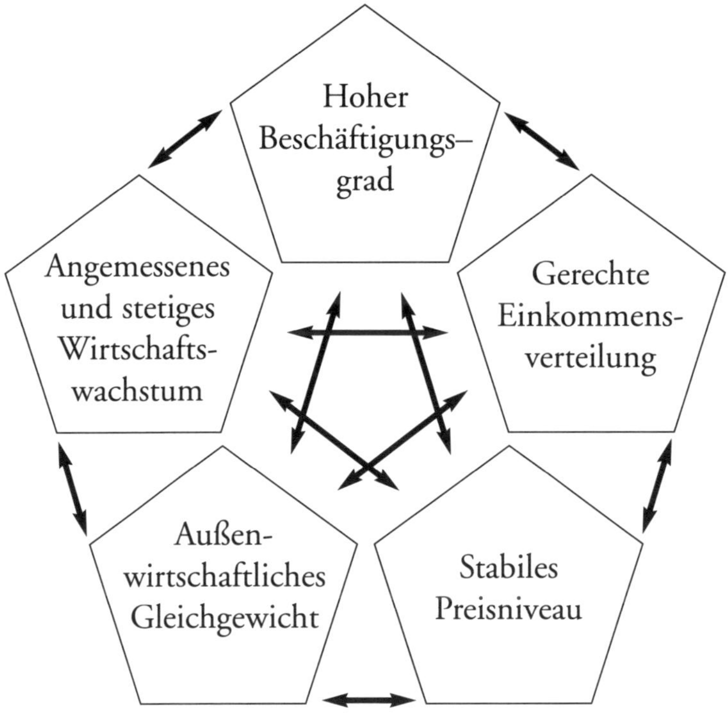

Als fünf Ziele der Wirschaftspolitik galten:

- Hohe Beschäftigung
- Preisstabilität
- Wirtschaftswachstum
- Zahlungsbilanzausgleich
- Gerechte Einkommensverteilung

Und warum war die Rede vom „magischen“ Vieleck? Damit sollte ausgedrückt werden, dass nie alle Ziele gleichzeitig voll erfüllt werden können. Zwischen einigen besteht ein klarer Zielkonflikt (zum Beispiel stabile Preise und Vollbeschäftigung, wie wir später sehen werden).

Natürlich veränderten sich in dieser Zeit auch die ökonomischen Lehrbücher. Die Theoretiker zogen der Politik nach, und Keynes' Lehre schaffte, was Marx nicht geschafft hatte: Öffentliche Anerkennung, wenn auch sehr zögerlich, und Verankerung an den Universitäten.

Keynes' Lehre funktionierte auch deshalb so gut, weil in den 1950er-, 1960er- und 1970er-Jahren die Aktienmärkte halb tot waren. Weder die Börsen noch Devisenspekulationen spielten damals eine besondere Rolle. Die keynesianische Politik spielte sich vorwiegend auf den Güter- und Arbeitsmärkten ab und konnte dort auch greifen. Spekulation habe eine wichtige Funktion, wenn sie der Industrie diene, aber wenn umgekehrt die Spekulation die Führungsrolle übernehme, dann sei das eine Katastrophe, sagte Keynes in den 1930er-Jahren: „Speculators may do no harm as bubbles on a steady stream of enterprise. But the position is serious when enterprise becomes the bubble on the whirlpool of speculation.“ Und diese Aussage passt zu hundert Prozent auch auf die heutige Situation.

Keynes sprach sich allerdings gegen fixe Wechselkurse aus. Ein Land, das in Schwierigkeiten geraten sei, müsse die Möglichkeit haben, abzuwerten und dürfe nicht an andere Währungen gebunden sein, argumentierte Keynes. Abwerten, um die Exporte günstiger zu machen, sollte einem Land unter bestimmten Umständen erlaubt sein. Andererseits konnte sich Keynes auch gewisse Schutzmaßnahmen in Zeiten der Arbeitslosigkeit vorstellen. Also etwa höhere Importzölle. Denn wer sich nicht schützt, der verliert eine durch aktive Wirtschaft zusätzlich geschaffene Nachfrage ins Ausland. Eine Gefahr, die viele in den Konjunkturpaketen 2008 und 2009 sehen, denn eine mögliche Folge davon könnte sein, dass die Nachfrage in Europa gestützt wird, die Konsumenten aber japanische Autos kaufen.

Die Golddeckung als Währungssystem lehnte Keynes völlig ab. Das System von Bretton-Woods mit seinen geregelten Wechselkursen und den Möglichkeiten, innerhalb gewisser Bandbreiten, auf- oder abzuwerten (an dessen Ausarbeitung er an führender Stelle mitgewirkt hatte), hielt er für einen ersten vernünftigen Kompromiss. Dieses System hat ab 1944 knapp 30 Jahre lang gegolten.

Keynes Vision war eine Zweiteilung der Währungspolitik: Relativ feste Wechselkurse, aber der internationale Zahlungsverkehr mit einer eigenen Währung. Das sollte verhindern, dass Ungleichgewichte in der Zahlungsbilanz Länder zu Abwertungen oder Aufwertungen ihrer nationalen Währungen zwingen, die wieder störende Auswirkungen auf den heimischen Markt haben würden.

Im internationalen Zahlungsverkehr könnte es bei der Beseitigung von Schulden zu einer „geteilten" Verantwortung kommen. Wenn sich ein Land zu sehr bei einem anderen verschuldet, sollte auch das Gläubigerland beim Schuldenabbau mithelfen, indem es Importe aus dem Schuldnerland zulässt. Schon in seinem ersten berühmten Buch *Economic Consequences of the Peace* (1922) hatte Keynes vorgeschlagen, dass man dem Kriegsverlierer Deutschland ermöglichen müsse, seine Produkte in andere Länder zu exportieren. Deutschland brauche die verdienten Dollar, um seine Reparationszahlungen leisten zu können.

Gab es Länder, in denen keynesianische Politik in Reinkultur betrieben wurde? Die Antwort ist ein klares Nein. Das, was nach dem Zweiten Weltkrieg in den westlichen Industrieländern versucht worden ist, war ein Maßnahmen-Mix inklusive Beschäftigungspolitik, befreit von der Illusion, dass alle Märkte, ob Güter-, Arbeits-oder Kapitalmarkt nach Störungen sofort wieder zurück in ein Gleichgewicht finden. Der reinen Keynes-Lehre am nähesten kam Kanada, aber auch Europa versuchte eine sehr Keynes-nahe Politik. Das gilt besonders für die skandinavischen Staaten. 1971 sagte sogar US-Präsident Richard Nixon in der *New York Times*: „We are all Keynesians now". Freilich hatte er auch keinerlei Probleme damit, wenige Jahre später auf den Kurs der monetaristischen „Chicago-boys" einzuschwenken. In Deutschland wurde 1967 sogar das Grundgesetz geändert und ein Stabilitäts- und Wachstumsgesetz formuliert. Vor allem vom deutschen Wirtschaftsminister Karl Schiller, der damals von einem „magischen Viereck" mit den vier Faktoren hohe Beschäftigung, Preisstabilität, Wirtschaftswachstum und Zahlungsbilanzausgleich gesprochen hatte. Im Jahr 1967 war eine bewusst keynesianische Politik die Antwort auf die erste Rezession der Nachkriegszeit.

Kapitel III

Neuer Glaube an den Markt – Aufstieg und Kollaps

Natürlich hatten die Kritiker der neuen Popularität eines starken Staates in dieser Zeit nicht geschlafen. Aber niemand hörte ihnen zu. Rund ein Vierteljahrhundert lang nicht. Viel Zeit für die Anhänger des freien Marktes, Kritik zu sammeln und sie niederzuschreiben, um irgendwann zurückzuschlagen. Und dann kam es 1973 zur Ölkrise.

Die Ölkrise: Eine Katastrophe für erdölabhängige Industrieländer. Die Preise explodierten und sehr rasch war nichts mehr, wie es gewesen war. Plötzlich geriet ein Modell ins Wanken, mit dem wir uns später noch beschäftigen werden. Das so genannte Phillips-Modell, wonach man es sich – sehr vereinfacht ausgedrückt – in der Wirtschaftspolitik aussuchen könne, ob man gute Beschäftigungslage und dafür mehr Inflation in Kauf nehmen wolle oder umgekehrt: Nahezu keine Inflation, also Preisstabilität, dafür mehr Arbeitslose (Zielkonflikt im magischen Vieleck). Plötzlich kam es zu Arbeitslosigkeit und relativ hoher Inflation.

Die scharfen Keynes-Kritiker konnten endlich einhaken. Schon in den 1960er-Jahren hatte der Ökonom Milton Friedman in Chicago mit seiner Theorie eine monetaristische Gegenrevolution entwickelt. Um in der Ölkrise gegensteuern zu können, brauche man wieder individuelle Handlungsspielräume durch Deregulierung, Flexibilität und ein neues Auslösen der Marktdynamik, hörte man aus Chicago. Vor allem schossen sich die neuen Ökonomen, deren Thesen in ihrem Kern gar nicht so neu waren, sondern auf der Neoklassik basierten, auf den Sozialstaat ein. Diesen Angriff hatte übrigens schon 1943 der polnische Ökonom Michał Kalecki vorausgesagt.

Michał Kalecki (1899–1970)

Kalecki stammte aus einer verarmten jüdischen Familie und musste sein Ingenieurstudium wegen Geldmangels abbrechen. Er wurde autodidaktisch zum Ökonomen – sein Wissen eignete er sich als Wirtschaftsjournalist an. Kalecki gilt heute als einer der herausragendsten Wirtschaftswissenschafter des 20. Jahrhunderts, wenngleich er Zeit seines Lebens wenig bzw. erst mit Verspätung bekannt wurde. Das lag vor allem an der späten bzw. zeitverzögerten Übersetzung seiner Werke – viele davon wurden erst lange nach seinem Tod in den 1990er-Jahren ins Englische übersetzt.
In seinem Werk *Umrisse einer Theorie des Konjunkturzyklus* (1933) nahm Kalecki keynesianische Ideen vorweg. Er legte das Augenmerk auf die Wirkung von Investitionen auf die Gesamtnachfrage und formulierte in seiner Profittheorie, dass höhere Investitionen, unter die für ihn auch Staatsausgaben fielen, auch die Gewinne steigern würden.
1936 gab Kalecki seinen Posten am Institut für Konjunktur- und Preisforschung in Warschau aus politischem Protest auf und ging in der Folge nach Schweden und Großbritannien, wo er am Oxford Institute of Statistics arbeitete. Nach dem Zweiten Weltkrieg war er bei den Vereinten Nationen in New York tätig, als überzeugter Sozialist war er in der McCarthy-Ära allerdings immer stärker eingeschränkt. Er kehrte deshalb 1955 ins mittlerweile kommunistische Polen zurück, wo er seine wissenschaftliche Arbeit fortsetzte und an der Warschauer Hochschule für Planung und Statistik eine ökonomische Schule begründete. Kaleckis Ideen hatten großen Einfluss auf die Cambridge-Schule. 1968 geriet er wiederum aus politischen Gründen in Bedrängnis, er wurde zum Ziel einer antisemitischen und antiintellektuellen Kampagne und schließlich frühzeitig emeritiert. Kalecki starb nur wenige Jahre später.

Er hatte vieles, was später Keynes weltberühmt machte, schon in seinen makroökonomischen Überlegungen niedergeschrieben, blieb aber dennoch weitgehend unbeachtet. Und er sagte nur sieben Jahre nach Keynes' Hauptwerk voraus, dass in einem keynesianischen Modell – bei Vollbeschäftigung – die Unternehmer nicht mehr mitspielen werden. Die Gewerkschaften würden eine zu starke Position erlangen. Das einzige, das übermütige Gewerkschaften noch bremsen könne, sei die Angst. Die Angst vor

Arbeitslosigkeit, nur das würde überzogene Lohnforderungen dämpfen.

In den 1960er- und Anfang der 1970er-Jahre herrschte aber wegen der enormen Aufholphase nach dem Zweiten Weltkrieg ohnehin nahezu Vollbeschäftigung. Denn sowohl Arbeitnehmer als auch Arbeitgeber waren im Großen und Ganzen darum bemüht, alle Ziele des zuvor beschriebenen magischen Vielecks zumindest anzupeilen, also auch das der neu hinzu gekommenen Vollbeschäftigung. Doch schon Anfang der 1970er-Jahre kippte die Stimmung. Unternehmer fühlten sich von zu starken Gewerkschaften bedroht und in der Ökonomie setzte sich der Ansatz durch, dass ein gewisses Maß an Arbeitslosigkeit zu akzeptieren sei, um die Inflation nicht durch zu große Lohnsteigerungen ausufern zu lassen. Diese Entwicklung leitete den Bruch ein. Plötzlich wurde von den Unternehmern die Vollbeschäftigung als eines der Hauptziele wirtschaftlichen Handelns überhaupt aufgegeben. In den Vordergrund rückte immer mehr die Bekämpfung der Inflation. Eine „ideale" Basis dafür war der explodierende Ölpreis.

In dieser Zeit machten auch die Gewerkschaften einen entscheidenden Fehler. Sie forderten wieder deutlich höhere Löhne, die sich aber nicht am niedrigeren Preisniveau im Inland orientieren sollten, sondern an den Preisen im Ausland, also auch am Ölpreis. Ihr Argument: Die Unternehmer hätten ihre Verkaufspreise wegen der Ölkrise so stark erhöht, dass sich niemand die angebotenen Waren leisten könne, deshalb müssten auch die Löhne so steigen, wie die ölpreisbedingten Produktpreise. Dieses Argument übersah aber, dass die Preiserhöhungen nicht den Unternehmen, sondern den Ölproduzenten zuflossen. Für die Unternehmen entstanden daher durch die höheren Lohnkosten Verluste, die zu Entlassungen führten. Und plötzlich hatte man das, womit ein Keynesianer nie gerechnet hatte: Stagflation.

1. Der Staat wieder unter Beschuss und das Ende der Traumkurven

Das „menu of choice“, die Wahlmöglichkeit zwischen Beschäftigung und Inflation, war vorbei. Dieses „menu“ besagt, dass man entweder Vollbeschäftigung plus ein wenig Inflation haben kann, was sehr stark vereinfacht auch als „linke“ Wirtschaftspolitik bezeichnen kann, oder Preisstabilität plus ein wenig Arbeitslosigkeit herrscht, was im Allgemeinen unter „rechter“ Wirtschaftspolitik verstanden wird.

Der Ökonom hatte also die Wahlmöglichkeit gehabt: Wie viel Inflation kostet mich Vollbeschäftigung oder wie viel Arbeitslosigkeit kostet mich eine niedrige Inflation. Ein wenig mehr von dem, ein bisschen weniger von dem – doch plötzlich war beides zugleich da. Damit hatte der Engländer Alban W. Phillips nicht gerechnet. Er war es, der aufgrund von Statistiken aus England bis in die Mitte der 1850er-Jahre zurück eine „Traumkurve“ über rund 100 Jahre hinweg entwickelt hatte: Eine der meistgelehrten Darstellungen im Volkswirtschaftsstudium, die Phillips- Kurve.

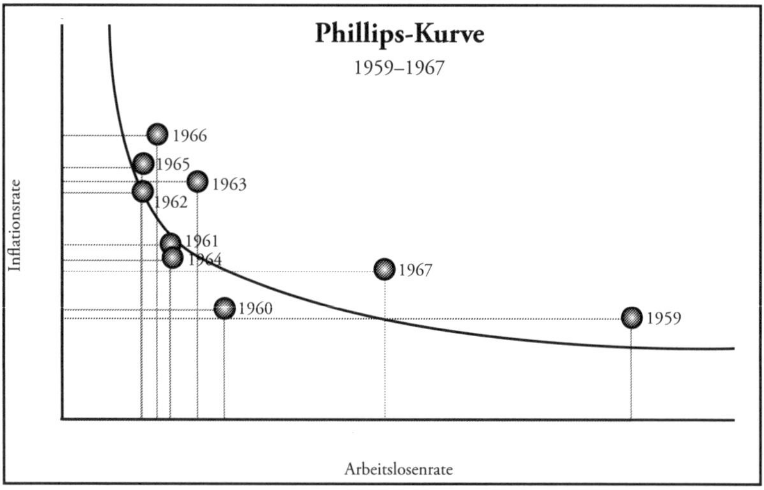

Für die Phillipskurve gibt es wenig Daten, eine Überprüfung der tatsächlichen Werte für die USA für die Jahre 1959 bis 1967 zeigt aber, dass die wirtschaftlichen Entscheidungen zu den in der Kurve dargestellten Ergebnissen des Zusammenhangs zwischen Inflation und Arbeitslosigkeit geführt haben. In den Jahren mit einer hohen Inflationsrate (1960 bis 1966) herrschte eine niedrige Arbeitslosenquote. Und in den Jahren mit einer hohen Arbeitslosenquote (1967, 1959) lag eine niedrige Inflationsrate vor. Zu Beginn der 1970er-Jahre ließ sich jedoch kein Zusammenhang zwischen Arbeitslosenquote und Inflationsrate mehr erkennen. In den 1960er-Jahren war die Inflationsrate konstant gewachsen. Die Wahrscheinlichkeit, dass auf eine hohe Inflationsrate im nächsten Jahr eine noch höhere Inflationsrate folgen würde, wurde immer größer. Das hatte die Gewerkschaften veranlasst, auch höhere Löhne zu verlangen.

Das Grundprinzip der Phillips-Kurve erschien zunächst einfach: Bei hoher Beschäftigung herrscht hohe Nachfrage nach Gütern und Dienstleistungen, bei hoher Nachfrage mehr Bereitschaft der Unternehmer zu Lohnerhöhungen. Die Preise steigen. Die Inflation ist da. Umgekehrt geht bei hoher Arbeitslosigkeit die Nachfrage zurück, die Unternehmen bekommen Absatzschwierigkeiten, die Preiskonkurrenz steigt, die Preise sinken, um die Nachfrage wieder anzukurbeln.

In den 1970er-Jahren war es nicht nur die Ölpreis-Krise, sondern auch die Bildung von Monopolen und Inflations*erwartungen,* die das Preisniveau nach oben getrieben hatten. Vor allem hatte man es mit einer Kosteninflation zu tun. Rohöl ist eben Rohstoff und muss importiert werden. Die Kosten für erdölabhängige Industrien explodierten. Und gleichzeitig war es plötzlich auch mit der Vollbeschäftigung vorbei. Dieses neue Phänomen belegte man mit dem neuen schönen Wort Stagflation. Stagnation plus Inflation. Da konnte Phillips nicht mehr mit. Arbeitslosigkeit und Inflation. Dazu bedurfte es völlig neuer Erklärungen und Lösungen.

Die Postkeynesianer schlugen damals die schon erwähnte neue Einkommenspolitik vor, die die Löhne im selben Ausmaß wie die Produktivität steigen lassen würde. Das Argument: Damit könnte hohe Inflation vermieden und dennoch keynesianische Politik betrieben werden.

Der Monetarismus, die neue Wirtschaftsrichtung, die so neu nicht ist, weil sie im wesentlichen die Fundamente der Klassik und Neoklassik in sich trägt, lehnte diese Maßnahmen ab. Der Markt allein werde das Problem lösen, man müsse nur verhindern, dass er durch Inflation gestört werde. Dazu brauche man eine Geldpolitik. Der Vorstoß der Monetaristen: Nicht die Löhne, sondern das gesamte Geldvolumen in einem Staat dürfe nie – oder wenn, dann minimal – stärker steigen als die Gesamtproduktivität.

Damit könnten auch die Löhne nicht nach oben „davon rennen", argumentierten die Monetaristen. Ihre Grenze sei das Geldvolumen im Staat. Höhere Löhne als in diesem „Geld-Rahmen" führten nur zu Inflation. Das heißt, nach den Löhnen würden die Preise steigen. Am Ende stünde eine Hyperinflation mit fünfprozentigen Preissteigerungen pro Tag. Monetaristen lieben es, derartige Horrorszenarien zu schaffen und sollten damit – zumindest in einigen Krisenländern dieser Erde – auch Recht behalten.

Als oberstes Gebot gilt: Löhne und Preise müssen sich nach Angebot und Nachfrage am Markt richten. In einer Krise dürfe man sich deshalb auch nicht scheuen, die Löhne zu kürzen.

Wie kommt es dann, dass Monetaristen, die das Geld ja schon in ihrem Namen tragen, stets laut „Money doesn't matter" gerufen haben? Im Gegensatz zu Keynes' Ruf „Money does matter"? Weil sie eigentlich eine Politik propagierten, die darauf aus war, alles so zu lassen, wie es war. Die Geldmenge sollte eben einfach mit dem Produktivitätsfortschritt, mit dem Wirtschaftswachstum, mitwachsen.

Größere Änderungen in der Geldmenge, so nahmen sie an, können zwar kurzfristig die Realwirtschaft beeinflussen, führen aber langfristig nur zu Inflation oder Deflation. Diese Ansicht hat sich

Milton Friedman (1912-2006)

Der amerikanische Ökonom kam als Kind jüdisch-ungarischer Einwanderer in New York zur Welt. Bereits mit 16 Jahren begann er sein Studium der Mathematik und Ökonomie, das er Dank einiger Stipendien 1946 mit einer Dissertation an der New Yorker Columbia Universität abschloss. Im selben Jahr begann Friedman seine Tätigkeit als Professor an der Universität Chicago, wo er bis zu seiner Emeritierung 1976 lehrte. Er wurde dort zum Mitbegründer der so genannten Chicagoer Schule, aus der einige Nobelpreisträger, darunter Friedman selbst, hervorgingen. Die Chicago Boys, eine Gruppe chilenischer Ökonomen, die unter der Militärdiktatur Pinochets dessen liberale Wirtschaft mitbestimmten, sind ebenfalls auf diese Schule zurückzuführen.

Friedman verteidigte den Kapitalismus und kritisierte den gerade entstehenden Wohlfahrtsstaat. Im Zentrum dieser neuen Theorie aus Chicago stand die Rolle des Geldes, weshalb die Richtung als *Monetarismus* bezeichnet wird.

Hand in Hand ging Friedmans Theorie mit einem generellen Liberalismus, der sich nicht nur in Deregulierungen im ökonomischen Sektor, sondern auch in gesellschaftlichen Bereichen äußerte. So forderte er die Legalisierung von Drogen, setzte sich gegen die Wehrpflicht und gegen das Verbot der Prostitution ein.

Bereits ab den 1960er-Jahren war Friedman durch seine Kolumnen im Magazin *Newsweek* einer breiteren Öffentlichkeit bekannt. 1976 wurde ihm der Nobelpreis verliehen, in den 1980er-Jahren gestaltete er eine Fernsehserie – das dazu entstandene Buch wurde ein Bestseller.

Politisch fanden Friedmans Ideen ab den 1980er-Jahren Gehör. Nach einer Periode der Inflation und Rezession hatte man sich von Keynes' Theorien abgewandt und suchte nach neuen Wegen. Vor allem Margaret Thatcher und Ronald Reagan haben mit massivem Abbau des Sozialstaats, Steuersenkungen und Privatisierungen einen Teil von Friedmans Ansätzen realpolitisch umgesetzt.

aber als falsch erwiesen. Geldmengenänderungen können sehr wohl anhaltende Änderungen in der Realwirtschaft bewirken. Geldpolitik *kann* also sinnvoll sein.

Geld verknappen oder Geld in die Wirtschaft pumpen, halten die Monetaristen für gefährlichen Unfug. Geld ist für sie ein Schleier. Ein alter „Klassiker“, wie wir uns erinnern.

Die Europäische Union gilt übrigens als einziger (Binnen-)-Markt dieser Welt, dem die Inflationsbekämpfung so wichtig war, dass er geldpolitische Einengungen sogar gesetzlich vorgeschrieben hat. Die berühmten Maastricht-Kriterien mit ihren strengen Defizit- und Verschuldungsvorschriften sind so gehalten, dass im Jahr 2009 mehrere Euroländer mit einem Sanktionsverfahren der EU-Kommission rechnen müssen, weil sie sich nicht an die strengen wirtschaftspolitischen Regeln des Vertrages halten.

Die EU-Konvergenzkriterien (Maastricht-Kriterien) seit 1992

1. Die Inflationsrate darf maximal 1,5 Prozentpunkte über derjenigen der drei preisstabilsten Mitgliedsländer des Vorjahres liegen.
2. **Das jährliche öffentliche Defizit (Nettoneuverschuldung) darf nicht mehr als drei Prozent des Bruttoinlandsprodukts betragen.**
3. **Der öffentliche Schuldenstand darf nicht mehr als sechzig Prozent des Bruttoinlandsprodukts ausmachen – es sei denn, es ist eine deutlich rückläufige Tendenz ersichtlich.**
4. Einhaltung der normalen Bandbreiten des Wechselkursmechanismus des europäischen Wechselkurssystems seit mindestens zwei Jahren ohne Abwertung gegenüber der Währung eines anderen Mitgliedstaats.
5. Der langfristige Nominalzinssatz darf maximal zwei Prozentpunkte über jenem der drei preisstabilsten Länder des Vorjahres liegen.

Diese Kriterien betreffend kommt es immer wieder zu einem Irrtum. Sie gelten nur für Länder, die in die Euro-Zone aufgenommen werden wollen. Es sind die Beitritts-Kriterien, um der Währungsunion beitreten und den Euro einführen zu können. Für Länder, die bereits Mitglieder der Euro-Familie sind, gelten „nur“ zwei der fünf Kriterien: Punkt zwei und drei (fett gedruckt).

Auf Initiative des damaligen deutschen Finanzministers Theo Waigel sind sie im Stabilitäts- und Wachstumspakt der EU festgeschrieben und seit 1997 auch geltendes EU-Recht. Dieser „Pakt“ fordert von den Euroländern in wirtschaftlich normalen Zeiten einen annähernd ausgeglichenen Staatshaushalt um in Krisen Spielraum für höhere Staatsausgaben zu haben (Neuverschuldung maximal drei Prozent des Bruttoinlandsprodukt, siehe oben Punkt zwei, Staatsverschuldung unter sechzig Prozent des Bruttoinlandsproduktes, siehe oben Punkt drei).

Auch die Europäische Zentralbank ist seit ihrer Gründung vor allem dem Ziel der Inflationsbekämpfung verpflichtet und betreibt eine dementsprechende Politik.

Doch zurück zu den 1970er-Jahren und den Monetaristen. Sie kritisierten damals vor allem die Sozialpolitik der einzelnen Staaten. Diese habe alles aus dem Gleichgewicht geworfen und zu Stagnation plus Inflation geführt. Die Schüler Keynes', die dann als Postkeynesianer auftraten, reagierten heftig: „Ja, vielleicht kommen wir durch den Markt allein zurück ins Gleichgewicht, aber die Frage ist doch, ist das das Gleichgewicht, das wir wollen?“ Die Sozialpolitik müsse man eben als Zusatz zur Wirtschaftspolitik verstehen und deshalb müsse die Frage lauten, wie viel Sozialpolitik können wir uns leisten, ohne die Wirtschaft zu sehr zu schädigen. Aber natürlich kann man auch monetaristisch fragen, welche Wirtschaftspolitik wäre möglich, wenn wir uns nicht um das Soziale kümmern müssten?

In dieser Zeit entwickeln sich aus dieser Frage heraus die verschiedenen Staatenmodelle. Vom skandinavischen Modell, das Sozialpolitik als staatliche Aufgabe versteht, bis zum amerikanischen Modell, das soziale Probleme überwiegend bei privaten Institutionen gelöst sehen will.

Die Kritiker einer staatlichen Interventionspolitik fahren auch schwere Geschütze gegen direkte staatliche Investitionen auf. Für sie gilt wie gesagt die „crowding out“-Hypothese: Der Staat verdränge am Markt die privaten Firmen. Oder anders formuliert, all jene klugen Wirtschaftssubjekte, die ein höheres Staatsdefizit erwarten, werden genau in dem Ausmaß, in dem sie die zusätzlichen Staatsausgaben erwarten, nicht investieren, sondern diese Gesamtsumme gleich im Voraus sparen. Dem entgegnen Keynesianer, dass ein Verdrängen nur in Zeiten der Vollbeschäftigung unvermeidlich sei. In Krisensituationen fehle eben den Unternehmen die finanzielle Kraft oder schlicht der Wille aufgrund pessimistischer Erwartungen, bestimmte Projekte umzusetzen. Und in solchen Situationen sei es doch sinnvoll, wenn der Staat einspringe. Gerade in diesem Punkt empfiehlt es sich für den Staat antizyklisch zu handeln, also in Rezessionen mit Investitionen ausgleichend zu wirken. Allerdings geben auch die „Staats-Interventionisten" zu, dass ein zu starkes Engagement des Staates bei Investitionen den Kreditmarkt mehr oder weniger stark beeinflussen kann. Die Zinsen würden steigen und private Firmen noch mehr zögern lassen, Großprojekte anzugehen. Statistiken über tatsächliche ökonomische Verdrängungsvorgänge findet man aber kaum.

Problematischer wird die Sache im Bereich der Ökologie. Strenge staatliche Umweltauflagen können dazu führen, dass eine Papierfabrik geschlossen werden muss. Doch damit sind wir endgültig bei politischen Fragen angelangt: Was bedeutet mir mehr? Saubere Luft oder Produktion und Arbeitsplätze? Wir bleiben jedoch bei Wirtschaftsmodellen und noch ein wenig länger in den 1970er-Jahren.

2. Geld muss eine Rolle spielen, ohne eine Rolle zu spielen (der Monetarismus)

Begonnen hat alles 1968: In der *American Economic Review* schrieb Milton Friedman sinngemäß: „Hört auf mit der Geldpolitik und belästigt nicht die Wirtschaft mit ihr." Und, zwei Jahre später: „Es geht um die Wiederentdeckung des Geldes als einer bedeutenden ökonomischen Größe." Ein Widerspruch? Für Friedman nicht, tatsächlich meinte er damit genau das Gegenteil. Geld in Form von Geldpolitik solle sich so weit wie möglich aus dem wirtschaftlichen Prozess heraushalten.

Geld ist für die neuen Denker im Prinzip nur ein Tauschmittel, ein Werkzeug, um Markt- und Preisprozesse in Gang zu halten. Wenn es nun zu aktiven keynesianischen Zinssenkungen komme, würden zwar die Unternehmen mehr Kredite aufnehmen und später mehr produzieren, weil eben die Kapitalkosten (günstigere Kredite) gesunken sind, aber das erhöhe zunächst nur die Preise. – Weil ja noch nicht mehr Waren vorhanden sind. In Folge verdient der Unternehmer zwar mehr und stellt mehr Arbeitskräfte ein, aber: nur kurzfristig, denn dann verlangen die Beschäftigten höhere Löhne, die Kosten für den Unternehmer steigen wieder und die Produktion geht wieder zurück. Man ist laut Monetarismus da, wo man auch vorher war, nur auf einem höheren Lohn- und Preisniveau. Und die Arbeitslosigkeit ist wieder dort, wo sie vorher gewesen ist.

Fazit Friedmans: Geldpolitik sorgt für einen kurzfristigen Effekt bei Produktion und Beschäftigung, dann fällt beides wieder auf das Ausgangsniveau zurück. Geblieben sind nur höhere Preise und Löhne. Der Geldmengeneffekt ist verpufft. Die Menschen sind, wie wir auch oben schon aufgezeigt haben, getäuscht worden. Der Denkfehler Friedmans: Löhne und Preise sind rigide und schießen nicht so auf und ab wie in einem Markt der totalen Flexibilität.

Wir haben es schon im letzten Kapitel gesehen. Im Wesentlichen sagt der Monetarist, dass ein Staat eine „ordentliche" Geldpolitik betreiben soll. Und in diesem Wort steckt tatsächlich die gesamte „monetäre" Philosophie. „Ordentlich" soll in einer Volkswirtschaft mit der Geldmenge umgegangen werden, es soll also zu keinen aufgeregten Verknappungen und schon gar nicht Ausweitungen kommen – nur innerhalb klarer, einer bestimmten Ordnung unterworfenen Bandbreite. Im Wesentlichen soll die Geldmenge mit dem Wirtschaftswachstum mitwachsen. Aber auch die Budgetpolitik soll demnach eine „ordentliche“ sein. Keine zu hohen Defizite, keine zu hohe Staatsverschuldung.

Das Schlimmste für einen Monetaristen ist Geldentwertung. Also die eigentlich recht treffende Übersetzung von Inflation. Das schönste für ihn ist Preisstabilität. Schlimm ist für ihn aber auch Deflation: Also eine Überbewertung des Geldes, beziehungsweise fallende Preise.

Warum? Nach Meinung der Monetaristen führen Preise, die nicht stimmen, zu einer Täuschung der Marktteilnehmer. Bei Inflation glaubt der Unternehmer, dass er wegen der höheren Preise mehr verdienen können wird und er beginnt seine Produktion zu steigern. Es entsteht eine Überproduktion. Bei Deflation fahren die Unternehmer die Produktion zurück. All diese Täuschungen sind durch eine falsche Geldpolitik entstanden.

Das alles ist ein Frontalangriff auf die Geldpolitik von Keynes, der als erster aufgezeigt hatte, dass das „Geld-in-die-Wirtschaft-Pumpen“ – sei es durch Zinssenkungen oder den Aufkauf von Wertpapieren durch den Staat, wodurch auch mehr flüssiges Geld in den Wirtschaftskreislauf kommt – eine Volkswirtschaft wieder beleben kann. Schluss damit, fordern die neuen Konservativen, das ganze Inflations-Desaster der 1970er-Jahre habe man nur dieser Geldschleuderpolitik der Keynesianer zu verdanken.

Und sie setzen noch eines drauf. Karl Brunner, der den Ausdruck „Monetarismus“ erfunden hat, sagte, zur Weltwirtschaftskrise der 1930er-Jahre wäre es nicht gekommen, wenn die Geldmenge so gesteuert worden wäre, dass sie die Produktionswünsche der Unternehmer berücksichtigt hätte. Was Monetaristen in dieser Zeit immer wieder übersehen, oder übersehen wollen, sind die verschiedenen Funktionen von Geld. Geld ist eben nicht mehr nur Tauschmittel, sondern in einer Welt der Unsicherheit auch ein Vermögenstitel. Dann wird Geld auch gehalten und man kann noch soviel hineinstopfen, aber es wird nicht mehr ausgegeben.

Die zweite keynesianische Säule, an der Milton Friedman kräftig rüttelt, ist die Konsumkurve. Zu Recht: Denn Keynes hatte eine deutliche Schwäche. Er legte kaum empirische Daten vor. Für fast keine seiner Thesen übrigens. Für ihn ist es ein „Bauchgefühl", dass der Mensch von jedem zusätzlichen Einkommen einen immer größeren Anteil spart.

Friedman widerspricht dieser Einschätz völlig: Es gehe nicht um die laufenden Einkommen im Monat oder im Jahr, sondern um das Lebenseinkommen, argumentiert Friedman, was bis zu einem gewissen Grad stimmt. Junge Leute verschulden sich, gründen ein Heim und sparen dann im Alter. Eine Art von Lebensplanung, wie man sie vor allem in den USA praktiziert.

Recht haben beide Herren nicht. Es gibt weder die eine noch die andere Kurve. Das Konsumverhalten ist sowohl vom laufenden Einkommen als auch vom erwarteten Lebenseinkommen, vor allem aber von Optimismus und Pessimismus geprägt. Und dafür fehlen Kurven und Formeln – bis heute. Empirisch kann davon ausgegangen werden, dass ein Europäer vom laufenden Jahreseinkommen rund 90 Prozent ausgibt, ein Amerikaner in den letzten Jahrzehnten 100 Prozent und mehr, indem er sich verschuldet hat.

Der dritte Angriff auf Keynes betrifft die Konjunkturzyklen. Die These der Monetaristen: Konjunkturpolitik verstärkt die Zyklen nur. Ihr Hauptargument sind die Verzögerungen. Angenommen, es herrscht Rezession und eine Regierung beschließt einen Autobahnbau. Es folgen Planung, Expertisen von Experten, Diskussionen im Parlament und dergleichen, weil es sich um eine politische Entscheidung handelt. Wirksam wird die Bautätigkeit vielleicht erst in zwei Jahren, möglicherweise aber bereits am Beginn eines nächsten Aufschwungs. Die Konjunktur wird nun unnötig angeheizt. Umgekehrt kann ein Stoppen von Staatsinvestitionen in einem Aufschwung gerade dann wirksam werden, wenn schon der nächste Abschwung eingesetzt hat. Die Rezession verschärft sich.

Neoliberalismus und Monetarismus – beide Begriffe werden oft verwechselt oder als Synonym betrachtet. Monetarismus ist ein Begriff aus der Wirtschaft und damit viel enger gefasst als Neoliberalismus. Neoliberalismus ist eine wirtschaftspolitische und vor allem auch politische Denkrichtung. Man kann den Monetarismus als ihren Bestandteil sehen. Zum ersten Mal wurde der Begriff Neoliberalismus 1938 verwendet. In diesem Jahr wurde er auf dem Walter Lippmann Kolloquium in Paris kreiert um das Erscheinen einer Richtung, die im Vergleich zu der vorherigen liberalen Tradition neuartig war, und auch eine neue Sicht von Staatsmacht hatte, anzukündigen. Heute wird unter Neoliberalismus stark vereinfacht ausgedrückt Liberalisierung, Deregulierung und Privatisierung verstanden.

Monetarismus ist eine Absage an Geldpolitik und das Bemühen, Geld nur als ordnungspolitisches Element zu sehen. Im Mittelpunkt stehen Inflationsbekämpfung und stabile Zinssätze. Alle Notenbanken sind in den letzten Jahrzehnten des 20. Jahrhunderts auf diese Politik übergegangen. Von einer Geldmengenregel zu einer Regelung des Zinssatzes. Egal wie die Geldmenge schwankt; sie wird dann durch den Markt bestimmt. Die Europäische Zentralbank hat zwar subsidiär noch eine Geldmengenklausel, die aber nicht beachtet wird. Wenn die Geschäftsbanken mehr Kredite geben, ist mehr Geld im Umlauf, bei weniger Krediten ist es umgekehrt. Die Zentralbank bestimmt den Zinssatz für die Geschäftsbanken und damit indirekt das Kreditvolumen.

3. Können Erwartungen „vernünftig“ sein?

Während die gemäßigten Kritiker von Keynes den Theorien des britischen Ökonomen zugestehen, dass sie kurzfristige Wirkungen haben, will eine neue Gruppe von Wirtschaftswissenschaftlern auch davon nichts wissen. Staatliche Nachfragesteuerung bringe überhaupt nichts, auch nicht kurzfristig – meint etwa Robert Lucas, der für seine Theorie der rationalen Erwartungen 1995 den Nobelpreis bekam.

Seine Grundthese: Die Keynes'sche Geldillusion, bei der sich Menschen von höheren Löhnen am Gehaltszettel zu mehr Konsum verleiten lassen, gibt es nicht. Oder heute nicht mehr. In einer modernen Gesellschaft mit ihren zahllosen Informationsmöglichkeiten lassen sich Konsumenten nicht mehr systematisch täuschen. Sie wissen um die Auswirkungen einer staatlichen Budget- oder Steuerpolitik, sie wissen, dass damit die Geldmenge steigt und letztlich nur die Preise. Und deshalb machen sie gar nichts. Sie lassen sich nicht einmal kurze Zeit täuschen. Ihre Erwartungen sind eben „rational". Ein kluges Volk weiß, so heißt es, dass eine vom Staat finanzierte Maßnahme letzten Endes meist wirkungslos ist.

Der Erste, der so gedacht hat, war übrigens – 200 Jahre zuvor – der Ökonom David Ricardo. Die Menschen wüssten, dass jede Hilfe vom Staat dessen Schulden nach oben treibe, die sie selbst, das Volk, irgendwann wieder zurück zahlen müssten. Deshalb werden kluge Menschen den vom Staat zusätzlichen ausgegebenen Betrag zur Seite legen, also sparen, um dann, wenn der Staat wegen seiner zusätzlichen Verschuldung die Steuern anheben muss, diesen Betrag gleich verfügbar zu haben. Was der Staat zusätzlich ausgibt, spart der Bürger zusätzlich ein („crowding out").

Robert Lucas sagte auch, da die Menschen wüssten, dass das zusätzliche Geld des Staates nur die Geldmenge und damit die Preise erhöhe, würden das umgehend (!) auch die Gewerkschaften registrieren. Sie würden höhere Löhne verlangen – und durchsetzen.

Diese Allwissenheit der Wirtschaftsteilnehmer ist eine gewagte These. Demnach entscheiden Unternehmen „rational", Konsumenten entscheiden „rational" – beide haben ein enormes ökonomisches Wissen, kennen alle Prozesse, Auswirkungen und Endwirkungen. Vorübergehende, mögliche positive Wirkungen werden „rational" übersprungen und man landet sofort in einem neuen Zustand. Tja.

Mit den empirischen Daten kann Lucas' Theorie jedenfalls nicht mithalten. Die Daten zeigen, dass die Haushalte, die etwa

Robert Emerson Lucas (geb. 1937)

Robert Emerson Lucas wurde 1937 in Yakima im Bundesstaat Washington geboren, seine Familie zog jedoch während des 2. Weltkriegs nach Seattle. Lucas studierte an der Universität Chicago Geschichte, begann sich dann immer mehr für die Geschichte der Wirtschaft zu interessieren und 1964 promovierte er in Chicago in Wirtschaftswissenschaften. Seine akademische Karriere begann Lucas an der Carnegie-Mellon-Universität in Pittsburgh, wo er ab 1963 unterrichtete. Seit 1975 ist er als Professor für Ökonomie an der Universität Chicago tätig.

Lucas gilt als Mitbegründer der neoliberalen Wirtschaftstheorie. Einer seiner wichtigsten Beiträge ist sein Konzept der rationalen Erwartungen, die so genannte Lucas-Kritik. Lucas kritisiert damit die bislang vorherrschenden makroökonomischen Systeme dafür, dass sie von statistischen, historischen Werten ausgehen um Aussagen über die Zukunft zu treffen. Für ihn ist hingegen das Einbeziehen rationaler Erwartungen ausschlaggebend; es würde zu genaueren Voraussagen führen. Lucas arbeitete damit einen von John Muth entwickelten Ansatz weiter aus und postulierte, dass Menschen nicht nur Erfahrungen aus der Vergangenheit, sondern alle verfügbaren Informationen in ihre (wirtschaftlichen) Entscheidungen mit einbeziehen. Politische Regulative seien aus diesem Grund nicht sinnvoll, weil Unternehmen und Haushalte ihre Wirkung abschätzen könnten und über negative Entwicklungen wie z.B. zu erwartende höhere Inflation oder Schulden informiert seien. Lucas plädiert deshalb für einen schlanken Staat und für geringe Eingriffe in die Wirtschaft.

1995 erhielt Lucas den Nobelpreis für seine Theorie der rationalen Erwartungen. Das Preisgeld musste er allerdings mit seiner Ex-Frau teilen, denn bei der Scheidung hatte er ihr die Hälfte des Nobelpreises zugesichert, sollte er ihn innerhalb von sieben Jahren verliehen bekommen.

durch die Steuerreform einer Regierung mehr Geld in der Geldbörse haben, zumindest einen Teil dieses zusätzlich verfügbaren Einkommens sehr wohl ausgeben. Wie der Staat diese Steuerreform finanziert, ist ihnen zunächst völlig egal. Natürlich werden sie sich anders verhalten, wenn ihre Erwartungen wieder pessimistischer geworden sind. Doch dann ist es „schon zu spät" für ein echtes Lucas-Verhalten – dann *haben* sie schon konsumiert, oder der Unternehmer *hat* schon investiert. Und der Unternehmer beginnt in dieser „vorübergehenden“ Phase auch zu produzieren, was er ohne Antrieb von außen nicht gemacht hätte.

Das soll kein Angriff auf die Rolle der Erwartungen in der ökonomischen Theorie sein. Im Gegenteil: Optimismus und Pessimismus spielen eine enorm wichtige Rolle. Nur bedeutet das noch lange nicht, dass in beiden ausschließlich die „Vernunft“ steckt.

Auch deshalb hat Keynes so lange funktioniert, weil eben durch aktive Beschäftigungspolitik in den 1960er-Jahren die Grundstimmung eine positive, optimistische gewesen ist. Lucas hat insofern Recht, wenn er sagt, dass die Menschen aber irgendwann die Kehrseite der Medaille erkennen werden. So beginnt etwa Anfang der 1980er-Jahre die unglaubliche Verschuldung der nachfrageorientierten Länder. Aber das ist eine andere Geschichte mit der sich vor allem die „neuen“ Liberalen – die Neoliberalen – beschäftigt haben.

4. Markt minus Wohlfahrt – das hatten wir doch schon? (Die Neoklassik kehrt zurück)

Wie wir gesehen haben, hat der Begriff Neoliberalismus schon seinen Siebziger hinter sich. Dabei sollte er doch so neu sein. Aber so neu war eben die Denkrichtung, die sich in den 1980er-Jahren sukzessive in den Industriegesellschaften durchsetzte, nicht.

Friedrich August von Hayek war, wie wir wissen, damit schon viel früher dran: In der Neoklassik der 1920er-Jahre. Doch der österreichische Wirtschaftsprofessor und spätere Nobelpreisträger bewies Geduld. Sechzig Jahre lang. An seinen Vorbehalten gegenüber dem Staat und dem „Sozialen“ an sich hat sich nichts geändert. Und auch nichts daran, dass er die Menschen, so wie schon die Ökonomen zwei Jahrhunderte vor ihm, als rational handelnde Wesen sieht (homo oeconomicus). Und niemand handle eben so,

Friedrich August von Hayek (1899–1992)

Hayek entstammt einer großbürgerlichen Wiener Familie. Er begann 1918 sein Studium der Rechtswissenschaften in Wien, daneben beschäftigte er sich mit Psychologie und Ökonomie. 1923 ermöglichte ihm ein Stipendium der Rockefeller Stiftung, Vorlesungen an der New York University und Columbia University zu besuchen. In New York lernte er die empirischen Untersuchungen des National Bureau of Economic Research kennen und gründete daraufhin nach seiner Rückkehr gemeinsam mit Ludwig von Mises, einem bedeutenden Ökonom der Österreichischen Schule, das Österreichische Institut für Konjunkturforschung.

In seinem 1929 erschienenen Buch *Monetary Theory and the Trade Cycle* (*Geldtheorie und Konjunkturzyklus*) sowie dem Artikel *The Paradox of Saving* (*Das Paradox des Sparens*) entwickelte Hayek seine Konjunkturtheorie, nach der jede Investition des Staates zur Belebung des Konjunkturzyklus genau das Gegenteil, nämlich Absatzkrisen aufgrund von Überkapazitäten, schafft. Seine Ideen fanden international Beachtung, unter anderem da Hayeks Institut genauer als andere die Krise 1929 vorausgesagt hatte. Hayek wurde zu Vorlesungen an der London School of Economics eingeladen, 1931 erhielt er dort den Lehrstuhl für Politische Ökonomie und Statistik, den er bis 1948 innehatte.

Zur selben Zeit bildete sich in Cambridge um John Maynard Keynes eine Schule der entgegengesetzten Richtung, nämlich der staatlichen Intervention heraus. Als 1936 Kenyes' *General Theory* erschien, übernahmen die meisten Ökonomen (auch jene der London School) dessen Position und Hayek wurde zum akademischen Außenseiter.

1950 ging Hayek an die Universität Chicago, wo er gemeinsam mit Milton Friedman und anderen die Chicagoer Schule gründete. 1962 folgte er dem Ruf an die Universität Freiburg, wo er bis 1969 tätig war. 1974 erhielt er überraschend gemeinsam mit Gunnar Karl Myrdal den Nobelpreis für Wirtschaftswissenschaften. Zur selben Zeit fand eine erneute Hinwendung zu Hayeks Ideen statt, die in den 1980er-Jahren von Staatschefs wie Ronald Reagan und Margaret Thatcher auch politisch aufgenommen wurden.

Hayek gilt neben seinen ökonomischen Theorien als größter Philosoph des Liberalismus im 20. Jahrhundert. In seinen Schriften vertrat er stets eine liberale Wirtschafts- und Gesellschaftsordnung und sprach sich gegen jegliche Form der Eingriffe durch den Staat aus, auch gegen den Wohlfahrtsstaat. Die von ihm 1947 gegründete Mont Pèlerin Society war

ebenfalls eine liberale Studien- und Diskussionsgesellschaft, der Intellektuelle und Wissenschaftler wie Ludwig von Mises, Karl Popper oder Milton Friedman angehörten.
Bis heute werden Hayeks Theorien in vielen westlichen Staaten, die Deregulierung, Flexibilität, Wettbewerb und den „schlanken Staat" auf ihre Fahnen schreiben, umgesetzt.

dass es dem Gemeinwohl nützt, sondern nur so, dass es seinen individuellen Präferenzen entspricht.
Das hat nichts mit Egoismus zu tun, wie auch die Keynesianer anerkennen. Aber sehr viel damit, dass eben ein sozialer Mensch aus Sicht der Klassiker, Neoklassiker und Neoliberalen in einer Wirtschaftswelt schlicht und einfach nicht existiert.

Aber: Auch, wenn das Gemeinwohl von niemandem bewusst angestrebt wird, so ergibt es sich für einen liberal denkenden Ökonomen oder Politiker doch als unbeabsichtigte Folge eigennütziger, aber rationaler Handlungen. Am Markt denken weder Unternehmer noch Konsument bei ihren Entscheidungen an den allgemeinen Wohlstand. Wenn ich ein neues Auto kaufe, denke ich nicht daran, wie sich dadurch der Wohlstand der Menschheit erhöhen wird, argumentieren Liberale, aber dennoch werde das System der freien Märkte dazu führen, dass genug Autos produziert werden, um alle jene zu versorgen, die neue Autos wollen.

Heute – mit der zweiten Weltwirtschaftskrise, ausgelöst durch den so genannten Kasinokapitalismus, wird diese Frage nach Handlungsmotiven neuerlich diskutiert.

Ist es die Gier der Finanz-Manager gewesen, der pure Egoismus oder doch nur ein rationales Handeln mit dem Ziel der Gewinnmaximierung?

Zwei amerikanische Ökonomen, George A. Akerlof und Robert J. Shiller, haben eine gesamte Denkschule diesem Thema gewidmet und sind 2008 in ihrem Buch *Animal Spirits* zur einer radikalen Schlussfolgerung gekommen: Eigentlich müssten wir alle Wirtschaftstheorien neu schreiben. Menschen handeln weitgehend nach ihren „animal spirits", zu Deutsch inneren Instinkten – nur wenige (außer Keynes!) hatten das bisher berücksichtigt. Keynes hat diesen „animal spirits" tatsächlich breiten Raum gewidmet, in seine Theoriegebäude haben sie dann aber nur beschränkt – im Zusammenhang mit dem Investitionsverhalten – Eingang gefunden.

Jedenfalls versuchen auch Akerlof und Shiller aufzuzeigen, dass die Teilnehmer am Wirtschaftsprozess keineswegs nur „rational", also letztlich abhängig von Zinssatz, Preis und Lohn, entscheiden.

Zurück zu den Neoliberalen: Natürlich haben die neuen, alten Denker recht, wenn sie sagen, dass die Marktwirtschaft, obwohl sie kein Gesamtresultat plant, zu einem Gesamtergebnis kommt.

Die Frage ist, zu *welchem* Ergebnis? Zu einer Ideallösung? – Mitnichten. Wie passen immer weiter aufgehende Scheren von Einkommensunterschieden oder steigende Arbeitslosigkeit zur Idee des allgemeinen Wohlstands?

Darauf antwortete Hayek: Ich brauche kein Gemeinwohl. Das Wort „sozial" ergibt an sich keinen objektiven Sinn. Niemand kann Gemeinwohl oder soziale Marktwirtschaft diktieren und wenn doch: WER soll das sein? Dennoch sagte Hayek von sich, dass ihm die Sozialfürsorge am Herzen liege, nur sei diese nicht Aufgabe des Staates, sondern privater Institutionen. Seine Ablehnung „diktierten" oder geplanten Gemeinwohls begründete Hayek übrigens mit dem Naturell des Politikers. Ein Politiker sei genau so Marktteilnehmer und habe als Marktziel „Mandate" zu gewinnen und diesem Gedanken wohne wohl auch kein Gemeinwohlsinn inne. Dem kann sogar etwas abgewonnen werden. In früheren Zeiten sollen Politiker tatsächlich und angeblich auch authentisch mit inhaltlichen Zielen angetreten sein: „Ich will die Arbeitslosigkeit bekämpfen und das mache ich nur mit diesem und jenem Koalitionspartner." Heute klingt es eher so: „ Ich will Nummer 1 werden" – und, unausgesprochen: „Egal, mit wem."

Die neoliberale, in manchen Fällen durchaus nachvollziehbare, Schlussfolgerung: Deshalb richte ein Politiker, der in das

Wirtschaftsgeschehen eingreife, viel Schaden an, denn es gehe ihm letztlich nicht um das wirtschaftliche Ziel, sondern lediglich um Macht.

Friedrich August von Hayek sollte jedoch nicht nur auf seine ökomischen Leistungen reduziert werden. Besonders interessant sind seine Theorien der Wissensverarbeitung. Er unterschied zwischen allgemeinem Wissen eines Menschen, erworben vor allem im Elternhaus oder in der Schule, und privatem Wissen, das sich im Wesentlichen aus Selbstbeschäftigung und Erfahrungen speist. Wenn nun in einer Volkswirtschaft zu viel von oben geplant wird, oder überhaupt in einer Planwirtschaft, geht dieses private Wissen verloren. Das führt nach Hayek zu Fehlproduktionen und sinnlosen Projekten, weil auf lokales Wissen oder Teilwissen nicht eingegangen worden ist. Mit dieser Kritik an der Sowjetunion, die er gemeint hatte, hatte Hayek natürlich Recht.

Was Hayek nicht akzeptierte, war die Störungsanfälligkeit des Marktes. In so einem Fall würde sofort das System der flexiblen Preise wirken. Fazit: Der Staat kann versagen, der Markt nicht.

Und dann gibt es ja noch das „Gute" im Menschen. Was wir hier einfach einmal so stehen lassen. Immerhin haben schon in der schottischen Aufklärung des 18. Jahrhunderts Hume, Locke und Smith im Prinzip angenommen, dass der Mensch Sympathiegefühle für andere Menschen hegt. Bevor Adam Smith sein Buch über den *Reichtum der Nationen* geschrieben hatte, hat er als Moralphilosoph in seinem Buch *The Theory of Morale Sentiments*, aufgezeigt, dass der Mensch bei bestimmten Verhaltensweisen Schranken anerkennt und auf andere Menschen Rücksicht nimmt. Zusammenfassend kann man die Einstellung liberaler Ökonomen und Politiker bis heute so beschreiben: Bei wirtschaftlichem Wohlstand wird auch die Gesellschaft eine bessere. Oder: „Geht's der Wirtschaft gut, geht's allen gut." Wie wir heute wissen, stimmt das nicht und hat auch selten gestimmt.

Oder, wie Hayek sagte: Die Gerechtigkeit kommt durch menschliches Verhalten und nicht durch äußere Ordnung. Und derselbe, 1981: „Der Ausdruck ‚soziale Gerechtigkeit' gehört nicht in die Kategorie des Irrtums sondern in die Kategorie des Unsinns."

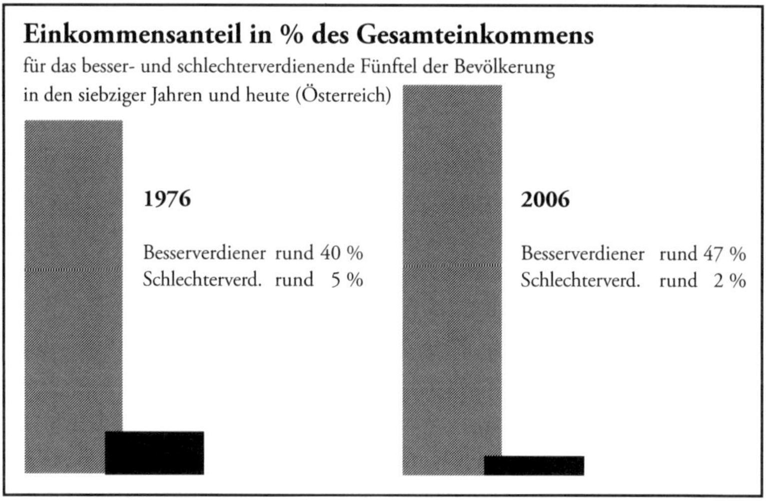

Die Grafik veranschaulicht, dass in Österreich im Jahr 1976 die oberen zwanzig Prozent der Einkommensbezieher nur vierzig Prozent des Gesamteinkommens verdient haben, 2006 waren es schon fast 47 Prozent. Und die unteren zwanzig Prozent haben 1976 noch fast fünf von hundert zur Verfügung stehenden Einkommenseinheiten verdient und heute nur noch zwei.

Was verstehen nun die schon erwähnten volkswirtschaftlichen Theorien unter „gerecht"?

Klassik/Neoklassik:
Für jeden Marktteilnehmer muss eine Gleichheit der formalen Freiheiten und Rechte gewährleistet sein.

Neoliberalismus:
Zusätzlich müssen auch noch die Spielregeln gerecht sein, das heißt, „am Start" eine gewisse Chancengleichheit. Bei ungleichen Bedingungen muss man diese durch politische Maßnahmen ausgleichen.

Keynesianismus:
Gleichheit der formalen Freiheiten und Rechte, gerechte Spielregeln, Chancengleichheit am Start und es müssen auch die Marktergebnisse fair verteilt werden.

Postkeynesianer akzeptieren diese Zuordnungen nicht. Sie argumentieren, dass Neoliberale auch nicht für eine Chancengleichheit „am Start" sorgen würden. Als Beweis für diese These führen sie an, dass es konservative Regierungen in den letzten Jahrzehnten vor allem in der Bildungspolitik keineswegs geschafft hätten, gleiche Startbedingungen zu schaffen. Würde das gelingen, und jeder Jugendliche bekäme tatsächlich die Garantie einer Beschäftigung oder Ausbildung, dann würden zwar trotzdem die besser ausgebildeten automatisch irgendwann höhere Löhne bekommen, aber eine gerechtere Einkommensverteilung sei deutlich wahrscheinlicher.

Die „Nachfolger Keynes'" weisen auch auf das Problem der unterschiedlichen Chancen beim Zugang zu einem Bankenkredit auf. Dieser sei für einen Unternehmer noch immer deutlich einfacher zu bekommen, als für einen Arbeiter.

Es gibt aber auch andere Liberale, beziehungsweise Klassiker, wie John Stuart Mill (siehe Kapitel I), die Mitte des 19. Jahrhunderts überhaupt nicht „neoliberal" gedacht und auch schon die „totale" Chancengleichheit vor Augen gehabt haben. Der Engländer war etwa dafür, dass private Erbschaften grundsätzlich dem Staat gehören sollten. Der Erbe sollte nur das bekommen, was er zum einfachen Leben brauche. Hat er ein eigenes Einkommen, gibt's gar kein Erbe. Heute sind in vielen Ländern sogar die Steuern auf Erbschaften abgeschafft.

Was sind nun die vier Aufgaben, die neoliberale Ökonomen dem Staat zubilligen?

- Schutz der Gesellschaft
- Sicherung der Markt-und Wettbewerbsordnung

- Bereitstellung öffentlicher Güter
- Sicherung des Eigentums und der Rechtsordnung

Zusammenfassend ist der Neoliberalismus eine ökonomische, politische und ideologische Denkrichtung, die im Markt den weitaus besseren Regulierungsmechanismus sieht, als im Staat. Die Wohlfahrtsidee ist anderen Institutionen zu überlassen und deshalb weder Aufgabe von Staat oder Markt.

Die Wirtschaft soll sich frei bewegen können, dann wird sie auch Ergebnisse erzielen, die allen zu Gute kommen. Und das schlimmste Gift für eine gesunde Wirtschaft ist der Staat.

Nur 25 Jahre später, in der Krise 2008/2009 sind es zum Teil dieselben Personen und Institutionen, die nun das Geld des „giftigen" Staates sehr wohl in Anspruch nehmen. Und das gleich in mehreren dreistelligen Milliardenpakten quer über den Globus. Egal ob in Euro oder Dollar. Doch davon später. Noch sind wir in den 1980er-Jahren und am Beginn der Blütezeit neoliberalen Regierens und Wirtschaftens: Nur eisern die Grundsätze verfolgen, dann wird alles besser und irgendwann gut. Dies meinten auch die als „Iron Lady" benannte Regierungschefin in Großbritannien und nahezu zeitgleich ein zum US-Präsidenten gewählter Ex-Filmschauspieler. In einem Brief von Friedrich August von Hayek an die britische Regierungschefin Margaret Thatcher empfiehlt er folgende Rezeptur gegen die schlechte Wirtschaftslage auf der Insel: Zinsen erhöhen – Inflation auf Null drücken.

Margaret Thatcher ist begeistert von den Vorschlägen Hayeks und sie arbeitet an deren Umsetzung. Besonders schwierig gestaltet sich das Inflationsziel. Abgesehen davon, dass Null Prozent Inflation ohnehin ökonomischer Nonsens sind, weil dann jeder Spielraum für Wirtschaftspolitik fehlt, kämpfen neoliberal Regierende vor allem mit der so genannten Rigidität von Löhnen und Preisen.

Bei einer Zielgröße von nicht Null sondern zwei Prozent, was übrigens auch der Zielvorgabe der Europäischen Zentralbank entspricht, genügt es, wenn die Löhne und Preise „nur in einigen" Branchen nicht steigen. Damit kommt man zwar nicht auf Null, aber doch auch auf eine niedrigere Inflationsrate als vor der Maßnahme.

Wir haben schon erwähnt, Löhne und Preise, die einmal ein gewisses Niveau erreicht haben, sind vielleicht weiter nach oben zu bringen, aber ganz schwer nach unten. Wobei die Preise noch einfacher nach unten zu bewegen sind als die Löhne. Wenn aber die Löhne nicht mit nach unten gehen, werden die Unternehmer mit dem Kostenargument auch die Preise nicht senken. Schuld an diesem Dilemma sind für Margaret Thatcher die Gewerkschaften. So lange sie nicht zerstört sind, kann man an der Lohnschraube nicht drehen. Davon ist die „eiserne Lady" zutiefst überzeugt.

Alles weitere ist politische Geschichte. Vom einjährigen Bergarbeiterstreik bis zur Entmachtung der Gewerkschaften.

Auf der anderen Seite des Atlantiks plagt sich US-Präsident Ronald Reagan mit der „Laffer-Kurve" herum. Arthur B. Laffer ist überzeugter Angebotsökonom, der fest an das Saysche Theorem glaubt, dass jedes produzierte Angebot automatisch Konsumenten finden wird. Er zeigt in seiner in der Ökonomie berühmt gewordenen Laffer-Kurve auf, dass Steuer*senkungen* zu höherem Staatseinkommen führen können, was auf den ersten Blick völlig unlogisch klingen mag. Warum soll ein Staat, der niedrigere Steuersätze einführt, am Ende doch ein höheres Gesamteinkommen erreichen? Wenn im Gegenteil in schwierigen Konjunkturphasen Steuererhöhungen verlangt werden, um damit eine gerechtere Verteilung von Sozialausgaben des Staates zu finanzieren, die dann mehreren Bevölkerungsschichten zu Gute kommen sollen? Die Antwort ist einfach. Laffer meinte, dass eine Senkung von Unternehmenssteuern zur Folge hat, dass Unternehmer mehr verdienen, dann mehr investieren und schließlich mehr produzieren. Damit können mehr Beschäftigte eingestellt werden, die auch mehr konsumieren und das gesamte Volkseinkommen steigt. Und damit das gesamte Steueraufkommen. Das gilt aber selbstverständlich nur, wenn die Steuersätze schon sehr hoch gewesen sind.

In seiner Laffer-Kurve ging ihr Konstrukteur Arthur B. Laffer 1974 von der Frage aus: Was passiert, wenn die einzelnen Steuern immer mehr steigen?

Laffer-Kurve

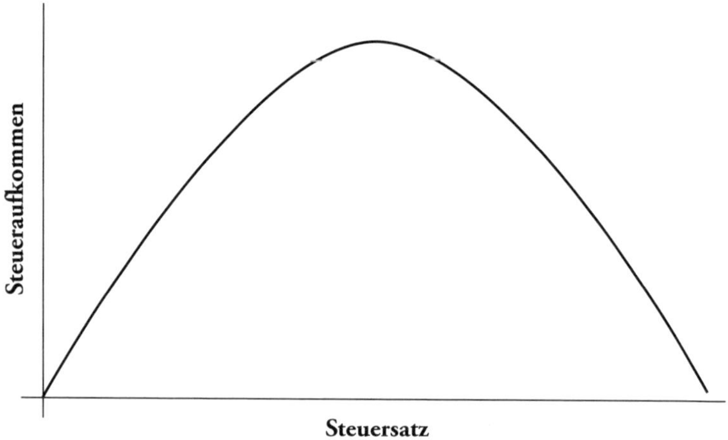

Zunächst wird logischerweise das gesamte Steueraufkommen mitwachsen (linker aufsteigender Teil der Kurve). Aber – und das ist die „geniale" Schlussfolgerung Laffers – nicht proportional, sondern immer mehr gedämpft. Der Grund: Die Unternehmer sind immer weniger bereit zu produzieren, wenn sie ständig mehr Steuern zahlen müssen. Das geht bis zu dem Punkt, an dem die Firmen zwar enorme Steuern zahlen, die Produktion aber so eingeschränkt haben, dass das gesamte Steueraufkommen im Staat ab diesem Punkt zurückgeht (Spitze der Laffer-Kurve und absteigender rechter Teil der Kurve). Im unrealistischen Extremfall wäre bei einem Steuersatz von hundert Prozent kein Unternehmen mehr bereit sein, irgendetwas zu produzieren. Das Gesamtsteueraufkommen fällt also auf Null. In Schweden schaffte man es eine Zeit lang, bei bestimmten

Steuern tatsächlich auf achtzig und sogar neunzig Prozent, was sich schließlich als kontraproduktiv erwies.

Zurück zu den USA: Hier gab es ein Problem – das Konzept war nicht aufgegangen. Reagan hatte dort, wo die Kaufkraft steckte, bei den Millionen Konsumenten, die Steuern nicht ausreichend gesenkt. Dennoch verbesserte sich die wirtschaftliche Lage in den USA während der Reagan-Ära dramatisch. Heute weiß man auch, warum: Die Dollarmilliarden waren in die Rüstungsindustrie geflossen. Mit etwas Zynismus könnte man also auch sagen: Reagan war ein großer Keynesianer. Auch wenn Keynes das wohl gar nicht gerne hören würde. „Vernünftige" Staatsausgabenpolitik hatte er jedenfalls anders verstanden …

Reagans Maßnahmen fasst man später unter dem Begriff „Reagonomics" zusammen. Er steht für:

1. Staatsausgaben senken
2. Steuern senken
3. Deregulieren
4. Inflation bekämpfen

Die Europäische Union versuchte in dieser Zeit – und das bis heute – einen Mittelweg. Der Kern, also der Binnenmarkt, folgt den neoliberalen Grundsätzen, aber die 12, später 15, dann 25 und derzeit 27 Mitgliedstaaten können, wenn sie wollen, eine zusätzliche Sozialpolitik mit ihren nationalen Gesetzen betreiben. Klingt fast so simpel wie die Lafferkurve. Wenn es nur so wäre.

Denn die neoliberalen Vorgaben in der Wirtschaftspolitik, wie etwa die schon erwähnten berühmten Defizit-Kriterien nach Maastricht, engen den sozialpolitischen Spielraum im einzelnen Land enorm ein. Gesetzeslage hin oder her. Diese Maastricht-Kriterien waren übrigens eine Bedingung der Deutschen für die Einwilligung in eine gemeinsame Währung. Regiert hat damals der konservative Helmut Kohl.

All die Vorgaben machen es für ein EU-Land unmöglich, sozialpolitisch so zu agieren, wie es das möglicherweise für richtig erachten würde. Hält sich ein Mitgliedsland nicht an den Stabilitäts- und Wachstumspakt, wie es im Laufe der Jahre immer öfter passierte, beginnt der Lauf der Sanktions-Maschinerie. Dabei fällt auf, dass kleinere, politisch weniger relevante Länder rascher abgestraft werden als größere Mitgliedstaaten mit mehr politischem Einfluss.

Ein anderes, einfach zu handhabendes Steuerungsinstrument, dessen Bedeutung man erst in den letzten Jahren wirklich erkennt, haben sich die Mitgliedsländer von der EU aus der Hand nehmen lassen: Die Ausschreibung von Aufträgen.

Sie muss mittlerweile für jede öffentliche Investition EU-weit erfolgen – ebenfalls eine neoliberale Idee. Die Idee vom regulierenden Faktor der vollkommenen Konkurrenz. Darüber hinaus sollte durch die Europäisierung der Ausschreibung Korruption bekämpft und mehr Transparenz geschaffen werden. Die durchaus gängige Praxis, dass die Politik bestimmten Unternehmen Aufträge zuschanzte, sollte so unterbunden werden.

Der Nachteil der ambitionierten Idee zeigte sich erst in wirtschaftlich schlechteren Zeiten deutlich: Nicht die Baufirma im eigenen Land, die auch Arbeitsplätze im eigenen Land schaffen würde, konnte nun etwa für einen Kraftwerksbau herangezogen werden, sondern es musste vielleicht eine italienische sein, weil sie Bestbieter war. Es stiegen die Importe aus Italien ebenso wie die Beschäftigung dort. Die Zahlungsbilanz im eigenen Land verschlechterte sich hingegen. Vor allem in Krisenzeiten wären nationale Ausschreibungen möglicherweise ein Weg, um in regionalen Krisengebieten beschäftigungswirksam einzugreifen.

Neoliberalismus heißt aber nicht nur Steuern runter, Inflation bekämpfen und Sozialausgaben kürzen. Neoliberalismus heißt auch, wie der Name schon sagt, liberalisieren und privatisieren. „Weg“ vom Staat ist nicht nur als Absage an Staatsausgaben zu verstehen, sondern auch und vor allem als Ablehnung des Staates als Firmeneigentümer. Anfangs glaubten die Kritiker der enormen Privatisierungs- und Liberalisierungswelle (die vor keinem europäischen Land Halt gemacht hat), dass die Befürworter des „Mehr privat, weniger Staat“ den Staat schlicht für einen schwerfälligen Manager mit pragmatisierten Angestellten hielten und dieses Problem beseitigen wollten. Dies war sicher auch ein Aspekt. Aber nur einer von vielen: Heute weiß man, dass im zu Ende gehenden 20. Jahrhundert viele schlicht auf der Suche gewesen sind. Auf der Suche nach Anlagemöglichkeiten.

Anwachsende Kapitalmengen gab es aufgrund der guten Profite in zehnttausenden immer größer werdenden Konzernen weltweit und dieses Geld wollte investiert werden. Aber Anlagemöglichkeiten mit guten Renditen waren immer weniger zu finden. Auch deshalb musste privatisiert werden. Telekommunikation, Eisenbahn, Bus, Post, Versicherungen, Energie, Stahl und so weiter.

In dieser Zeit ging auch für die Sozialdemokratie in Europa enorm viel Einfluss verloren. Bei Staatsbetrieben hatten sie die Möglichkeit, mitzureden, oder, wie sie es selbst viel lieber formulierten, „Auswüchse des Kapitalismus“ zu beseitigen. Bei privatisierten Großkonzernen war es damit vorbei. Zumindest weitgehend.

Neoliberale Regierungen haben mittels Privatisierung und Liberalisierung selbstverständlich auch Politik gemacht. Später taten das nicht nur neoliberale Regierungen: Denn mit Tony Blair (Labour) und Gerhard Schröder (SPD) stiegen in Europa nicht gerade Marxisten in den Führungssitz der britischen und deutschen Regierungslokomotiven. „Geht es der Wirtschaft gut, geht es allen gut“ – diesen Slogan lehnten beide wahrlich nicht ab, sie ergänzten es sinngemäß nur um „… und allen geht es gut, weil wir mit einem dritten Weg der Sozialdemokratie dafür sorgen werden.“

5. Die Schlange ist immer dabei – vor allem eben im Paradies (Hochkonjunktur für den Neoliberalismus)

Die Globalisierung, wie der Name schon sagt, die gesamte Welt, wird in den entwickelten Staaten von De-Industrialisierung begleitet, vor allem in den USA und in Europa. Die Industrie wandert immer mehr in die Entwicklungsländer ab. In den früheren westlichen Industrieländern explodiert hingegen der Dienstleistungssektor. Die USA und Großbritannien stehen mit immer weniger Produktionsfirmen und immer voluminöseren Finanzdienstleistern da. Eine gefährliche Entwicklung, weil sie eigentlich irreversibel ist. Noch dazu, wo schon Ende des letzten Jahrhunderts damit begonnen wurde, auch ganze Dienstleistungssektoren auszulagern, etwa nach Indien. Ur-Idee und Umsetzung finden an immer weiter voneinander entfernten Orten statt. Dieser Prozess wird immer rasanter.

Parallel dazu gewinnt der „Shareholder Value" an Bedeutung: Wichtig ist nicht, dass es Umsatz und Gewinn oder auch den Beschäftigten gut geht, wichtig ist der Aktienkurs meines Unternehmens. Und noch wichtiger ist, dass die Eigentümer zufrieden sind. Zuerst kommen die Eigentümer / Financiers / Aktionäre, danach die Manager und erst dann die Mitarbeiter. So sieht die Rangordnung der neuen Welt des Finanzkapitalismus aus.

Eigentlich ist die Idee des „Shareholder Value" gar nicht so modern und „ur-cool", eher schon uralt: rund siebzig Jahre. Schon in den 1930er-Jahren war der Konflikt zwischen den Managern und den Eigentümern akut geworden. Die Eigentümer waren schon damals, vor allem in den USA, die Aktionäre, die sich als Angestellte Manager hielten. Diese Aktionäre verlangten hohe Dividenden und wollten gute Aktienkurse sehen.

Doch ein Manager, der ein Unternehmen mit Weitblick führen will, kann bei seinen Entscheidungen nicht nur an den

Aktienkurs denken. Er muss sinnvoll und marktgerecht entscheiden und investieren und sollte in der Lage sein, die Mitarbeiter zu motivieren. Er muss auch an Dinge wie Unternehmensklima, an die „corporate governance“ denken, also an eine Art „Knigge“ für Firmen. Dinge, die für „Shareholder“, also die Besitzer der Aktien dieses Unternehmens, ganz und gar nicht relevant sind. Im Grunde geht es um die Frage, wie das Geld verteilt wird, das verdient wird. Ob es den Aktionären zusteht oder – zumindest auch – als Lohnzuwächse den Mitarbeitern. Oder weder noch: Die Gewinne bleiben im Unternehmen und werden in neue Vorhaben investiert. Auch wenn es in den meisten Fällen zu einem Mix kommt, scheint dennoch klar: Die Verteilung hat sich mit Ende des letzten Jahrhunderts eindeutig in Richtung Dividende und damit in Richtung Aktionär verschoben. Allein zwischen 1995 und 2006 ist die Lohnquote – der Anteil des Einkommens

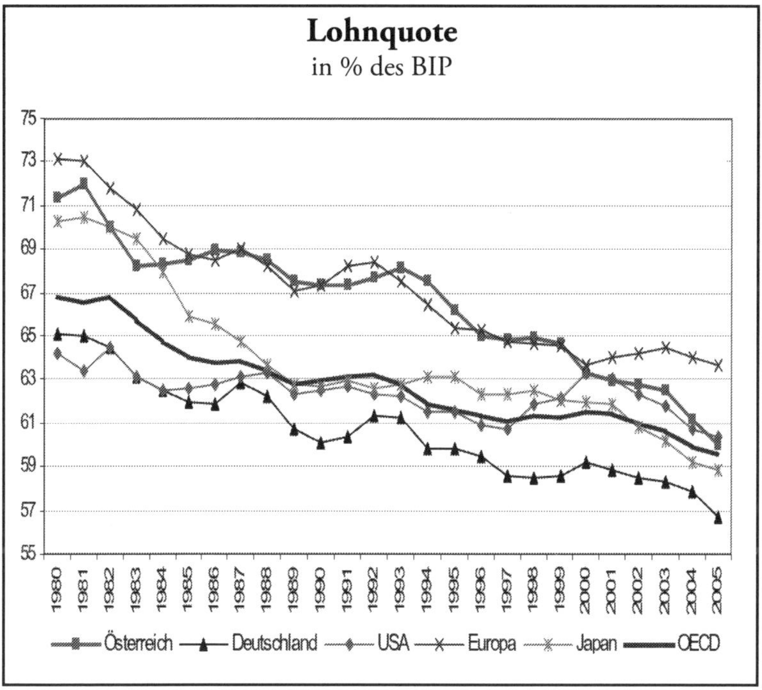

der unselbständig Erwerbstätigen am Volkseinkommen – in vielen westlichen Ländern stark gesunken, vor allem in Ländern, in denen sie besonders hoch war, wie Österreich.
Das Hauptproblem des Denkens gemäß des Shareholder-Values ist das Verlangen nach hohen Dividenden, unabhängig von den Erfolgen eines Unternehmens – Aktionäre verlangen *immer* hohe Dividenden. Wellenbewegungen, die bekannten Aufs und Abs der Wirtschaft, die Zyklen der Konjunktur, werden nicht akzeptiert. Aktien, die keine Dividende mehr bringen, werden verkauft, die Kurse fallen, das Unternehmen verliert an Wert. Versprechungen der betreffenden Branche, dass es nach dem Konjunkturtal ganz sicher wieder bergauf gehen werde, sind dann schon längst Geschichte. Der Investor hat sich längst in einer anderen Branche engagiert. Dort steigen die Aktienkurse. Der Kreislauf beginnt von Neuem.

Das ist aber nichts Neues. Dieses Denken ist wie bereits erwähnt rund siebzig Jahre alt. Man hat es immer schon so gemacht, vor allem in den Vereinigten Staaten. Neu ist vielmehr, dass in den 1980er-Jahren auch in Europa eine Politik versucht wird, die ein gutes tragfähiges Fundament für die Etablierung dieser neuen Unternehmenskultur schafft. In einer neoliberalen Welt ist es durchaus wünschenswert, dass der Aktionär und Eigentümer in seinen Entscheidungen frei ist und sich eben nicht von „seltsamen Mode-Erscheinungen“ wie corporate governance beeinflussen oder gar beschränken lässt.

All das löst aber noch keine Weltkrise aus.

Ein Basisantrieb fehlt noch. Die reine Spekulation. Der Umstieg auf die Finanzmärkte. Erst damit sind wir beim Wendepunkt – auch in diesem Buch – angelangt. Irgendwann, den genauen Zeitpunkt hat noch kein Ökonom vorausgesehen, beginnt der Spieltrieb.

Plötzlich beginnen Banken aus Spekulationsgründen Wertpapiere auszugeben, aber nicht nur sie – auch Versicherungsgesellschaften oder von Banken selbst gegründete Gesellschaften und andere so genannte Schattenbanken. Zusätzlich entsteht das, was man heute als „over the counter"-Geschäft bezeichnet: Geschäfte über den Ladentisch. Wertpapiere werden nicht mehr nur an der Börse gehandelt, sondern auch direkt am Bankschalter. Die Zahl der ausgegebenen Wertpapiere explodiert.

Und genau an diesem Punkt wird heute offensichtlich und klarer, was damals, am Beginn der neoliberalen Blütezeit, eher wenigen bewusst war: Das perfekte Ineinandergreifen von Politik und Ökonomie. Erstmals nahezu flächendeckend in Europa empfiehlt die Politik das, was in den USA bereits seit Jahrzehnten gang und gäbe ist: Die so genannte zweite und dritte Pensionssäule. Die Menschen sollten sich nicht mehr auf den Staat und seine staatlichen Pensionszahlungen allein verlassen, sondern auch in betriebliche Pensionskassen (2. Säule) einzahlen und vor allem privat „vorsorgen" (3. Säule).

Die Folge: Es entstehen riesige Pensionsfonds, die plötzlich und in wachsendem Ausmaß riesige Euro-Summen von Millionen besorgter Bürger aus ganz Europa bekommen. Was tun mit diesen Unsummen? Am Kapitalmarkt anlegen!

Die Wirtschaft macht das, was die Politik wollte. Oder war es doch umgekehrt? Die Wirtschaft hatte, weil sie höhere Profite wollte, die Politik dazu „ermuntert", neue Säulen, etwa in der Pensionspolitik, aufzustellen. Oder gar ein wenig nachgeholfen, damit die Politik so handelte? Oder sind dies bloß alles böse Unterstellungen, und da war nichts außer der Notwendigkeit, weil die europäischen staatlichen Pensionssysteme schlicht und einfach unfinanzierbar geworden waren?

Für unsere ökonomische Betrachtung ist das „Warum" letztlich egal. Uns interessieren Zusammenhänge und Abläufe und vor allem, was in dieser Zeit die Wissenschaft gesagt hat. Immerhin ist die „Wirtschaft als Wissenschaft" zu diesem Zeitpunkt ziemlich genau 200 Jahre alt. Genug Zeit also, um den Politikern des letzten Jahrhunderts im zweiten Jahrtausend exakte Tipps zu geben, wie eine moderne Volkswirtschaft zu führen sei.

Offenbar nicht. Zwar gibt es die so genannten „mainstream"-Ökonomen, die auch an den Universitäten Volkswirtschaftslehre unterrichten, die aber mit bestimmten Vorstellungen in der Vergangenheit hängen geblieben sind. Friedman und Hayek orientieren sich, wie wir in den ersten Kapiteln gesehen haben, an der Neoklassik und wärmen diese, in verfeinerter Form, als Gegenentwurf zu Keynes ab den 1980er-Jahren wieder auf. „Nichts soll den Markt stören, schon gar nicht der Staat", predigen sie. Das Ansinnen der Politik, auch die Pensionsvorsorge zu „privatisieren", zumindest teilweise, muss nach ihren Lehren als Schulbeispiel moderner Politik verstanden werden. Und „frei" sollte eben auch die Spekulation sein.

Aber wieder hätte es einen Ökonomen gegeben, der anders denkt. Und der sich schon in den 1970ern mit einer noch nicht stattgefundenen Krise beschäftigt, sie aber dennoch vorausgesehen hat – Hyman Minsky. Doch auch er hat es nie wirklich in die Lehrbücher der Volkswirtschaft geschafft. Jedenfalls nicht als so genannter „mainstream"-Ökonom, wie Adam Smith, John Maynard Keynes, Milton Friedman oder Friedrich August von Hayek. Der 1996 verstorbene Ökonom Hyman Minsky kritisierte an der Neoklassik vor allem, dass sie Marktmacht und ihre Auswirkungen auf die Preisgestaltung nicht beachte. Minsky beschäftigte sich schon in den 1970er- und 1980er-Jahren mit Marktübertreibungen und Spekulationsblasen.

In einem Aufschwung sieht dies so aus: Die Milliarden der künftigen Pensionisten wandern in Pensionsfonds und Versicherungsgesellschaften, die diese Milliarden in immer mehr Wertpapieren anlegen. Unternehmen, die diese Wertpapiere anbieten und verkaufen, bekommen frisches Geld und investieren ihre neuen Milliardengewinne. Jene Branchen, in die die Wertpapier-Emittenten investiert haben, wachsen und werden mehr wert. Dadurch steigen deren Aktienkurse. Die „Shareholder" sind begeistert und suchen neue Wertpapiere für ihre verdienten Milliarden.

Hyman Minsky (1919–1996)

Minsky machte sein Doktorat in Harvard, wo er bei Joseph Schumpeter und Wassily Leontief studierte. Er unterrichtete anschließend an der Brown University (1949-1958) und war von 1957 bis 1965 Associate Professor an der University of California in Berkeley. 1965 wurde er Professor an der Washington University in St. Louis, wo er bis 1990 tätig war.

In seinen Arbeiten versuchte Minsky, Finanzkrisen zu verstehen und zu erklären: Wenn in Zeiten des Wohlstandes die Gewinne zu hoch sind um sie zu reinvestieren, entsteht eine Spekulationseuphorie auf den Finanzmärkten. Tritt der so genannte „Minsky moment" ein, d.h. das für die Spekulation ausgeborgte bzw. eingesetzte Geld kann nicht mehr zurückbezahlt werden, platzt die Spekulationsblase und die Anlagen verlieren plötzlich ihren (künstlich in die Höhe getriebenen) Wert. In der Folge sind die Banken bei der Kreditvergabe sehr zögerlich und die Wirtschaft wird geschwächt. Diese Abfolge von Stabilität und Krise versteht Minsky aber auch als Teil des „business cycles"; ihre schwerwiegenden Auswirkungen könnten nur durch entsprechende Regulierungen aufgefangen werden. Minsky stand deshalb den radikalen Deregulierungstendenzen der 1980er-Jahre skeptisch gegenüber und wird aus diesem Grund teilweise als Postkeynesianer bezeichnet.

Minsky hat in seiner Arbeit, mit Rückgriffen auf Ideen von Ökonomen wie John Stuart Mill, Alfred Marshall, Knut Wicksell und Irving Fisher, in den 1960er- und 1970er-Jahren die Zusammenhänge zwischen Finanzmarkt und Realwirtschaft erklärt, die damals in dieser Form noch nicht deutlich waren.

An dieser Stelle kommt das Marketing. „Wollen Sie wirklich ihr Geld am Sparbuch verhungern lassen?", tönt es aus Radio, Fernsehen und Internet und schreit es förmlich mittels Riesenannoncen aus Zeitungen. Mit Aktien seien zehn Prozent Rendite im Jahr schon das Minimum, das es zu verdienen gebe. Wer wolle sich da noch mit ein bis zwei Prozent am Sparbuch abspeisen lassen.

Hier treten die „Neuen" auf den Plan. Und das sind die wirklichen, die großen Massen. Hunderte Millionen von Menschen quer über den Globus vertrauen ihnen plötzlich, den neuen Vermögensberatern und so genannten Finanzexperten. Das erinnert tatsächlich an die zu Ende gehenden 1920er-Jahre in den Vereinigten Staaten.

Jedenfalls steigt in Zeiten, wie wir sie eben beschrieben haben, das Wirtschaftswachstum. Branchen, in die neu investiert worden ist, erhöhen ihre Produktion. Der Aktienkurs steigt. Die höheren Gewinne werden wieder investiert. In Wertpapiere aus anderen Branchen. Wieder steigen dort die Gewinne und Gewinnerwartungen und wenig später Dividenden und Aktienkurse. Und. Und. Und.

Einfach herrlich.

Doch irgendwann geht den Ersten in diesem Kreislauf das Geld aus: Den normalen Arbeitnehmerinnen und Arbeitnehmern. Und dennoch wollen sie, und wenn auch nur ein wenig und für kurze Zeit, in das neue Paradies der wundersamen Geldvermehrung eintreten, um dann – ein wenig reicher, selbstverständlich – wieder auszusteigen. Warum also nicht – ohnehin nur für kurze Zeit … – einen kleinen, oder doch vielleicht auch mittelgroßen Kredit aufnehmen und *damit* Wertpapiere kaufen? Die Zinsen für diesen Kredit könnten dann doch einfach aus den Aktiengewinnen beglichen werden und selbstverständlich bleibt der ganz große Anteil des Gewinns bei mir, dem neuen Aktionär.

Und wieder sind es zwei parallel laufende Linien, die sich nicht wie in der Mathematik in der Unendlichkeit, sondern bedauerlicherweise schon viel früher treffen. Denn die Banken sehen diesen neuen Mut der Kreditnehmer mit großer Freude. Endlich können noch mehr Wertpapiere „über den Ladentisch" verkauft werden. Warum den willigen neuen Käufern nicht auch Kredite geben? Heute weiß man, wie leichtfertig in diesen 1980er- und 1990er-Jahren Kredite vergeben worden sind und welch unglaublich fatale Auswirkungen dies zu Beginn des zweiten Jahrtausends haben sollte.

Die Gewinnerwartung steigt, das Risikobewusstsein fällt. Statt die Aktien mit satten Gewinnen wieder zu verkaufen und die Gewinne zu realisieren, werden neue Anlagemöglichkeiten (auf Kredit) gesucht. Anfang des 21. Jahrhunderts sollten es Häuser werden. Doch davon später, wenn wir die „Theorie" und die „möglichen" Entwicklungen, die Minsky skizziert hat, mit der Realität getauscht haben.

Während sich der Postkeynesianer Hyman Minsky das alles zusammendenkt, beginnt zeitgleich die Blütezeit der „Markt"-Ökonomen. Sie liefern das Fundament für spätere neoliberale Regierungen, risikofreudige Banken und noch viel risikofreudigere Menschen, in ihrer Euphorie „bestärkt" von Bankberatern und Vermögensexperten. Denn diese neuen Ökonomen versprechen eine Welt ohne Krisen. Die Spirale – immer mehr Gewinne, immer mehr Aktionäre – könne sich ewig weiterdrehen, heißt es. Wenn man nur dem Markt seinen freien Lauf lasse. Man kann eigentlich den hunderten Millionen kreditgeschädigten Menschen ihren Mut nicht verdenken: Ökonomie – Politik – Banken. Drei Pfeiler des Optimismus. Weshalb da noch groß zweifeln?

Die Menschen werden immer unvorsichtiger. Sie unterschätzen die Risiken und überschätzen die Gewinn- und Renditeerwartungen; gleichzeitig steigt die Verschuldung. Immer mehr Akteure wechseln von der sicheren zur spekulativen Finanzierung. Bei der spekulativen Finanzierung reichen die Einnahmen nur noch dafür aus, die Zinsen zu bedienen, aber nicht den Kredit selbst zurück zu zahlen. (Übrigens praktizierten das auch verschuldete Staaten, und das sind weltweit fast alle, seit Jahrzehnten so.) Der Kredit muss deswegen immer wieder verlängert werden; die Spekulanten sind damit auf liquide Finanzmärkte angewiesen. So finanzieren sich vor allem Banken und andere Finanzinstitutionen.

Private Anleger und bestimmte Investoren werden in Zeiten wie diesen noch leichtsinniger und wechseln zur „Ponzi"-Finanzierung. Sie können weder ihre Schulden bedienen noch ihre Zinsen zurückzahlen. Jetzt werden sogar zur Finanzierung der Zinslast Kredite aufgenommen. Die Investoren spekulieren darauf, dass die Preise ihrer Vermögenswerte steigen, um später durch deren Erlös die Schulden zu tilgen. Es liegt auf der Hand, dass ein Finanzsystem umso instabiler wird, je weniger Akteure sich sicher finanzieren und je mehr von ihnen zu spekulativen – oder Ponzi-Finanzierern werden. Heute versteht man unter einem „Ponzi-System" ein betrügerisches Anlagemodell, das höchste Renditen verspricht. „Systemerhaltend" ist, dass die Investoren dahingehend manipuliert werden, dass sie immer weiter investieren und ihre meist nur auf dem Papier bestehenden „Gewinne" nicht aus dem System nehmen. Fordern die Menschen ihr Geld zurück, bricht alles in sich zusammen. Benannt ist das System nach Carlo „Charles" Ponzi (1882-1949), einem italo-amerikanischen Wirtschaftsbetrüger. Im Unterschied zu „Pyramidenspielen" gibt es bei Ponzis eine Zentrale, die mit allen Beteiligten verbunden ist.

Wir nähern uns nun dem Minsky-Moment. Wenn tatsächlich alle am Markt Beteiligten an das ewige Wachstum glauben, dann wird es heiß in diesem System. Vielleicht könnte man auch sagen, endgültig ungemütlich wird es dann, wenn die ersten „so tun als ob". Wenn also einige Bank- und so genannte Vermögensexperten schon wissen, dass sich das Spiel seinem Ende nähert, es aber niemandem sagen.

Die Phase des Minsky-Moments beginnt. Denn, wer weiß, dass es aus ist, verkauft. Die Preise fallen. Die Vermögenspreise fallen. Das Ponzi-System kollabiert als erstes. Dann das spekulative System. Und schließlich alles – der Totalzusammenbruch.

Minsky-Moment

In seinem Standardwerk *Stabilizing an Unstable Economy* aus dem Jahr 1986 schreibt Minsky, dass gerade in Wirtschaftssystemen mit hochentwickelten Finanzmärkten Krisen von „innen" heraus entstehen können – und das auch werden, wenn niemand etwas dagegen unternimmt. Für die Neoklassiker kommen Krisen hingegen von außen. Kriege, Naturkatastrophen, Ölkrisen … Nur unvorhersehbare Krisen wie diese können die ökonomische Welt

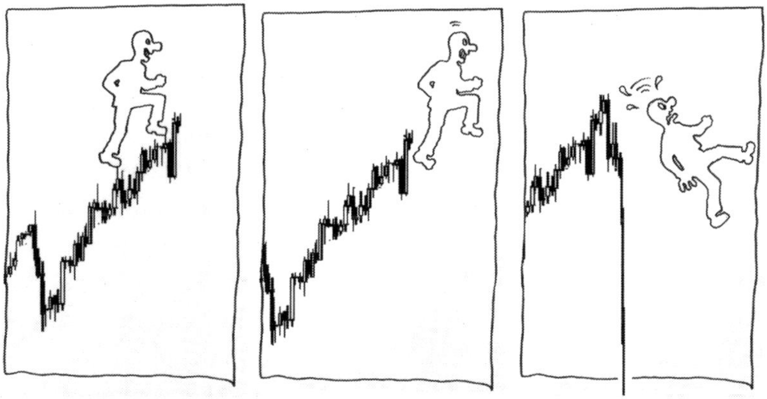

aus dem Gleichgewicht bringen. Für Minsky hingegen entspringt die Krise unserer Natur und er beantwortete damit Fragen, die erst 25 Jahre später gestellt werden. Nach Ausbruch der zweiten Weltwirtschaftskrise.

Doch wer ist nun schuld daran? Wir. Und eben nicht der Weltkrieg oder das Erdbeben. Oder die Klimaerwärmung.

Denn die Schlange gehört immer dazu, auch, oder gerade, zum Paradies. Ins Paradies des ewigen Wachstums, das noch „im Gleichgewicht" mitwächst. Keine Konjunkturzyklen, keine Arbeitslosen, weil jeder, der arbeiten will, auch eine Beschäftigung findet (zu welchem Lohn spielt keine Rolle, wir befinden uns ja auch im Paradies). Keine Unternehmer mit Absatzschwierigkeiten, alle Produkte finden einen Käufer. Die Staatsbudgets sind – klar doch – ausgeglichen. Die Preise stabil.

Heute heißt die Schlange „Gier". Folgt man Minskys Ausführungen, würde vielleicht schon „Übermut" genügen. Nicht der Übermut eines Markteilnehmers, sondern aller.

Und von deren „Erinnerungsfähigkeit" (Minsky) hängt es auch ab, wann die nächste Krise zu erwarten ist. Nur, wenn sich Anleger, Banken und Unternehmer an die letzte Krise erinnern, und dass sie „durch die Hölle" (Minsky) gegangen sind, kann eine neue verhindert werden. Vielleicht wäre 2008/2009 verhindert worden, wäre der Postkeynesianer Hyman Minsky zu seinen Lebzeiten nicht so im wissenschaftlichen Abseits gestanden. Dass er jetzt auf und ab „gegoogelt" wird, ist ein ganz schön teures Versäumnis.

Während sich die Theorie an den Universitäten um eine Synthese von neoliberalem und postkeynesianischem Gedankengut (nicht wirklich) bemüht, entkoppelt sich die Praxis. Banken, Versicherungen und auch gesetzgebende Politiker scheren sich keinen Deut um das, was an den Lehrstühlen für Volkswirtschaftslehre langsam, viel zu langsam gedeiht: Das zarte Pflänzchen der Einsicht, dass die „freie" Welt der Wirtschaft ins Verderben wächst, wenn man ihr nicht bestimmte Regeln verpasst. Zumindest auf den Finanzmärkten. Sogar den liberalsten der Neoliberalen beginnt es zu dämmern, dass vielleicht noch die Gütermärkte, in welchem Zeitraum auch immer, zurück ins Gleichgewicht finden, dass es aber bei den Arbeitsmärkten mit seinen Millionen Menschen ohne Beschäftigung damit schon längst vorbei ist.

Und: Dass auf den Finanzmärkten die Hölle los ist. Eine Hölle, in der es schon so brennheiß geworden ist, dass sich niemand mehr die Finger verbrennen will. Kein Staat. Kein Denker. Niemand.

Wie schon oben beschrieben, findet das suchende Geld, oder das vagabundierende Kapital, wie es nach der Jahrtausendwende so gerne blumig bezeichnet wird, immer schwieriger einen Platz am Gütermarkt oder am traditionellen Wertpapiermarkt. Neue Varianten werden gesucht, mit denen man Gewinne machen kann. Firmen, die keine Waren mehr produzieren; Hedgefonds auf der Suche nach ihnen.

Die Zahl der Wortkreationen wächst mit dem Ideenreichtum für neue Anlagemöglichkeiten mit. Der Neoliberalismus taucht in eine neue Welt der Finanzprodukte ein und verirrt sich dort.

6. Nicht mehr zum Anfassen – Der Neoliberalismus auf den Finanzmärkten und seine undurchschaubaren Produkte

6.1. Von Hedgefonds und Heuschrecken

Spekulation wäre von ihrer Grundidee heraus nichts Zerstörerisches. Die Ur-Aufgabe der Spekulation ist eine durchaus positive. Sie soll Produzenten der Realwirtschaft, die sich am Weltmarkt bewegen, gegen Wechselkursrisiken absichern.

Dazu ein Beispiel, das die ursprüngliche Form des „Hedging“ detailreich illustriert, das Sie aber gerne überspringen können:

> Nehmen wir an, jemand will eine Ware im Jänner verkaufen und die Zahlung soll im März erfolgen. Er will einen Erlös von 100 Euro erzielen, aber fakturiert wird in Dollar. Es besteht somit ein Wechselkursrisiko. Nehmen wir an, im Jänner sind die Kurse so, dass auf dem Spotmarkt 100 gegenwärtige Euro mit 100 gegenwärtigen Dollar bewertet werden und auf dem Terminmarkt (für drei Monate) 100 Euro im März mit 120 Dollar im März bewertet werden. Der Warenverkäufer wird als Preis den Terminkurs verwenden, also 120 Dollar, weil die ihm zum Zeitpunkt der Zahlung den erwünschten Erlös von 100 Euro (März) ermöglichen. Es besteht aber ein Risiko, dass die Wechselkursentwicklung von den Erwartungen abweicht. Nehmen wir an, dass im März am Spotmarkt der Kurswert von 100 Euro nicht wie erwartet 120 Dollar beträgt sondern 140 Dollar. Mit anderen Worten, der Dollar hat stärker abgewertet als im Jänner erwartet wurde. Der Warenverkäufer erleidet nun einen Verlust, da er für die vereinbarten 120 Dollar nur 86 Euro erhält. Gegen dieses Verlustrisiko kann er sich jedoch absichern, indem er im Jänner

am Terminmarkt 100 Euro (Stand März) für 120 Dollar (Stand März) kauft. Er verliert dann zwar am Warenmarkt, weil er 20 Dollar mehr brauchen würde um auf 100 Euro zu kommen, aber er gewinnt gerade diese 20 Dollar aus seinem Devisengeschäft, da die für 120 Dollar erworbenen 100 Euros jetzt 140 Dollar wert sind. Was der Verkäufer durch die stärkere Abwertung des Dollars am Warenmarkt verloren hat, wird durch die Aufwertung des Euro in seinem Termingeschäft kompensiert. Das Umgekehrte gilt natürlich bei einer unerwarteten Aufwertung des Dollars. Es kommt dann zu einem unerwarteten Gewinn am Warenmarkt, aber auch zu einem gleich hohen Verlust bei dem Termingeschäft (Hedgekontrakt). Für den Warenverkäufer bedeutet der Hedgekontrakt eine Absicherung gegen das Wechselkursrisiko, sein Gegenüber ist ein Spekulant, der sich Gewinne auf Grund unerwarteter Wechselkursschwankungen erhofft.

Hätte man schon damals, im zu Ende gehenden 20. Jahrhundert, zwischen Spekulationsgeschäften, die eine Funktion haben und solchen, die keine haben, unterschieden, wäre wohl manches nicht so gekommen, wie es gekommen ist.

Das Problem war jedoch: Die Spekulation hat sich nicht an das Reale gehalten. Man müsste demnach verhindern, dass die Spekulation solche Ausmaße annimmt, dass die tatsächliche Wirtschaft ein Nebenprodukt des Finanzkapitalismus wird.

John Maynard Keynes ist der erste Autor überhaupt, der den Ausdruck „Kasinokapitalismus“ verwendet. Heute ein Wort mit Zeug zum ökonomischen „Wort des Jahrhunderts“. Siebzig Jahre später sagt der Chef der Deutschen Bank, der Schweizer Josef Ackermann: 25 Prozent Rendite im Jahr sollte man Aktionären schon bieten, um an der Börse bestehen zu bleiben. Das müsse eine Bank „schon packen“. Von den so genannten Donaldisten, die sich „wissenschaftlich“ mit Donald Duck und der Comic-Welt von Entenhausen beschäftigen, bekommt Ackermann dafür den MacMoneys-Preis für Menschen, die „ihre wirtschaftlichen Interessen frei von den Fesseln moralischer Bedenken“ durchsetzen. Dem ist relativ wenig hinzuzufügen, außer dass die Verleihung der Welt von Entenhausen vorbehalten bleiben sollte. 25 Prozent Rendite im Jahr sind in einer realen Welt der Wirtschaft nicht zu verdienen. Dafür braucht man eine „*New* Economy“.

Die Welt des Internets ist schneller als alles bisher Dagewesene. Auch, was Wachstum von Unternehmen und „Reichwerden“ betrifft. Die erste grafische Oberfläche für das World Wide Web, entwickelt von zwei US-Studenten, bedeutet für ihr Unternehmen *Netscape* zwei Milliarden Dollar Unternehmenswert. Nicht nach Jahren, sondern am ersten Börsentag.

Wer redet da von 25 Prozent Rendite? Hunderte Prozent im Jahr werden in dieser New Economy zum Normalfall. Minifirmen werden zu Börsenstars und sind über Nacht mehr wert als über Jahrzehnte gewachsene Industriekonzerne mit Weltruf. Investmentbanken riechen das wirklich große Geld, spüren in Studenten-Garagen die Web-Zukunft von morgen auf, finanzieren den Aufstieg und bieten Aktien des Jungunternehmens an, die ihnen auch aus der Hand gerissen werden. Die Kurse steigen und steigen. Jungunternehmer, Investmentbanken und Banken, die eigene Gesellschaften gegründet haben um am Finanzierungs-, Übernahme und Fusionswahnsinn teilhaben zu können, häufen Milliarden von Dollar an und wissen bald nicht mehr wohin und wo hinein mit ihrem Vermögen.

Damit verändert sich auch in Europa das Bankenwesen. Immer mehr Geldinstitute gründen Spezialgesellschaften, die sich ausschließlich mit Finanzgeschäften befassen. Bis in die 1990er-Jahre hatte Europa im Unterschied zu den USA, wo Kommerzbanken und Investmentbanken schon immer eigenständig und getrennt am Markt aufgetreten sind, eine klare Bankenaufgabe definiert: Die Bevölkerung trägt den Einkommensteil, den sie sparen will, zur Bank und diese verleiht ihn als Kredit an Firmen, die damit investieren und Güter produzieren. Die Güter werden verkauft und aus dem entstandenen Gewinn können die Kreditzinsen bezahlt werden. Die Bank kann einen Teil dieser Zinseinkommen wieder weitergeben. Grundvoraussetzung für diesen Kreislauf ist das Vertrauen in bestehende, renommierte Unternehmen, die über Jahre oder Jahrzehnte hinweg solide Gewinne erwirtschaftet und schöne Aktienkurse gezeigt haben.

Das geht mit der „New Economy“ nicht. Hier ist es die Hoffnung, die zählt. Es ist eine Investition in die Zukunft und eine Wette. Eine Wette, die in dieser Zeit sehr oft gewonnen wird. Wir Bankmanager wetten, dass in diesem Ein-Mann-Internetunternehmen eine Erfindung heranreifen wird, die die Welt des World Wide Web zumindest ein wenig verändern wird. Der Wetteinsatz ist ein Riesenkredit. Wird die Wette gewonnen, fließen Wetteinsatz und saftige Zinseinkommen zurück. Wird sie verloren, ist das Geld weg.

Geld. Geld. Geld. Immer mehr werden immer schneller reich.

Doch irgendwo muss das Geld ja hin. Die Güter- und Dienstleistungsmärkte sind, um an dieser Stelle noch einmal daran zu erinnern, eher vom Problem der Überproduktion betroffen, die Möglichkeiten, hier zu investieren und das Geld los zu werden, sind viel zu gering für die gewaltigen Milliarden, die weltweit auf Suche gegangen sind.

In diesem Klima treten neue Spieler auf den Plan. Hedgefonds und Private-Equity-Gesellschaften, die mit immer komplexeren Finanzprodukten auf die Zukunft wetten.

Eine Metapher für Private-Equity-Gesellschaften, eine Form des Beteiligungskapitals, das nicht an Börsen handelbar ist, ist der Ausdruck „Heuschrecken“. Erfunden hat diesen Begriff im Finanz-Deutsch der SPD-Politiker Franz Müntefering im April 2005. Die Kapitalgeber können in diesem Fall private oder institutionelle Anleger sein, häufig sind es Gesellschaften, die sich auf diese Beteiligungsform spezialisiert haben. Jedenfalls spielen sich diese Geschäfte außerhalb der Börse ab, unterliegen damit keiner einzigen Regel und laufen völlig „out of control“.

Neu ist übrigens nur das globale, massive Auftreten der Hedgefonds und Private-Equity-Gesellschaften. Im Grunde genommen haben wir es aber schon wieder mit einem Sechzigjährigen zu tun. Der erste Hedgefonds wurde 1949 vom Investmentmanager Alfred Winslow Jones gegründet. Wo? Natürlich in der New Yorker Wallstreet. Jones hatte als Erster versucht, Risiko „auszuschalten". Er kaufte günstige Aktien und verkaufte überbewertete Aktien. Das kombinierte er mit dem Leverage-Effekt (Hebelwirkung), verlangte satte Gebühren, wenn jemand einen Anteil an seinem Fonds wollte und gründete später einen Dachfonds, mit dem er in andere Hedgefonds investierte. So einfach ist das. Die Hebelwirkung ist dadurch zustande gekommen, dass er nicht nur sein Eigenkapital verwendete, sondern auch Geld, das er mit Krediten aufgenommen hatte. So einfach ist es natürlich nicht. Sonst wäre es auch nicht jahrzehntelang relativ ruhig rund um Hedgefonds gewesen.

Obwohl „hedge" absichern heißt, haben Hedgefonds mit der Absicherung von Spekulationsgeschäften übrigens nichts zu tun. Der Name rührt vermutlich daher, dass Hedgefonds vor allem mit Leerverkäufen operieren, die in der Absicherung von Geschäften sehr wohl eine Rolle spielen. Was sind nun wieder Leerverkäufe? Ich verkaufe eine gegen Entgelt geliehene Aktie oder eine Aktie, die ich noch gar nicht besitze, und hoffe, den Einkauf für die Rückgabe zu einem niedrigeren Preis durchführen zu können. Erst dann gebe ich sie dem, der mir die Aktie „fiktiv" geliehen hat wieder zurück. Der Gewinn bleibt bei mir.

Hedgefonds versuchen, sehr vereinfacht ausgedrückt, Aktien so zu kaufen oder zu verkaufen, dass das ewige Auf und Ab auf den Börsen nahezu irrelevant für den Gewinnerfolg wird. Mit Gespür für fallende und steigende Kurse, treffsicheren Unternehmensbewertungen und vor allem mit viel Finanz-Mathematik gelingt es den meist sehr jungen Managern ihrem Hedgefonds-Chef immer sattere Gewinne vorzulegen. Hedgefonds werden reicher und reicher und somit auch wichtiger und wichtiger.

„Na und?“, könnte man jetzt einwerfen, sollen sie sich doch austoben im globalen Kasinokapitalismus – wen stört`s ?

Es stört viele: Ganze Landeswährungen, riesige Firmenkonzerne, Millionen von Arbeitnehmern auf der ganzen Welt. Denn erfolgreiche Hedgefonds verdienen so viel Geld, dass sie nicht mehr wissen, wohin damit. Warum also nicht etwa um Milliarden gegen eine Währung wetten oder einfach einkaufen gehen? Die Heuschrecken sind unterwegs.

Die bekanntesten Hedgefonds sind in der ersten Blütezeit des Finanzkapitalismus in den 1990er-Jahren die *Quantum Funds* von George Soros, einem US-Investor ungarischer Herkunft, und der LTCM, der *Long-Term Capital Management-Fonds*, der 1998 zusammenbricht. 1992 wettet Soros, dass das britische Pfund überbewertet ist, und verkauft gigantische Summen an Pfund, die er nicht besitzt (Leerverkauf). Selbstverständlich im Wissen, dass er sie kurz darauf zurückkaufen muss. Sind sie gefallen, geht die Wette auf, wenn nicht, hat Soros verloren. Am Ende eines Nervenkrieges gegen die Notenbanken, die immer wieder Pfund aufkaufen um die britische Währung zu stützen, gewinnt der Hedgefonds. Angeblich eine Milliarde Dollar.

Irgendwann genügen auch Währungen nicht mehr – ganze, meist schwer angeschlagene Volkswirtschaften müssen es nun sein. Zunächst werden sie mit Geldspritzen stimuliert, dann fallen gelassen, wie zum Beispiel die südostasiatischen so genannten Tigerstaaten in den 1990er-Jahren.

Aber wirklich erfolgreich werden Hedgefonds mit ihren Einkaufstouren rund um den Globus, wenn sie Großfirmen „aufschnappen“. Nicht um sie auf- oder auszubauen, sondern um sie zu zerlegen und als Einzelhappen mit enormem Gewinn weiterzuverkaufen.

Wie funktioniert diese Finanzierung? Hedgefonds bekommen von vermögenden Anlegern – die das mehrfach Höhere an Renditen sehen wollen, als am Markt üblich ist – Geld. Zusätzlich zu diesen Mitteln nehmen die Hedgefonds einen Kredit auf. Dann beginnt das große Firmen-Shopping. Am Anfang ihres weltweiten Rundumschlages in den 1990er-Jahren kaufen sie Aktien von Firmen, die nicht besonders gut geführt sind. Meist rund zehn bis fünfzehn Prozent der Anteile, um bei einer Aktionärsversammlung, bei der ohnehin die meisten Aktionäre nicht anwesend sind, eine entscheidende Stimme ausüben zu können. Ihr Ziel: die Auswechslung des Vorstandes. Wenn das gelingt, folgt die völlige Neuorganisation des Unternehmens. Dann werden in nicht seltenen Fällen auf diesen Betrieb Schulden aufgenommen, anschließend wird die Firma verkauft und der Hedgefonds ist die Verbindlichkeiten wieder los. Die Schulden sind weg. Die Verkaufserlöse da. Der Geldgeber erhält eine hohe Rendite und alle (bis auf die Beschäftigten des zerschlagenen Unternehmens) sind glücklich. In manchen Fällen geht es dem Hedgefonds nicht um das Unternehmen selbst, sondern nur um das Grundstück, auf dem es steht. Das ist nicht selten mehr wert als der ganze Betrieb.

Besonders lukrativ ist dieses Geschäft natürlich in Zeiten einer schlechten Konjunktur. Die Aktienwerte des angepeilten Unternehmens sind niedriger als der Firmenwert, oft weil nicht einmal mehr Dividenden gezahlt werden können. Schon sind die „Heuschrecken“ da.

Macht ein Hedgefonds Verluste, wird es für alle eng. Für jene Gesellschaften und Menschen, die ihm das Geld anvertraut haben, für die Firmen, die er aufgekauft hat und für die dort Beschäftigten – konkreter für jene, die es dort noch gibt – ohnehin.

Allerdings: Hedgefonds sind nicht nur negativ zu sehen. Sie haben auch viele verschlafene oder schlecht geführte Unternehmen aufgekauft und sinnvoll umstrukturiert. Es gibt auch Unternehmen, die nach dem „Heuschreckenangriff“ deutlich besser da gestanden sind als zuvor, oder für die diese Invasion sogar lebensrettend gewesen ist. Kritiker halten allerdings auch die Variante für wahrscheinlich, dass Hedgefonds bestimmte Firmen bewusst ruinieren, dann die Aktien verkaufen, um deren Kurse zu drücken und die Aktien zu deutlich niedrigeren Preise wieder kaufen.

Seit Mitte der 1990er-Jahre ist ein Sturm neoliberalen Denkens und Handelns ohne Regeln und Schranken über die Finanzmärkte hinweggefegt. Von den zusammenbrechenden Schwellenländern (1994 Mexiko, drei Jahre später die südostasiatischen Tigerstaaten) über den Kollaps des größten Hedgefonds der Welt LTCM 1998 in den USA bis hin zum Zusammenbruch der New Economy im Jahr 2000.

6.2. Häuser und Kredite für alle

Was machen eigentlich in diesen Jahren Politiker und Ökonomen?

Die einen relativ wenig, die anderen streiten. Die Politik versäumt es völlig, für irgendwelche Regeln an den entfesselten Finanzmärkten zu sorgen. Die Ökonomen streiten noch immer über Staat oder Markt, wobei die Marktgläubigen nach wie vor die Oberhand behalten.

In den Vereinigten Staaten regiert die Administration des Demokraten Bill Clinton. Sie erinnert sich mitten im lauten Geschrei der Freunde des totalen Marktes an John Maynard Keynes und löst mit der so genannten „Nationalen Hausbesitzer-Strategie“ zusätzliche Binnennachfrage aus.

Zusätzlich zur politischen Willenserklärung der Clinton-Administration bedarf es einer volkswirtschaftlichen Basis oder – einfacher formuliert – niedrigerer Zinsen. Diese Zinssenkungspolitik, gedacht als Stütze der Konjunktur, kommt in jener Zeit von der US-Notenbank und ihrem langjährigen Chef Alan Greenspan. Er gilt heute als Vater des billigen Geldes. Geld, das sich die Geschäftsbanken zu günstigsten Konditionen von der Notenbank besorgen konnten und – das ist das Entscheidende: Die dieses Geld auch weitergeben sollten. An Firmen und eben auch an die Millionen US-Bürger, die ein eigenes Heim wollten.

Jeder, der will und es finanziell halbwegs kann, sollte sich ein Haus leisten können. Betonung auf „halbwegs“. Auch US-Bürger, die in ihrem Leben von einem Eigenheim bisher nur träumen konnten. Jetzt bekommen sie einen Kredit, einen so genannten Hypothekarkredit.

Zwei Varianten können unterschieden werden:

- Variante 1: Ich habe ein Haus, will aber eine Garage anbauen oder auch nur ein neues Auto kaufen, dafür fehlt mir allerdings das Geld. Ich gehe zur Bank, nehme einen Kredit auf und erlaube der Bank, ein Grundpfandrecht (Hypothek) in meinem Grundbuch einzutragen. Dies dient als Sicherheit für die Bank, also für den Fall, dass ich den Kredit nicht zurückzahlen kann. Daher der Satz vieler Menschen, die gerne über ihre (Einkommens-) Verhältnisse leben: „Mein Haus gehört der Bank …"
- Variante 2: Ich nehme einen Kredit für ein noch zu bauendes Haus auf. Ich bekomme ihn, weil ich ein gesichertes Einkommen aufweisen kann. Das ist natürlich weitaus risikoreicher für eine Bank, denn wer baut das Haus weiter, wenn der Hausbauer und Kreditnehmer vielleicht plötzlich arbeitslos wird? In einer Rezession ein nicht unwahrscheinliches Szenario.

In der Folge entsteht auch eine

- Variante 3: Die Banken haben am Beginn des 21. Jahrhunderts noch immer genügend Mittel, günstig zur Verfügung gestellt von der US-Notenbank. Und so geben sie irgendwann auch jenen Menschen Kredite, die am Bankschalter keinen Gehaltszettel über ein gesichertes Einkommen vorweisen können: So genannte Subprime-Kredite, an Kreditnehmer mit einer „unter-klassigen" (subprime) Bonität, also an im ökonomischen Sinn zweitklassige Schuldner. Einzige Bedingung: Sie müssen die Kreditraten fristgemäß einzahlen. Die Idee dahinter: Permanent steigende Häuserpreise. Seit den 1990er-Jahren wachsen sie in einem derartigen Ausmaß, dass das Haus zwar bei Kreditvergabe vielleicht 200.000 Dollar wert ist, aber bei Fertigstellung schon 300.000 Dollar.

Das „Haus-Programm" wirkt. Vor allem die Bauwirtschaft und Einrichtungshäuser kommen wieder auf Touren und, besonders wichtig: Die Zinsen beginnen wegen der guten Konjunktur langsam zu steigen. Wie im Lehrbuch für Ökonomie. Eine Katastrophe für die Hausbauer, denn damit haben sie nicht gerechnet: Mit steigenden Zinsen wachsen wegen der höheren Kreditzinsen auch die Rückzahlungsraten für ihren Kredit an. Denn fast allen Hypothekarkrediten liegen damals flexible Zinssätze zu Grunde. Geht's mit dem allgemeinen Zinsniveau nach unten, fallen die Kreditzinsen, geht es nach oben, schnellen sie hinauf.

Die ersten Hausbesitzer, die in Wirklichkeit noch keine sind, und die auch kein besonders hohes Einkommen haben, müssen aufgeben. Die Kreditraten erdrücken sie, da bleibt kein Geld zum Leben übrig. Jene von ihnen, die schon in ihr fertiges Haus eingezogen sind, müssen raus. Ihr Eigenheim, von dem sie ein Leben lang geträumt haben, wird zwangsversteigert. Den Erlös erhält die Bank.

Was Alan Greenspan offensichtlich völlig falsch eingeschätzt hat, war die Leichtfertigkeit, mit der US-Banken Kredite vergeben haben: Vor dem Ende des Booms gab es Hauskredite de facto für jedermann, mit unverschämt niedrigen Zinsen, zum Teil mit Zinssätzen von Null in den ersten beiden Jahren und mit Laufzeiten von bis zu fünfzig Jahren und das angesichts von null Sicherheiten.

Im Laufe des „Booms" erwerben Amerikaner aber auch Häuser aus rein spekulativen Zwecken. Wie gesagt: Um 200.000 Dollar kaufen, um 300.000 verkaufen. Und die Häuserpreise steigen weiter und weiter und mit ihnen die Zinsen, also auch die Kreditzinsen.

Und dann geht plötzlich alles sehr schnell. Der Minsky-Moment nähert sich. Immobilien werden zu teuer, die ersten potentiellen Käufer lehnen ab. Zusätzlich wird der Markt aufgefüllt mit fertigen und halbfertigen Häusern von Familien, die von der

Zinslast erdrückt worden sind und ausziehen mussten. Ein Schulbeispiel für Angebot und Nachfrage. Das Angebot (an Häusern) nimmt zu, die Nachfrage sinkt: Die Preise fallen. Plötzlich gilt für all jene, die ausschließlich auf steigende Häuserpreise gesetzt haben, eines nicht mehr: Die Kreditzinsen zahle ich mit der Differenz aus tatsächlichem Wert des Haus bei Fertigstellung und früherem, niedrigerem Kaufpreis – 300.000 statt 200.000 Dollar. Dieses Spiel ist aus. Die Hypothek im Grundbuch, die „nur zur Sicherheit" gemacht worden ist, wird schlagend. Aber mittlerweile sind Haus und Grundstück viel weniger wert, als die Banken errechnet haben.

6.3. Aufgeschnitten oder im Ganzen? – die Kreditpakete und wie US-Probleme zu einer Weltwirtschaftskrise werden

Doch Häuser alleine machen noch keine Krise. Weder in einem Land, in diesem Fall den USA, und schon gar nicht weltweit. Hinter einer Krise diesen Ausmaßes stecken unglaubliche Finanz-Konstruktionen, die tausende Kreditberater, Vermögensspezialisten und vor allem Mathematiker ausgetüftelt haben.

Mit realen Ergebnissen wirtschaftlicher Tätigkeit haben die neuen Finanzprodukte des Spekulationskapitalismus nichts mehr zu tun, mit Wahrscheinlichkeitsrechnungen schon viel mehr.

Am Beginn steht aber Altbekanntes, die

- **Verbriefung (securitization):**

Forderungen werden zu einem Wertpapier. Es können zum Beispiel Hypotheken zu Wertpapieren zusammengefasst werden, die dann an Anleger verkauft werden. Neu ist das keineswegs. Die US-Hypothekenbank *Fannie Mae* hatte schon in den 1930er-Jahren mit diesen Geschäften begonnen. Später kommen viele weitere US-Hypothekenbanken dazu, 1968 die neben *Fannie Mae* bekannteste und ähnlich wie diese strukturierte *Freddie Mac*. (Beide Hypothekenbank-Riesen werden 2008 mit staatlichen Milliardenhilfen vor dem Bankrott bewahrt.)

Wenn die Idee ohnehin schon fast 80 Jahre alt ist, warum wird dann heute die „Verbriefung“ als einer der wichtigsten „modernen“ Sprengsätze der Krise bezeichnet?

Weil die Verbriefung in den letzten Jahren auf immer giftigeren Böden gedieh, während sie damals, in den 1930e-Jahren und dann über viele Jahrzehnte hinweg, durchwegs gesunde Papiere als Basis hatte. Den Hypotheken lagen Kredite zugrunde, die nur an Leute vergeben worden waren, die hohe Anzahlungen geleistet und Belege über absolut sichere Einkommen vorgelegt hatten.

Neu im zu Ende gehenden 20. Jahrhundert waren Wertpapiere aus zweit- und drittklassigen Hypotheken von Kreditnehmern, bei denen man nicht mehr so genau wusste, wie sie die Rückzahlung bewerkstelligen würden. Dennoch wird verbrieft. Dennoch werden auch diese Kreditforderungen zu Wertpapieren.

Wer waren nun die „Giftmischer“? Der Ablauf: Eine meist von einer Bank gegründete

- **Zweckgesellschaft**

(SPV – von Special Purpose Vehicle) kauft von der Bank Kreditforderungen, paketiert sie, verbrieft sie, paketiert sie nochmals, bringt sie in bestimmte Qualitätsklassen, versichert sie, erzwingt einen Qualitätsstempel und schickt die Einzelteile auf Weltreise. Irgendeine Bank, zum Beispiel in Deutschland oder Österreich, freut sich über das neue, vielversprechende Produkt und kauft es.

Doch der Reihe nach:

Am Beginn steht also die Gründung einer so genannten Spezial- oder Zweckgesellschaft. Oft wird sie direkt von einer

Bank gegründet und hat nur einen Zweck: Kredite zu kaufen, daraus Wertpapiere zu basteln und diese zu verkaufen. Wenn Journalisten heute von diesen Gesellschaften schreiben, zeugen ihre Ausdrücke von dem Zorn, den diese Konstrukte mittlerweile auslösen. „Die dreckigen Geschäfte der Zombiebanken“ war etwa im Sommer 2009 zu lesen.

Was stimmt ist, dass die für übliche Banken geltenden Regulierungen von diesen Zweckgesellschaften nicht eingehalten werden müssen: Sie müssen keine flüssigen Reserven haben, es gelten keine Regeln für das Eigenkapital, sie müssen keine Einzahlungen in den Einlagensicherungsfonds leisten – also nichts von den üblichen Auflagen.

Als Schattenbank darf man sich offenbar alles leisten. Die Sonne erleuchtet nur die Bilanzen der wirklichen Banken. Und so steht man als SVP gerne im Schatten. Hauptsache die Angst vor Verlusten, das Risiko, ist ausgegliedert.

Aber von „verlieren“ ist zunächst keine Rede, vorerst regnet es in diesen Zweckgesellschaften Milliarden. Bald kennt die gesamte Finanzwelt die neuen Produkte – und kauft sie. Etwa sogenannte

- **Asset Backed Securities (ABS):**

das sind „forderungsbesicherte Wertpapiere“. Die Bank bündelt bestimmte Kredite in einem so genannten Forderungspool und verkauft sie an die Zweckgesellschaft. Diese Schattenbank bastelt aus dem Pool Wertpapiere und verkauft diese weiter. Die Käufer oder Investoren bekommen ihr Geld damit indirekt über die Zins- oder Kreditrückzahlraten der ursprünglichen Kreditnehmer.

Diese „asset backed securities“ sind aber nur die Obergruppe für diese Produktgruppe – das große Schild im Supermarkt des Finanzkapitalismus. Was nützt dort aber dem Durstenden das Riesenschild „Getränke“, wenn er nicht lesen kann, was in den

Regalen darunter angeboten wird. Weil Wasser, Bier, Wein und Schnaps aus welchen Gründen auch immer plötzlich in einer exotischen Fremdsprache angeschrieben sind. Der Durstige wird zu einem Supermarktangestellten gehen und sich irgendein Getränk empfehlen lassen. Am Bankschalter etwa

- **Mortgage Backed Securities (MBS):**

Diesmal dienen Hypotheken als Sicherheit für ein Wertpapier. So genannte kommerzielle MBS sind durch bestimmte Vermögenswerte, wie Betriebsgebäude, aber auch Mehrfamilienhäuser oder Wohnanlagen besicherte Wertpapiere.

Wieder verwandelt die Bank langfristige Forderungen in Wertpapiere und verkauft sie. Das Risiko ist weg und es können neue Hypotheken vergeben werden.

Und was soll der Unterschied zu den guten (fast 250 Jahre) alten Hypothekenpfandbriefen sein? Bestanden doch auch sie aus Kreditforderungen, die eine Hypothekenbank durch Pfandrechte auf Grundstücke besichert hatte?

Die Antwort heißt: Das Risiko war damals nicht weg, sondern da. In der Bank geblieben. Und nicht über ein Wertpapier „mitverkauft". Derartige Risiken konnte oder wollte niemand zu Beginn der hochspekulativen finanzkapitalistischen Phase Ende des letzten Jahrhunderts sehen.

In der Zwischenzeit gehen die Titanic-Matrosen an der Wallstreet noch einen Schritt weiter und schwören auf Wertpapiere, die in sich aus mehreren Tranchen bestehen:

Aus sicheren Tranchen, die auf sicheren Kreditrückzahlungen basieren (Senior-Tranche), aus mittleren Tranchen, in die dann Zahlungsströme fließen, wenn die beste, die erste Tranche bedient ist (Mezzanine) und aus den letzten Tranchen, die jene Kredite umfassen, bei denen das Risiko, dass sie nie mehr zurückgezahlt werden, sehr hoch ist (Equity).

Aber es ging klarerweise noch verrückter. Warum nicht als Investor in einen Investor investieren? Zum Beispiel mit

- **Collateralized Debt Obligations (CDO):**

Auch sie gehören zur Gruppe der forderungsbesicherten Wertpapiere und bestehen ebenfalls aus Paketen von festverzinslichen Wertpapieren, die wieder in die drei unterschiedlichen Risiko-Tranchen aufgeteilt werden.

Aber CDOs machen noch einen weiteren riesigen Schritt weg vom einfachen Kreditmarkt, wie wir in jahrzehntelang gekannt haben. Diese Collateralized Debt Obligations investieren zum Beispiel direkt in MBS oder in die Tranchen anderer CDOs. CDOs zum Quadrat also und zur Dritten und so weiter.

Die CDO-Fonds werden von einer Bank, oder auch einem Hedgefonds gegründet. Diese holen sich das Geld für ihre immer risikoreicheren Finanzkonstruktionen von Pensionskassen, Versicherungsgesellschaften und vor allem von sehr vermögenden Menschen, die offenbar viel Spielkapital ins Kasino des Finanzkapitalismus mitnehmen, oder nicht wissen, dass ihr Finanzberater mit ihrem Vermögen im Kasino statt an der Börse gelandet ist.

Später werden die CDOs die „Zeitbomben der Krise" genannt werden, was die Wallstreet-Boys, während wir hier diese Zeilen schreiben, im Sommer 2009 nicht daran hindert, nur ein halbes Jahr nach dem Kollaps wieder auf diese Zeitbomben zu setzen (davon mehr im Kapitel „Krise – welche Krise?").

Der *SPIEGEL* findet im Juli 2009 zu CDOs ein sehr aussagekräftiges Bild: „Es hilft an eine russische Puppe zu denken, wobei die kleinste Puppe im Kern die eigentlichen Schulden wären. Die nächste Puppe verkörpert die verbrieften Schulden, und die nun jeweils nächstgrößeren Puppen wären immer ein neuer CDO, das heißt, dass man über die inneren Werte der Puppen immer weniger weiß." Aber die Puppen tanzen. Jahrelang. Alle. Die kleinen und die großen. Bis 2006.

(Auch 2007 merken jene Anleger und Wertpapierbesitzer, die die sicherste CDO gekauft haben, noch nichts. Sie erhalten als erste die sicheren Kreditrückzahlungen, wenn sie ihr Geld wieder sehen wollen. Erst, wenn sie bedient sind, folgen die Besitzer der mittleren CDOs, die Anfang 2007 auch noch nicht registrieren – oder doch? – dass die letzten CDOs dann tatsächlich sehr hart ausgedrückt – „das Letzte" sind. Sie sind von den giftigen Krediten, den berühmten Subprime-Krediten der ursprünglichen Kreditnehmer, die in vielen Fällen über überhaupt keine Eigenmittel verfügt haben, abhängig. 2007 kommt es zum Preissturz bei diesen „drittklassigen" Wertpapieren und am Markt für Subprime-Kredite denkt niemand mehr daran, diese noch zusammenzupacken und als Wertpapier zu verkaufen. Der Dominoeffekt sollte letztlich alle CDOs mitreißen.)

Die neuen Wertpapiere stoßen aber vorerst auf immer größere Zustimmung. Gewaltige Renditen werden versprochen – und maßgeschneidert für die jeweiligen Bedürfnisse sind sie schließlich auch. Verschiedene Forderungen, mit unterschiedlichen Fälligkeitsterminen und Risiken werden in sogenannte

- **strukturierten Fonds**

zusammengepackt. Der Vorteil für den Kunden: Er bekommt ein Paket, das genau seinen Bedürfnissen entspricht. „Ich hätte gerne einen Fondsanteil mit niedrigem Risikograd und Fälligkeit im dritten Quartal". Derart punktgenau wird nachfragt und angeboten. Weltweit.

Strukturierte Fonds wollen also flexibel und sicher sein. Strukturierte Fonds galten als sehr sicher, weil das investierte Geld im Pleitefall der Fondsgesellschaft geschützt war. Deshalb auch die hohen Gebühren.

Aufgebaut sind sie wie **Zertifikate**. Zertifikate haben nichts mehr mit Angebot und Nachfrage zu tun, auch nicht mit einem Anteil an einem Unternehmen. Sie orientieren sich an einem Basiswert, wie etwa an einem Aktienindex, an einer Währung, an einem Rohstoffindex und dergleichen.

Welche Produkte auch immer, von ABS bis CDO, Hauptgewinner war – zunächst – eine US-Bank. Irgendeine Bank, die ursprünglich einen Hypothekarkredit in der Bilanz hatte, den sie wegen Zahlungsunfähigkeit des amerikanischen Hauseigentümers, beziehungsweise Nicht-mehr-Eigentümers, ohnehin abschreiben hätte müssen.

Wenn diese Bank einem US-Schuldner einen Kredit gegeben hatte und dann das aus mehreren Krediten gebündelte Paket mit Gewinn an irgendeine Bank, etwa in Europa, verkaufen konnte, war das Risiko weg. Egal, ob der US-Schuldner jemals den Kredit zurückzahlte. Nicht einmal die Zinsen musste er zahlen. Der US-Bank blieb dennoch ein Gewinn – unabhängig vom Zahlungsverhalten des ursprünglichen Kreditnehmers.

Das Risiko war aber nicht wirklich weg – es war nur wo anders gelandet: beim Käufer des Wertpapiers. Dieser wusste aber nicht, dass er ein Wertlospapier gekauft hatte, weil am anderen Kontinent irgendjemand seinen Kredit nicht mehr zurückzahlen würde.

Abnehmer dieser Pakete sind zunächst weltweit renommierte Banken. Was bewegt Banken in Deutschland, der Schweiz oder Österreich dazu, irgendwelche Hypothekar-Kredit-Kreationen gewiefter US-Banken zu kaufen?

AAA.

So sieht die beste Bewertung durch sogenannte Ratingagenturen aus. Und dieses Gütesiegel wurde vielen dieser Kreditpakete verpasst. Aus unsicheren Hypotheken waren sichere Wertpapiere gebaut worden; als Belohnung wurde ihnen ein AAA-Dach aufgesetzt. Und die ganze Welt fiel darauf herein.

Die Analysten der Ratingagenturen bewerten meistens im Auftrag der zu bewertenden Banken und werden nicht selten von diesen auch bezahlt. „Bestätige mir, dass ich Gutes tue, schreib' das auch nieder und ich bezahle dich ordentlich dafür", ist die Grundüberlegung vieler Banken. Und manche Analysten sollen selbst oft nicht gewusst haben, was in den neuen „Paketen" versteckt worden war ... Hätten sie aber die Produktinnovation der Banken schlecht bewertet, wären viele von ihnen wohl ihren Auftrag los geworden. Auch parteinahe Meinungsforschungsinstitute kennen dieses Problem der Abhängigkeit von ihren Auftraggebern, aber das nur nebenbei.

Dennoch: AAA schafft Vertrauen. Und deshalb steigt auch die Begeisterung der Anleger, vor allem aber der Anlageberater, die für diese Pakete weltweit auf Werbetour sind. Und von denen viele eine satte Provision bekommen, wenn sie wieder ein Paket an den Mann, die Frau gebracht haben. Die US-Idee wird zum Welterfolg.

An dieser Stelle noch eine Anmerkung zur „Psychologie" am Bankschalter. Jahrzehntelang mussten wir Kunden die Aktiven sein, wenn wir unser Geld etwas ertragreicher als nur am Sparbuch anlegen wollten. Seit Ende des letzten Jahrhunderts ist das anders. „Wollen Sie wirklich Ihr Geld bei einem oder zwei Prozent am Sparbuch versauern lassen, Herr Rothschild, Herr Bürger? – Wir hätten da was. Der Name wird Ihnen vielleicht nicht viel sagen, aber mit „Asset Backed Securities" können sie derzeit bis zu 20 Prozent Ertrag im Jahr machen. Sie kaufen diesen Fonds und ..." Und: „Alles wird gut".

Bei Ökonomen und Journalisten wird der eifrige, nette Berater, der meist gar nicht in der Bank sitzt, sondern „selbstverständlich auch ins Haus kommt", mit seinen Tipps vielleicht abblitzen. Aber bei Millionen Menschen, die sich mit der komplexen Welt der Finanzen nicht auseinandersetzen wollten, hatte er nicht selten Glück – der Bankberater oder „persönliche" Vermögensexperte einer speziellen Vermögens- und Anlageberatungsgesellschaft, dem Vertrauen geschenkt wurde. Leider oft zu Unrecht.

6.4. Erste Allgemeine Ver(un)sicherung

Einige Jahre bevor es zu der ersten, kleinen Verunsicherung der Banken kommt, kommt ein neues Produkt: Die Versicherung des Wahnsinns. Die Versicherung gegen Kreditausfälle. Der Kreis schließt sich. Wenn Unsicherheit noch versichert wird, kann ja wirklich nichts mehr schief gehen. Geboren wird die Idee im damals allergrößten Versicherungskonzern der Welt: In der *American International Group* (*AIG*).

Vergegenwärtigen wir uns noch einmal den Kreislauf: Eine Bank lagert ihre Schulden in eine von ihr gegründete Zweckgesellschaft aus. Dort werden Wertpapiere gebastelt, deren Wert letztlich von der Summe der Schulden abhängt, die an die Bank/ Schattenbank zurückgezahlt werden sollten. Was aber, wenn Hausbesitzer oder Nochgarnicht-Hausbesitzer oder Unternehmer ihre Kredite *nicht* oder nur zum Teil zurückzahlen? Dann kommt *AIG* mit einer vermeintlich noch genialeren Idee als alles bisher da gewesene: Dem

- **Credit Default Swap (CDS),**

einer Kreditausfall-Versicherung.

Der bestens angesehene Versicherungskonzern *AIG* übernimmt gegen eine beträchtliche Gebühr die Garantie dafür, eine Kreditsumme zu zahlen, die bei der versicherten Bank nicht mehr einzutreiben ist. Aber es geht natürlich noch größer, noch komplexer. Warum nur Kredite garantieren und nicht auch die neuen Kreditpakete? Noch vor der Jahrtausendwende werden die ersten Versicherungen von Kreditpaketen verkauft, die Gestaltung der Prämienhöhen ist genauso kompliziert wie die Frage, ab wann ein Paket zu viele ausgefallene Kredite beinhaltet. Wohl deshalb, weil beides zusammenhängt. Aber Computer berechnen alles. Den Überblick haben irgendwann nur noch Versicherungsmathematiker.

Und irgendwann werden die Kreditpakete versichert und sogar vom Versicherer selbst verkauft. Das heißt, die Versicherungsgesellschaft selbst tritt als Anbieter von komplexen Kreditpaketen, verpackt als versichertes Wertpapier, auf. Und irgendwann werden immer schlechtere Kreditpakete versichert. Hypothekarkredite aus dem Subprime-Bereich. Also Pakete mit Krediten an Menschen, von denen man annimmt, dass sie nicht mehr zurückzahlen werden und werden können.

6.5. Die neuen Objekte der Begierde: Kläranlagen und Kanalsysteme (Das Cross-Border-Leasing)

Cross-Border-Leasing (CBL) ist Leasing über Nationalgrenzen hinweg. Leasingnehmer und Leasinggeber haben ihren Sitz also in verschiedenen Staaten. Cross-Border-Leasing findet seit Mitte der 1980er-Jahre zwischen den USA und europäischen Fluglinien oder Schifffahrt-Unternehmen und seit Mitte der 1990er-Jahre zwischen den USA und europäischen Gemeinden statt, Städte inbegriffen. Meist handelt es sich um Städte in Deutschland, Österreich, der Schweiz, aber auch in Frankreich, den Niederlanden oder Belgien. Was sind die neuen Objekte der Begierde: Schulen, Müllverbrennungsanlagen, Messehallen, Abwasserkanäle, Straßenbahnen, Schienennetze, Teile von Stromnetzen, Gas-Netze, Bürogebäude, Wasserkraftwerke, Bahnhöfe, Lokomotiven, U-Bahnen, sogar Kliniken.

Und wie funktioniert dieses grenzüberschreitende Leasing?

Nehmen wir an, eine deutsche Stadt verleast für hundert Jahre ihr Kanalsystem an einen US-Investor und mietet es umgehend wieder zurück. Der US-Investor zahlt eine beträchtliche Summe als Vorauszahlung auf eine deutsche Bank ein, die davon die laufende Miete an den US-Investor begleicht. Beide Vertragspartner können den Deal steuerlich absetzen. Der US-Investor sogar als „Investition". Für ihn ist das Steuersparen „pur". Einen Teil des

Steuervorteils gibt er der Gemeinde in Europa. Sinnvoll ist CBL also nur, wenn in den beiden Ländern, in denen es betrieben wird, unterschiedliche Steuervorschriften gelten.

Und wieder ist es die *American International Group*, die diese Geschäfte versichert. Und da AIG mit der höchsten Bewertung AAA ausgestattet ist, ist das Vertrauen von tausenden deutschen, österreichischen und Schweizer Gemeindepolitikern riesig, wenn sie in irgendeinem Büro in New York ihre Unterschrift unter diese unglaublichen, meist rund tausend Seiten dicken Cross-Border-Verträge setzen.

Doch plötzlich rutscht das Rating. Die US-Kreditkrise hat längst begonnen, AAA war einmal. Und das schon vor dem September 2008. In den dicken Verträgen hatte aber die *AIG* eine Hauptrolle gespielt: Die des Vertrauensmultiplikators. Dass sie selbst beinahe in den Abgrund stürzt, war nicht vorgesehen.

Hunderte Städte und Gemeinden brauchen eine neue Versicherung – doch woher nehmen, in einer gigantischen Finanz- und Vertrauenskrise? Und ein Ausstieg aus dem Irrsinn, was hunderte Bürgermeister wohl am deutlichsten erleichtern würde, ist wegen der extrem langen Laufzeiten nicht möglich. Gleichzeitig drängen die US-Investoren. Denn ohne *AIG* oder einen anderen Versicherer heißt es, Schadenersatz in dreistelligen Millionenbeträgen zu zahlen. Viele Gemeinden werden diese Strafzahlungen auf sich nehmen und irgendwie aus den Verträgen aussteigen.

Was wird übrig bleiben von den vielen Millionen, die gleich am Beginn des Bombengeschäfts zur Freude der Bürgermeister von irgendeinem „großzügigen" Investor aus den USA am Stadtgemeindekonto eingetroffen waren? Wenig oder nichts.

6.6. Ausgehebelt – das trügerische Vertrauen in den Hebeleffekt bei Investitionen

Zurück zu den Investmentbanken: Der so genannte Leverage-Effekt, der „Hebel", wirkt, wie schon angeführt, dann, wenn ein Investor Fremdkapital zu günstigeren Konditionen aufnehmen kann, als die Investition Rendite erzielt. Durch den Einsatz von zusätzlichem Kapital von außen steigen Gewinne und das Eigenkapital.

Deshalb nehmen immer mehr Unternehmen in dieser Zeit Kredite auf, verschulden sich, um beim großen internationalen Rendite-Fest mit den neuen Hypothekenpapieren mitfeiern zu können. Wenn alte Schulden nicht mehr bezahlt werden können, werden neue aufgenommen. Die Banken können so eine Spirale relativ lange durchhalten. Vor allem, wenn ihre Aktiva, ihr „Plus" in der Bilanz, langfristige Forderungen enthalten, etwa an die Industrie. Und ihre Passiva, ihr Minus in der Bilanz, aus kurzfristigen Schulden bestehen.

Entscheidend ist, dass diese langfristigen (!) Forderungen auch verkauft werden können. Doch wer will in einer Krise alte Wertpapiere, deren Wert an der Börse fallen kann? Muss aber eine Bank, weil sie irgendwie zahlungsfähig bleiben muss, ihre Wertpapiere vor dem regulären Ablaufdatum verkaufen und erzielt sie damit einen schlechten Preis, kann die Situation fatal werden. Dann können Banken, die an und für sich ausgeglichen – zwischen Aktiva und Passiva – bilanzieren könnten, sehr rasch illiquid werden. Und illiquid heißt bei Banken konkursreif. Oder noch klarer gesagt: Sie haben einfach kein Geld mehr, um irgendwelche Mittel zu vergeben.

Der Kreditsektor ist aber auch deshalb völlig entgleist, weil nicht nur Banken, sondern auch andere Körperschaften Kredite vergeben haben, Versicherungsgesellschaften zum Beispiel, oder die Zweckgesellschaften der Banken selbst. Die Kreditsummen *mussten* explodieren und mit ihnen die Schulden derer, die nicht mehr aufhören konnten, neue Kredite aufzunehmen, nur um auf jeden neuen Zug von Rendite-Versprechungen aufzuspringen.

Hyman Minsky hatte diesen Wahnsinn vorausgesagt. Und plötzlich war es tatsächlich aus.

Die Profis sind die ersten, die erkennen, dass immer mehr US-Bürger ihre Kredite nicht mehr zurückzahlen können. Auch keine Zinsen mehr. Sie sind pleite. Das unfertige oder gebaute Haus wird zwangsversteigert, doch auch das will niemand mehr kaufen. Die kreditgebende Bank ist aus dem Schneider. Sie hat ja das Risiko verkauft. Irgendwohin. Und dort fallen jetzt die Kurse dieses Papiers. Die Fondsmanager verkaufen zuerst. Sogar noch mit Gewinn. Das Publikum, das bisher geklatscht hat, kommt zum Schlussapplaus zu spät.

Die Profis handeln. Sie verkaufen weiter, weil sie damit *rechnen*, dass die Kurse der Hypothekenpapiere weiterfallen. Oder sie verkaufen Papiere, die sie gar nicht haben, um sie später bei viel niedrigeren Kursen zu kaufen. Mit Leerverkäufen werden auch in dieser Phase Riesengewinne gemacht. Und am Terminmarkt bieten Devisenhändler Wertpapiere an, die sie in drei Monaten zurückkaufen werden, zu einem niedrigeren Preis als heute. Natürlich damit rechnend, dass der Kurs noch weiter fällt als geplant und sie ihre „leerverkauften" Papiere noch günstiger zurückkaufen können.

Ein irrer Kreislauf mit Devisenhändlern, die vor einigen Monitoren sitzen und im Sekundentakt kaufen und verkaufen und in diesen Monaten mit dem Absturz der Finanzmärkte enorme Summen verdienen. Der einzige Markt, bei dem Angebot und Nachfrage wirklich sekundenweise ausgeglichen sind. Der Markt in seiner vollendeten Form. Ein Profitieren von der Krise.

Das Publikum hingegen, von einfachen privaten Kleinanlegern über Pensionisten, die einen Teil ihres Lebenseinkommens in die neuen Wertpapiere gesteckt haben, bis hin zu Kirchen, Gemeinden und Konzernen, beginnt zu verkaufen. In den meisten Fällen zu spät. Die letzten beißen die Hunde. Sie erleiden Verluste – enorme Verluste.

Aber noch immer erleben wir keine finanzielle Welt-Katastrophe. Deren Beginn setzt man später mit 15. September 2008 an. Eine einfache Erklärung, bei der man es sich *zu* einfach macht. An diesem Tag geht die amerikanische Investmentbank *Lehman Brothers* in Konkurs. Schuld ist – wer sonst – der Staat. Er hätte die Bank ja retten können. Ein Argument, das an die Verantwortlichkeit der Kriminalpolizei für ein Verbrechen erinnert. War da nicht zuerst ein Täter?

Natürlich hatte jeder mit dem Staat gerechnet. Ein ganzes Land, ein riesiges Bankensystem ging stets davon aus, dass sich im Ernstfall der Staat i m m e r schützend vor die Banken stellen würde. Selbstverständlich auch vor die Investmentbanken, so wie ein halbes Jahr zuvor vor *Lehmans* Branchenkollegen *Bear Stearns*, eine der Top 5-Investmentbanken, die der US-Staat in einer spektakulären Aktion im März 2008 vor dem Zusammenbruch gerettet hatte.

Schon wie 1929 und in den 1930er-Jahren ist es die „Natur des Menschen", die auch noch so große Unternehmen in den Abgrund reißen kann. In solchen Phasen wird die Absurdität der Konstruktion eines homo oeconomicus, wie ihn die Klassik und manche Neoliberale bis heute sehen, augenscheinlicher denn je. Kein Mensch auf Erden schaut, wenn er unsicher ist oder Angst hat, auf die Höhe eines Zinssatzes oder andere ökonomische Größen oder gar Formeln. Wer Angst hat, will sein Geld zurück.

Kurzer Rückblick ins Lehrbuch: In einem Staat legt die Notenbank fest, wie viel Bargeld eine Geschäftsbank als Einlagenreserven jederzeit verfügbar haben muss. Wenn zum Beispiel diese so genannte Mindestreserve mit zehn Prozent festgesetzt ist, so bedeutet das, dass die Bank eine Notenbankgeld-Reserve von mindestens zehn Prozent ihres gesamten Bestandes von Sichtkonten bereithalten muss. Auf einer Basis von 100 Euro Bargeld können daher Konten bis zu 1000 Euro geschaffen werden. Diese

Konten berechtigen die Konteninhaber (Anleger und Kreditnehmer) jederzeit Bargeld abzuheben. Ein relativ geringer Bargeldbestand genügt normalerweise, da der überwiegende Teil des Zahlungsverkehrs über Konteneinträge abgewickelt wird. Nur ein kleiner Teil der Konten wird in Bargeld umgetauscht, das dann auch zu einem großen Teil wieder in den Bankensektor zurückkehrt.

Solange Millionen von Kontenbesitzern der Überzeugung sind, dass einer Bank, und schon gar nicht meiner, etwas passieren kann, funktioniert das System auch. Nicht selten jahrzehntelang. Vielleicht auch noch, wenn erste Pleitegerüchte über diese Bank auftauchen. Immerhin haben wir ja einen starken Staat, oder nicht?

Aber es kann eine einzige Minute an einem einzigen Tag in einem einzigen Jahr geben, an dem plötzlich zu viele zugleich dasselbe denken: Was, wenn mein Institut doch bankrott geht? Etwa, weil schon wieder ein Hegdefonds Milliarden Dollar aus meiner Bank abgezogen hat und sich das in einer total vernetzten Informationswelt mit Agenturen, Internet, Fernsehen und Radio einfach nicht mehr geheim halten lässt, sondern in internetzscher Windeseile herumspricht?

In dieser dramatischen Minute bricht alles zusammen. Es kommt zum berühmt berüchtigten „Bank Run". Zu viele Menschen wollen gleichzeitig ihr Geld zurück. Nicht nur zehn von hundert – sondern vielleicht zwanzig von hundert oder überhaupt alle. Die Reserven sind innerhalb von Stunden aufgebraucht, auch wenn es fast zwanzig Milliarden Dollar gewesen sind, so wie bei *Bear Stearns* im März 2008. Das Institut steht vor der Pleite, so wie *Lehman Brothers* sieben Monate später. Der Unterschied: Pleitefall I wird gerettet. Pleitefall II nicht mehr.

Der Anlass für die zweite Weltwirtschaftskrise nach der ersten in den 1930er-Jahren? Vielleicht. Die Ökonomen werden Jahre brauchen, um mit vielen mathematischen Modellen die „Wahrheit" zu finden, oder sie gerade damit auch nicht zu finden. Vielleicht hat man in dieser zweiten Weltwirtschaftskrise in manchen Ländern auch die falsche Industrie gerettet: Etwa die Autoindustrie. Die Politik sieht oft lieber das Reale, das Bestehende, das zum „Anfassen", als eine Investition in die technologische Zukunft, etwa in eine ökologische Revolution. Autos sind wichtig, Hersteller von Autos noch mehr, und die Millionen Beschäftigten dort und in den damit verbundenen Zulieferfirmen sowieso. Stimmt. Nur ist eine kapitalistische Wirtschaft so konstruiert, dass am Beginn die Bank steht. Sie gilt als die Basis des Geldsystems. Und ohne Geld keine Musik, wie es in Österreich so schön heißt.

Dennoch bleibt die US-Regierung bei *Lehman-Brothers* hart. Damals ist noch der Republikaner George Bush US-Präsident. *Lehman* hatte besonders riskante Geschäfte gemacht, mit besonders viel Fremdkapital. Offenbar wollte man ein Exempel statuieren. Vielleicht war das auch richtig. Möglicherweise haben die Banken ja auch deshalb so viel riskiert, *weil* im Hinterkopf ein Gedanke immer dabei war: Dass am Ende der Geschichte immer ein „bail-out" stehen werde: Die Schuldenübernahme und Tilgung oder Haftungsübernahme durch Dritte, insbesondere durch den Staat. Auch (!) wenn das betroffene Unternehmen zuvor eindeutige „Fehler" gemacht hat.

8. Die Finanzkrise wird „real“ – Das Überschwappen auf alle Märkte und die nahezu globale Rezession

Mindestens dreitausend Milliarden Euro werden im Kasino der ABS, MBS, CDO und wie die Spiele alle heißen, verloren (Stand Sommer 2009). „Na und?“ – könnte man ja *auch* meinen. Wer spielt (spekuliert), ist selbst schuld. Solange es mich nicht trifft.

Als bereits in Deutschland und in Österreich die ersten Banken krachen, wird noch immer fleißig an der Illusion gebastelt, dass eine Finanzkrise eine Finanz-Krise und keinesfalls eine des Güter- oder Dienstleistungsmarktes sei. Aber es wird die schlimmste Wirtschaftskrise seit den 1930er-Jahren. Auf *allen* Märkten: Auf den Kapitalmärkten ohnehin, auf den Güter- und Dienstleistungsmärkten, auf den Arbeitsmärkten. Nicht nur in den USA. Nicht nur in Europa.

Weltweite Talfahrt (Ende 2008)

Und warum?

Natürlich konnten sich auch stinknormale Produktionsbetriebe dem Rendite-Wahnsinn der Banken, Versicherungen und Kapitalgesellschaften nicht entziehen. Wenn die Deutsche Bank 25 Prozent Rendite verspricht, warum sollte es dann etwa ein global agierender Elektrokonzern nicht schaffen? Die Aktionäre verlangten ordentliche Dividenden.

Erfüllt werden konnte das – zum Teil – nur, weil auch Unternehmen der realen Wirtschaft in die Spekulation mit Wertpapieren eingestiegen waren. Immer wieder hört man Scherze, die so beginnen: „Kennst Du eigentlich diesen Finanzkonzern, der nebenbei auch einige Elektroprodukte erzeugt …?" Gemeint ist in diesem Fall ein Elektro-Konzern, der angeblich mehr Geld mit Spekulationen verdient, als mit dem Verkauf von Elektroprodukten. Zynische Bemerkungen über „reale" Produzenten sind in den letzten Jahren auf viele Branchen anwendbar und symbolisieren die Verschiebung vom Realen hin zur Abstraktion, vom Produkt zum Angreifen hin zu einem komplexen Finanzprodukt.

Unter den Banken in Europa hatten ohnehin die meisten jede Investment-Scham verloren. Viele von ihnen haben sich immer mehr von der Realwirtschaft und ihrer Kreditgeberfunktion für diese ab- und zur Spekulation hingewendet. Verschärft hat sich auch das Problem, dass Industrieunternehmen Kredite nicht mehr gewährt werden, weil man das Geld für höhere Dividendenzahlungen an die Aktionäre braucht.

Die Neoliberalen sehen die Verantwortung für das Desaster vor allem bei zwei Männern. Beim demokratischen US-Präsidenten Bill Clinton und beim damaligen Chef der US-Notenbank, Alan Greenspan. Clintons Idee, jeder Amerikaner solle sich sein Eigenheim leisten können, sei purer Wahnsinn gewesen und Alan Greenspans Politik des billigen Geldes habe diesen Wahnsinn erst ermöglicht. Greenspan selbst hat übrigens später gemeint, dass er die Gier der Menschen unterschätzt habe.

Der Feuerwehr im Brandfall vorzuwerfen, dass sie zu viel Löschwasser verschwendet habe, ist allerdings auch zynisch. Denn man darf nicht vergessen, dass die Zinssenkungspolitik von Greenspan eine Reaktion gewesen war. Sie sollte den Konjunktureinbruch vor der Jahrtausendwende mit niedrigen Zinssätzen, die Investition und Konsum (auf Kredit) auslösen sollten, „löschen", was zum Teil ja auch gelungen war.

Eine österreichische Wirtschaftspsychologin, die Universitätsprofessorin Linda Pelzmann, hat dazu eine zwar nicht ganz neue, aber doch sehr interessante These aufgestellt. Schuld an allem sei der Aufschwung. Zur „größten Vernichtung von Vertrauenskapital seit hundert Jahren" sei es durch die gigantischen Erfolge gieriger Menschen gekommen, die „niemand gebremst hat, weil alle davon profitiert haben". Auch Hyman Minsky hat davon gesprochen, dass das Problem schon im Übermut entstehe. Zu viel Vertrauen in eine ewig florierende Wirtschaft sei gefährlich, weil die Risiken unterschätzt würden.

Vertrauen und Massenspekulation sind vermutlich auch die Schüsselworte zur Erklärung, weshalb eine Häuser- und Kreditkrise in *einem* Land, wenn auch dem ökonomisch stärksten der Welt, auf die Realwirtschaft in fast allen Ländern übergreifen konnte. Kreditfinanzierte Massenspekulation muss man betonen. Schon in den USA war es vermutlich der Übermut. Wenn mir ein Haus gehört, oder bald gehört und ich beobachten kann, dass es im Wert ohne Unterbrechung steigt, könnte ich ja Dinge, die ich erst in zwei, drei Jahren kaufen wollte, schon heute besorgen. Etwa ein neues Auto. Wenn ich besonders risikofreudig bin, wage ich vielleicht derartige Vorziehkäufe sogar dann, wenn mir das Haus noch überhaupt nicht gehört, sondern vielleicht erst in zwanzig Jahren, wenn ich den Bankkredit zurückbezahlt habe.

Was machen in dieser Situation die US-Autofirmen? Sie investieren und produzieren noch mehr. Und dann – wir wissen es schon: Minsky! Gleich dahinter – Preissturz! Dann geht es Schlag auf Schlag. Aus der Immobilienkrise wird eine Bankenkrise (*Lehman Brothers*), weil Kredite nicht mehr zurückgezahlt werden und neue Kreditangebote mit „Top-Konditionen" niemanden mehr interessieren. Aus der Bankenkrise wird eine Versicherungskrise (*AIG*), weil niemand Kredite versichern will, die es nicht mehr gibt. Aus allen drei Krisen wird eine Autokrise (*General Motors, Chrysler*), weil niemand mehr ein neues Auto will. Da die Kreditpakete aber weltweit unterwegs gewesen sind, kommt auch die ganze Welt dran. 2008 endet als finanzielle Katastrophe.

Aber blicken wir zunächst nochmals einige Monate zurück, in das Frühjahr 2008 – in den USA wissen bereits alle, dass eine enorme Immobilien- und Kreditkrise das Land erschüttert. Doch wie denkt Europa?

Wenige Stunden vor einem umstrittenen EU-Minigipfel in Berlin, an dem zum Ärger der anderen 23 Mitgliedsländer nur Deutschland, Großbritannien, Frankreich und Italien zusammenkommen, schreibt die Nachrichtenagentur Reuters am 29. Jänner 2008: „Große vier EU-Länder sehen keinen Bedarf für Konjunkturstütze" – und weiter: „Europa kann die Krise an den internationalen Kapitalmärkten nach Auffassung der vier großen EU-Länder ohne ein Konjunkturprogramm nach US-Vorbild bewältigen. Vor einem Spitzentreffen am Dienstagabend in London hieß es in der deutschen Bundesregierung, ein Hilfspaket sei von keiner der teilnehmenden Regierungen gefordert worden". Im Entwurf der Abschlusserklärung heißt es: „Zwar haben die Finanzmarktturbulenzen die Risiken für die Konjunktur erhöht. Die Wirtschaftslage in Europa ist aber weiterhin gut. Es wird keine Notwendigkeit für eine konjunkturelle Stimulierung gesehen." Die Debatte in den USA lasse sich eben nicht eins zu eins auf Europa übertragen: „Da gibt es deutliche Unterschiede."

Der Weiterverkauf der Kreditpakete in die gesamte Welt führt in der westlichen Welt und in China zunächst zu Bankenkrisen. Das bedeutet weniger Liquidität und in der Folge weniger Kredite für die Wirtschaft. Dort treffen Nachfragerückgänge und Finanzprobleme zusammen, die Produktion wird zurückgefahren, viele Firmen kollabieren. Daraufhin schrumpft der Welthandel in unglaublichem Tempo. Alles zusammen bedeutet: Immer mehr Arbeitslose. All das wenige Monate nachdem Politiker, selbstverständlich nicht nur in Deutschland und Österreich, sondern am gesamten Kontinent, gemeint hatten: Das ist eine amerikanische Krise. Uns wird sie kaum treffen. Europa bleibt verschont.

Ende 2008 ist die Realwirtschaft der halben Welt voll getroffen. USA, Europa, dann Japan und auch China, wobei dort die Wirtschaft weiterwächst, schwächer zwar, aber keine Spur von Rezession. Die Aktienmärkte stürzen ab. Mit ihnen die Rohstoffmärkte. Fast alle Autokonzerne haben Absatzeinbrüche ab zwanzig Prozent und mehr. Die Länder schlittern in eine Rezession. Ein Begriff, der übrigens auch unter Ökonomen nicht immer gleich definiert wird. Die derzeit gängigste Beschreibung lautet: Wenn die Wirtschaft in zwei aufeinanderfolgenden Quartalen schrumpft, spricht man von einer Rezession.

Was sind nun also – abgesehen von der oberflächlichen Argumentation der Globalisierung selbst – die wichtigsten Ursachen dafür, dass eine auf ein *Land* beschränkte Finanzkrise (zu der es ja von Mexiko bis Thailand in den letzten dreißig Jahren immer wieder gekommen ist), gerade diesmal die (nahezu) gesamte reale Wirtschaftswelt getroffen hat?

- **Ursache Kreditmarkt**
  Diesmal hat alles am Kreditmarkt begonnen und nicht wie bisher gewohnt auf den Aktien- oder Devisenmärkten. Übermut und Zusammenbrüche auf Kreditmärkten treffen die Realwirtschaft deutlich heftiger.

- **Ursache kurzfristig / langfristig**
  Zu viele Banken haben mit kurzfristig geliehenem Geld zu viele langfristige Kreditpakete gekauft. Das geht solange gut,

bis in einer Krise die Liquidität von Banken einbricht und der „reale" tödliche Kreislauf beginnt.

- **Ursache „Ware" Geld**
  Die Finanzbranche war und ist innovativer als die handfesten Branchen der Güterproduktion. Geld ist selbst zur Ware geworden. Unternehmen wissen nicht mehr, ob sie mehr produzieren oder mehr spekulieren sollen. Banken wissen nicht mehr, ob sie Werbeagenturen für gut klingende Anlagepakete oder doch ein Markplatz für Ersparnisse und Investitionen sind.

- **Ursache strukturelle Schwachstellen der „alten" Industrieländer und Import/Export-Ungleichgewichte**
  Vor allem in den USA, zum Teil aber auch in Europa, wird noch immer in rückläufige Industriezweige investiert, oder zumindest in Industrien, die in China, Japan oder Indien sowohl technisch moderner produzieren als auch in zukunftsträchtigere Produkte investieren. So kommt das erste Hybrid-Auto aus Japan und eben nicht aus den USA oder aus Europa. Dazu kommt, dass Asien immer mehr exportiert und die USA in ihrem Konsumrausch der letzten Jahre immer mehr importiert – und das auf Kredit.
  Bei den Kapitalströmen läuft es umgekehrt. Die tausenden Milliarden Dollar, die China an Exporterlösen angehäuft hat, hat es zu einem großen Teil wieder in den USA investiert. Diese Investitionen treiben die Anleihen-Kurse in den USA in die Höhe – die Rendite sinkt (höhere Kurse bei gleichbleibender Fixverzinsung bedeutet, dass der Ertrag fällt). Chinas Milliarden machten und machen es möglich, dass die Amerikaner über ihre Verhältnisse leben, schreiben heute einige Ökonomen.
- **Ursache Wachstum**
  Asien wächst stark – der Westen wächst kaum oder stagniert (und schrumpft in der Krise).

- **Ursache künstliche Bedürfnisse**
  Jean Baptiste Say – wir erinnern uns: Eine Welt, in der nur noch Bedürfnisse geschaffen werden, die zuvor nicht vorhanden gewesen sind und in der sich überhaupt niemand mehr um die noch nicht befriedigten Bedürfnisse kümmert, wird auf Dauer in Schwierigkeiten geraten.

Nochmals – hier sprechen wir nicht von den Ursachen der Finanzkrise sondern nur von Erklärungsversuchen für das Überschwappen der Krise auf die realen Märkte. Deshalb fehlen in dieser Aufzählung auch die schon in den vorigen Kapiteln genannten Faktoren, wie die enorme Ausweitung der Geldmenge, die Auswüchse an den Finanzmärkten oder die zahllosen anderen Gründen für jene Krise, die schon 2007 begonnen hat.

Kapitel IV

Doch ein Comeback von Keynes?

1. Die Geschichte wiederholt sich als Farce – Jetzt wollen auch Neoliberale den Staat

Gewinne privatisieren, Verluste verstaatlichen – jaja!

Die Häme der Postkeynesianer könnte größer nicht sein. Nicht ganz zu Unrecht: Jahrzehntelang hatten neoliberale Wirtschaftspolitik und diese stützende Ökonomen den Staat verschmäht, jetzt sollte er für die Verluste geradestehen und helfen. Milliardengeldspritzen an Banken, riesige Pakete mit Bankgarantien, hunderte Milliarden schwere Konjunkturpakete von USA bis Europa. Staat, Staat, Staat … auf einmal sollte er überall Rettungsengel spielen. Und die wichtigsten Industrien sollte er auch noch retten. Vor allem die Autoindustrien zwischen Deutschland und den USA.

Plötzlich zählte nichts mehr, was als eiserne Regel (die zwei Maastricht-Kriterien etwa) gegolten hatte. Neue Defizite: egal. Rekordverschuldungen: egal. Wettbewerbsverzerrungen, Einschränkungen des freien Marktes durch staatliche Hilfen oder gar durch Teil- und Vollverstaatlichungen von Banken: (fast) egal.

Und plötzlich war er wieder da: John Maynard Keynes. „Keynes is back“ und „Are we all socialists now?“ schrieben Nachrichtenmagazine und Keynes‘ *General theory* oder Minskys Krisentheorien lebten in Internetforen ganz schnell wieder auf. Sogar Marx wurde bemüht. Die Ökonomie-Welt stand und steht noch immer Kopf.

Doch derzeit läuft die Entwicklung sehr einseitig. Neoliberale wollen mehr Staat, doch welches „mehr“ dürfen Keynesianer verlangen? Zum Beispiel mehr Rücksichtnahme in der Beschäftigungspolitik? Mehr Rücksichtnahme von Arbeitgebern auf die

Schicksale von Beschäftigten, den eigentlichen Leidtragenden einer realen Weltwirtschaftskrise, wobei das „dicke Ende", also die riesigen Arbeitslosenheere noch gar nicht eingetroffen sind. Einige Bespiele für den Preis, den der Staat aus der Sicht von Postkeynesianern zumindest kurzfristig für seine Rettungsaktionen verlangen sollte:

- Der Staat selbst wird sich, wenn er schon mit Milliardenspritzen und enormen Garantien hilft, auch personellen Einfluss verschaffen müssen. Etwa – schon aus psychologischen Gründen – einen Vertreter im Aufsichtsrat des gestützten Unternehmens.
- Eine neue Wirtschaftspolitik, die angeblich den Staat wieder ernst nimmt, wird sich auch mit der Frage der Unabhängigkeit der Notenbanken beschäftigen müssen. Soll sie wirklich ohne jedes Mitspracherecht der Politik agieren können? Darf sich eine Europäische Zentralbank in einer neuen ökonomischen Sichtweise tatsächlich vorwiegend um das Ziel der Preisstabilität kümmern?
- Auch mit multinationalen Konzernen muss anders umgegangen werden: Bis zur explodierenden Globalisierung gab es in einer Volkswirtschaft eine Art gentlemen's agreement, einen Kreislauf des Vertrauens. Der Unternehmenssektor hat einen bestimmten Einfluss auf die Arbeitnehmer, die Gewerkschaften auf die Unternehmen. Gleichzeitig haben die Arbeitnehmer versucht, Einfluss auf den Staat zu nehmen, etwa in Fragen der Sozialpolitik. Der Staat hat von den Arbeitnehmern Steuern verlangt. Dafür haben die Arbeitnehmer auch erwartet, dass der Staat im Notfall einspringt. Ein durchkomponiertes Geben und Nehmen.

Mit transnationalen Konzernen funktioniert dieses System nicht mehr. Natürlich kann der Arbeitnehmer auch in diesen weltweit agierenden Konzernen versuchen, seine Interessen durchzusetzen. Sein Problem: Der Staat wird ihn immer weniger dabei unterstützen, denn der Konzern hat ein neues Drohpotenzial – das der Abwanderung. Das „Geben und Nehmen“ ist unterbrochen. Das Unternehmen hat viel Macht dazu bekommen. Und noch mehr Macht, wenn das Unternehmen gebündelt innerhalb einer Gesamtbranche auftritt. Dazu kommt Lobbying, in der Hauptstadt des „geeinten“ Europas ein von Jahr zu Jahr bedeutender werdender Wirtschaftsfaktor. Ein EU-Kommissar, der in Brüssel gegen die gesamte deutsche Autoindustrie auftreten will, wird kein langes politisches Leben haben. Hier schließt sich der Kreis zwischen Politik und Ökonomie.

Der Neoliberalismus braucht freie Grenzen, freie Dispositionsmöglichkeiten über die ganze Welt hinweg. Er braucht keinen Staat, schon gar keinen Staat, der hohe Unternehmenssteuern verlangt. Auch keinen Staat, der eine effiziente Politik der Zölle andenkt. Da wandert man schnell ab. Jedes multinationale Unternehmen hat innerhalb kürzester Zeit die Möglichkeit, anderswo Kredite zu bekommen, und anderswo Steuern zu zahlen. Der Staat ist zum Bittsteller geworden.

Manche gehen so weit, dass sie Unternehmen mit einem „Null-Steuer“-Versprechen anlocken. Nicht irgendwo auf einer Pazifik-Insel – zuletzt im EU-Land Schweden. Dass einige Großkonzerne auch nicht mehr davor zurückschrecken, einfach keine Arbeitgeberbeiträge mehr zur Sozialversicherung zu zahlen, ist ein gar nicht mehr so gut gehütetes Geheimnis.

Immer öfter willigen auch Gewerkschaften in drastische Lohnsenkungsprogramme oder sogar in kurzfristigen Lohnverzicht ein, um nur nicht für die Abwanderung des Unternehmens in ein Niedrig-Steuerland verantwortlich gemacht werden zu können. Was bestimmte Konzerne nach Ablauf einer bestimmten Frist nicht daran hindert, das Werk dennoch zuzusperren um weiter in Richtung Osten abzuwandern. Nicht, weil man Verluste geschrieben hat, sogar saftige Gewinne sollen es gewesen sein. Aber das Nachbarland hatte eben mit den so genannten „Standortvorteilen“ gelockt. Manager antworten dann meist gleichlautend: „Ich habe die Aufgabe, den höchstmöglichen Gewinn und nicht die höchstmögliche Beschäftigung zu schaffen."

Und sie drehen die Argumentation um. Hätten sich die Gewerkschaften nicht jahrelang so aufgespielt und viel zu hohe Löhne unter anderem durch öffentlichen Druck erzwungen, wären die Lohn- und vor allem die Lohnnebenkosten nicht explodiert und eine Abwanderung wäre nicht notwendig gewesen. Die Politik schaut machtlos zu. Nicht einmal weitere Subventionen kann sie versprechen. Denn da würde in vielen Fällen die EU-Kommission einiges dagegen haben.

Am Beginn stand, wie wir gesehen haben, Margaret Thatcher. Ihr war es gelungen, das Land mit den damals stärksten Gewerkschaften Europas umzudrehen. Der Bedeutungsverlust der Arbeitnehmervertretungen erfasste im Laufe der Jahre den gesamten Kontinent. Bei Lohnverhandlungen wirken Gewerkschaften heute nur noch „verstärkend" oder „dämpfend". Ein Lohnkampf für vielleicht doch eine Spur höhere Löhne im Aufschwung. Ein Lohnkampf für vielleicht nicht ganz so stark sinkende Löhne im Abschwung. Ein oft verzweifelter Versuch, herauszuholen, was noch herauszuholen ist. Natürlich ist hier Verallgemeinerung nicht zulässig. Die Macht des Betriebsrates ist von Betrieb zu Betrieb unterschiedlich. Aber der Bedeutungstrend nach unten ist ein Faktum.

Die Gewerkschaften haben sich längst ein neues Betätigungsfeld gesucht, das auf den ersten Blick wenig spannend erscheint: Das Spielfeld der Spielregeln. Sie haben erkannt, dass sie nicht im Betrieb, sondern bei der Wurzel ansetzen müssen: Bei der Politik selbst mit ihren internationalen Spielregeln und Rahmenbedingungen. Dass es ausschließlich der Politik und hier der international vernetzten Politik möglich sein werde, mit neuen Spielregeln die totale Globalisierung durch transnationale Konzerne, die Staat und Politik nur noch als lästiges Hindernis für den wirklich großen, freien Markt sehen, zu beschränken.

Doch was können nationale Gewerkschaften gegen internationale Konzerne erreichen? Sehr wenig bis nichts. So marschieren sie heute oft gemeinsam: Globalisierungsgegner und europäische Gewerkschaften. Ob das vor allem der gewerkschaftlichen Idee wirklich gut tut, darf angezweifelt werden. Wie auch immer – die Gewerkschaften haben ihren Einfluss in diesen dreißig Jahren neoliberalen Wirtschaftsdenkens tatsächlich so stark verloren, wie nie zuvor.

Einer, der die dominante Rolle von Konzernen vorausgesehen hat, war der österreichische Ökonom Joseph Alois Schumpeter. Noch vor Beginn des ersten Weltkrieges prognostizierte er die Entstehung großer Konzerne, die sich am Ende mit den gleichen Problemen herumschlagen werden, wie ein Staatsbetrieb. Vor allem mit Bürokratie, während den ursprünglichen Unternehmer, den Entrepreneur, noch Kreativität und Erfindungsgeist gekennzeichnet hätten.

In diesem Punkt hat Schumpeter geirrt, weil er die Auswirkungen des Wettbewerbs unterschätzt hat. Große Konzerne können größer dimensioniert forschen und auch der Wettbewerbsdruck wird zu besseren technischen Entwicklungen und Produkten führen. Was eindeutig für Schumpeters Lehre spricht, ist sein Glaube an eine dynamische Wirtschaft, während die anderen Ökonomen bis zu diesem Zeitpunkt nur statische Modelle beschrieben haben. Ein guter Ökonom muss Statistik, Geschichte und Soziologie können, sagte Schumpeter, und über sich selbst meinte er: „Ich möchte ein guter Ökonom, ein guter Reitersmann und ein guter Liebhaber sein." In zwei Fällen habe er sein Ziel erreicht, aber in welchen, hat er nie verraten.

Für die Ökonomie als Wissenschaft stellt die zweite Weltwirtschaftskrise einen Bruch dar. Nach rund dreißig Jahren monetaristischer und neoliberaler Mainstream-Ökonomie an den Universitäten und in den wirtschaftspolitischen Abteilungen der Regierungen hat das Rufzeichen das Fragezeichen abgelöst. „Markt!" ist 2009 von „nur Markt – sonst nichts?" abgelöst worden. „Keynes" und „Staat" werden wieder in „Erwägung gezogen", wenn auch mit Einschränkungen. Zwar begrüßen wie erwähnt auch liberale Ökonomen und Politiker die milliardenschweren Konjunkturpakete, nicht aber ohne wieder zu warnen: „Nicht allzu große staatliche Pakete schnüren!“, denn am Ende stünde die Hyperinflation.

Die Argumentation ist ein „alter Klassiker“. Alles, was jetzt an Nachfrage erzeugt werde, sei nur künstlich geschaffene Nachfrage, in die Wirtschaft gepumptes Geld, das die Konjunktur nur kurzfristig anheizen, die Preise aber langfristig erhöhen werde.

Keynesianer betrachten diese Gefahr differenzierter: Die Unsicherheit der Wirtschaftsteilnehmer sei so groß, dass das „frische“ Geld ohnehin nicht sofort in den Konsum oder eine Firmeninvestition fließen werde, sondern zumindest ein Teil dazu dienen werde, die eigenen Budgets zu sanieren. Im privaten Haushalt und in der Unternehmensbilanz. Vor allem Banken würden die Milliarden ohnehin vorwiegend zur Sanierung ihrer angeschlagenen Bilanzen verwenden.

Befürworter der Rettungspakete halten diese deshalb für noch viel zu klein und sehen ein anderes Problem: Die Banken geben das frische Geld nicht, sehr zögerlich oder mit viel zu hohen Zinssätzen und strengen Auflagen an die Wirtschaft weiter. Man spricht von einer Kreditklemme.

Die Postkeynesianer warnen: Einfach „nichts tun“ könne jedenfalls nicht die einzige Reaktion der Politik sein. Wenn Neoliberale meinen, dass es grundsätzlich die beste aller Lösungen sei, krisengeschüttelte Konzerne pleite gehen zu lassen, so gebe es dafür kein zwingendes Argument, außer, dass es der freie Markt so verlange. Notwendig hingegen seien politische, regionalpolitische, ökonomische, soziale und ökologische Überlegungen, die ein Expertengremium anstellen könne. Aber zu erwarten, dass allein der Markt und niemand anderer als der Markt derart komplexe Fragen lösen könne, sei Schwachsinn.

Der entscheidende Unterschied zwischen Ländern, die in den letzten Jahren eher neoliberale Politik betrieben haben und solchen, die den Staat „leben“ ließen (etwa einige skandinavische

Länder) sei nicht die Frage „Ja zum Staat" oder „Nein zum Staat", sondern dass Staatsinterventionisten ihre Thesen vielleicht behutsamer formulieren: Sie sagen nicht, der Staat *muss* eingreifen, sie wollen nur sicherstellen, dass er eingreifen *darf*, wenn es notwendig ist. Und man könne ihn ja auch wieder bremsen, wenn er zu weit gegangen ist.

„Zu sagen, dass Nichtintervention die beste Intervention auf höherer Ebene ist, ist Unsinn" (Kurt Rothschild über die Neoklassik, Juni 2009).

Die Politik selbst hat also aus der ersten Weltwirtschaftskrise in den 1930er-Jahren durchaus gelernt. Auf mehreren Ebenen: Durch die milliardenschweren Banken-Garantiepakete in Europa wird auf diesem Kontinent der gefährliche „Run" auf die Banken verhindert. Die Banken erhalten Staatsdarlehen, um sich sanieren zu können. Eine Überbrückungshilfe. Nicht mehr, aber auch nicht weniger.

Vor allem aber wird der Bankenrun durch die so genannten Einlagensicherungen gezügelt. Zunächst erfolgen diese Sicherungen etwas zögerlich, mit bestimmten Obergrenzen, dann aber doch auf alle Beträge, die die Menschen auf den Sparbüchern liegen haben. Der Staat garantiert für eine bestimmte Zeit, dass dieses Geld jederzeit in vollem Umfang abgehoben werden kann. Wobei im Zusatz „auf bestimmte Zeit" aus heutiger Sicht ein Gefahrenpotential liegt. Wenn, wie in einigen Ländern, die Garantiesummen wieder heruntergesetzt werden, kann das nach wie vor einen „Banken-Run" auslösen.

Noch kein wirkliches Rezept ist gegen die Kreditklemme gefunden. Die Banken können nicht gezwungen werden, das frische Geld als Kredit weiterzugeben. Und wenn, dann wie angeführt zu deutlich höheren Zinsen, wohl auch deshalb, weil die Risikoprämien gestiegen sind.

Als Risikoprämie bezeichnet man den Zinsaufschlag, den der Kreditgeber für ein Investment in risikoreiche Kapitalanlagen fordert. Je größer das Verlust- oder Ausfallrisiko ist, desto höher wird der Aufschlag sein. Als Ausgangspunkt dient die Verzinsung von (sicheren) Staatsanleihen. Institutionen mit einer schlechteren Bonität müssen, wenn sie Anleihen emittieren, eine entsprechend höhere Verzinsung zahlen, weil der Anleger ansonsten die weniger risikoreiche Bundesanleihe bevorzugen würde. Heute spielt nicht Gier eine Hauptrolle, sondern Angst. Erstens wollen die Banken endlich ihre Eigenkapitalbasis wieder in Ordnung bringen und zweitens sind die Zweifel, ob der Schuldner tatsächlich auch zurückzahlt, mitten in einer Rezession verständlicherweise groß. Das Eigenkapital ist natürlich auch wegen der enormen Kursrückgänge am Wertpapiermarkt deutlich geschrumpft, umso weniger sind Banken bereit, für aus ihrer Sicht zu riskante Geschäfte Geld zu verleihen.

Vor allem aber hat die Wirtschaftspolitik heute eines gelernt: Der alte „Klassiker“: „Die Zeiten sind schlechter, darum lasst uns alle den Gürtel enger schnallen, am besten Private, Firmen *und* Staat“ – gilt nicht mehr. Die Folgen eines derartigen Verhaltens waren schon einmal fatal. Heute weiß man, dass in diesen Weltkonjunktur-Phasen der Staat die Aufgabe hat, der ausfallenden Nachfrage und der ausfallenden Kreditbereitschaft der Banken etwas entgegen zu setzen und nicht, diese Negativspirale auch noch zu beschleunigen.

An diesem Punkt einer Weltrezession angelangt, entscheidet sich die weitere Entwicklung. Es ist eine Weggabelung. Bleiben Unsicherheit und Misstrauen die bestimmenden Komponenten einer globalen Befindlichkeit, kommt die jahrelange Depression. Ökonomisch bedeutet sie ein nicht mehr Herausfinden aus dem wirtschaftlichen Abschwung. Gelingt es hingegen durch die erwähnten Stützungsmaßnahmen von Milliardenpaketen bis zur Einlagensicherung wieder Vertrauen in die Banken herzustellen, kann eine Weltrezession zeitlich begrenzt bleiben.

Die Wirtschaftspolitik hat aus einer ähnlichen ökonomischen Katastrophe, achtzig Jahre zuvor, noch etwas gelernt: Der Markt allein wird eine Umkehr nicht schaffen.

Was man bis heute nicht weiß, ist, wie intensiv der Staatseingriff sein muss. Denn natürlich ist jedem noch so begeisterten

Keynesianer oder linkem Ökonom auch klar, dass der Staatshaushalt tatsächlich große Probleme bekommen wird. Die Rückzahlungen der Schulden bedeuten eine große Belastung, das Hinausschieben der Rückzahlungen führt hingegen zu einer ständigen Belastung durch hohe Zinszahlungen. Und je größer die Milliardenbeträge, die ein Land jährlich an Zinszahlungen zu leisten hat, desto weniger Geld bleibt diesem Staat für die Finanzierung von Sozialausgaben oder den Bau von Schulen, Straßen, Tunnels usw. …

Wirtschaftsforscher sehen Lawinen von Zinszahlungen auf die hochverschuldeten Länder zurollen. So wird etwa für Österreich befürchtet, dass ab 2012 jährlich fast ein Drittel aller Staatseinnahmen mit der Rückzahlung der Zinsen auf Staatsverschuldung „verloren" gehen könnte. Auf der Strecke bleiben Investitionen in die Zukunft. Leidtragende sind die nächsten Generationen. Alternativen zur schützenden Funktion des Staates in Rezessionen sucht man in den Lehrbüchern allerdings auch vergebens.

Und was macht eigentlich der Konsument? Er macht sich anscheinend keine Sorgen. Noch nicht. Offensichtlich haben in diesem Punkt die Neoklassiker Recht. Zumindest bis jetzt. Denn es ist keineswegs so, dass im ersten Jahr der Weltwirtschaftskrise mit Konsumverzicht reagiert worden ist. Ausnahme sind die Absatzrückgänge bei Autos. Aber auch hier genügen offenbar relativ geringe (im Verhältnis zum Gesamtpreis eines Autos) „Abwrack-" oder „Verschrottungsprämien", um den Kauf wieder anzukurbeln.

Keynes war in seiner Konsumfunktion davon ausgegangen, dass Konsumenten mit fallendem laufenden Einkommen weniger konsumieren würden. Trotz steigender Arbeitslosigkeit und Hunderttausenden Kurzarbeitern geht aber der Konsum in Summe noch nicht zurück. – Was eher für die Lebenseinkommenstheorie der Neoklassiker spricht.

Psychologisch ist das Verhalten der Konsumenten einleuchtend. Der Konsum in einer bestimmten Periode wird auch beeinflusst vom Konsum (!) in der vorangegangen Periode. Auch wenn man weiß, dass das Einkommen gesunken ist, will man das bisherige Leben weiterführen und sei es durch Zugriff auf das Ersparte.

Dieses Buch wird erschienen sein, wenn wir vielleicht die Antwort auf die Frage nach dem Konsumverhalten wissen. Am Ende wird höchstwahrscheinlich der Einbruch stehen – sagen die Postkeynesianer und befürchten die Regierungen. Denn irgendwann ist auch das Ersparte aufgebraucht und Dinge, die jetzt in Frage gestellt werden (siehe Kapitel: „Das Ende der Selbstverständlichkeiten“), werden früher oder später eindeutig beantwortet werden. Etwa: „Nein, ich mache dieses Jahr keinen längeren Urlaub, ich kann ihn mir nicht leisten.“ Jedenfalls geraten Konsumenten in einen enormen Zwiespalt. Auf der einen Seite der ständige Aufruf der Politik: „Jetzt nicht sparen, jetzt kaufen! Sonst geht unsere Wirtschaft unter.“ – auf der anderen Seite die Vernunft: „Ich *kann* und eigentlich *will* ich auch nicht nur kaufen und kaufen. Das geht nicht mehr lange gut.“ Ökonomen helfen angesichts dieses Dilemmas nicht.

Der Keynesianer sagt: Was zählt, ist die Makroökonomie. Also der Gesamtstaat. Wenn jetzt alle sparen, befördern wir uns selbst in die Katastrophe. Der Neoliberale sagt: Was zählt, ist die Mikroökonomie. Jeder einzelne Haushalt, der jetzt nicht spart, gefährdet sich und seine Familie. Nochmals: Wenn in einem Theater einer aufsteht (spart), um besser zu sehen, ist es egal, stehen (sparen) alle, sieht niemand besser (bricht der Gesamtkonsum ein).

Um keine Missverständnisse aufkommen zu lassen: Keynes will natürlich *nicht* jede Familie ins Unglück treiben. Es geht ihm nur um die Betrachtungsweise. Was zählt, ist aus seiner Sicht der Gesamtkonsum in einem Staat. Und wenn die einen (Private) nicht mehr können oder wollen, dann muss eben der Staat als Konsument einspringen, koste es, was es wolle. Und diese Beifügung – koste es, was es wolle – lässt wieder jeden Marktgläubigen erschaudern. Wobei es natürlich einen Unterschied macht, *was* genau der Staat unternimmt, um entweder selbst als Konsument aufzutreten oder die Menschen zum Konsum zu ermuntern.

Ob es wirklich Prämien sein müssen, um eine letztlich „alte“ Industrie zu stützen, bleibt dahingestellt. Natürlich haben sich viele Menschen in Europa nun ein Auto gekauft, das sie vielleicht ohnehin in zwei bis drei Jahren erworben hätten. Und selbstverständlich haben sie auch dazu beigetragen, dass vielleicht die eine oder andere Firma überleben wird. So wie es verständlich ist, dass der Staat besonders renommierte Autofirmen auch aus psychologischen Gründen nicht pleite gehen lassen will. Moderne Strukturpolitik schaut aber dennoch anders aus. Vor allem, wenn man davon ausgehen kann, dass die nächste ökonomische und technische Revolution vor der Tür steht. Nach der industriellen Revolution und der Computerrevolution sehen viele eine ökologische Revolution auf uns zukommen: Mit Umwelttechnologien, die wir Durchschnittsbürger vielleicht noch nicht einmal kennen.

2. Welche Krise – war da eine Krise?

Rekordgewinne für Banken! Schlagzeilen gehen um die Welt. 2004? 2005? Vor einem Jahrzehnt? Nein – im Sommer 2009! War da vielleicht gar keine Krise?

Dabei ist es einfach und nachvollziehbar: Die Regierungen müssen sich jenes Geld, mit dem sie ihre milliardenschweren Bankenpakete aufstellen, auch ausleihen. Und wo? Am Kapitalmarkt. Das lässt wieder Investmentbanken verdienen. Zum Teil so gut verdienen wie selten zu vor. Was weniger nachvollziehbar ist, sind die Bonuszahlungen für Mitarbeiter. Milliardenbeträge müssen zurück gestellt werden. Die US-Bürger erbost aber Ende Juli 2009 noch mehr, dass im schlimmsten Krisenjahr 2008 die neun größten US-Banken vom Steuerzahler 175 Milliarden Dollar bekommen und 32,6 Milliarden an Prämien ausgeschüttet haben. Milliardenzahlungen bei gleichzeitigen Verlusten. Den höchsten Bonus je Mitarbeiter zahlt übrigens *Goldman Sachs*. Die Investmentbank schüttet 2008 im Schnitt mehr als 160.000 Dollar pro Beschäftigtem aus. Die insgesamt 4,8 Milliarden Dollar an Prämien waren damit mehr als doppelt so hoch wie der Jahresgewinn der Bank. Aber nochmals: 2009 geht es den Investmentbanken tatsächlich wieder so gut, dass sie mit satten Jahresgewinnen rechnen. Der Grund dafür? Die Geschäftsbanken wollen, wie schon angeführt, endlich wieder schönere Bilanzen.

Was aber nicht der Sinn der Sache, der staatlichen Garantiepakete zur Bankenrettung, gewesen ist. Man wollte Banken, die wieder Kredite an die Wirtschaft geben. Doch dazu kann man die Banken nicht zwingen. Deshalb müssen sich die Firmen Geld über die Ausgabe von Anleihen beschaffen. Und wer verdient daran: Die Investmentbanken.

Die machen aber noch viel dreistere Dinge. Nur wenige Monate, nachdem sie die halbe Welt zu den Sündenböcken der Krise gestempelt hat, handeln sie wieder. Nicht mit irgendeinem Produkt, sondern beispielsweise mit den berühmt berüchtigten Credit Default Swaps (CDS), also den hochriskanten Kreditausfall-Haftungen. Und man glaubt es nur schwer: Auch Collateralized Debt Obligations sind wieder da, eines der explosivsten Finanzgemische überhaupt. Und Investmentbanken eilen auch dort zu Hilfe, wo finanzkräftige Leute „außerbörslich" handeln wollen. Was nach wie vor erlaubt ist, indem es nicht explizit verboten ist. Auf Regulierungen seitens der Politik wartet man noch immer. Internationale Regeln, um dem Spekulationswahnsinn tatsächlichen Einhalt zu gebieten, werden weltweit diskutiert. Umgesetzt sind sie, während wir diese Zeilen schreiben, nicht einmal ansatzweise. Am Ende wird vielleicht eine Finanztransaktionssteuer stehen, also eine Ministeuer auf Spekulationsgewinne, die das Problem eine winzige Spur kleiner machen, aber nicht lösen wird. Langfristig wird man um ein Verbot bestimmter Spekulationspraktiken nicht umhin können. Sinnvoll wäre es, zwischen

Geschäften, die eine Funktion haben und solchen, die keine Funktion haben, zu unterscheiden. Denn natürlich kennen wir in der Geschichte der Finanzwirtschaft sinnvolle Spekulationsgeschäfte, die, wie wir aufgezeigt haben, der Absicherung der Realwirtschaft dienen.

Am Beginn des Umdenkens muss jedenfalls die Austrocknung von Steueroasen stehen. Hier scheint der Diskussionsprozess auch am weitesten gediehen. Ebenso wie Ratingagenturen komplett in Frage gestellt werden müssen, wenn keine scharfen Trennlinien zum Auftraggeber gezogen werden.

Was haben die Volkswirte eigentlich die letzten dreißig Jahre lang gemacht? Geschlafen? Besonders viel hat man jedenfalls nicht von ihnen gehört. Was nicht ganz stimmt – von Neoklassikern und Neoliberalen schon. Und sie sind es auch, die die Zeit „nach Keynes" tatsächlich dominiert haben. In den wirtschaftspolitischen Abteilungen der Regierungen, in den Expertengremien, an den Universitäten.

Natürlich gab es auch „die anderen". Die „alternativen" Warner. Doch sie durften nach der Hauptrolle, die sie nach dem Zweiten Weltkrieg bis in die 1970er-Jahre gespielt hatten, ab den 1980er-Jahren nur noch in Nebenrollen auftreten. Und natürlich wissen wir auch von jenen Ökonomen, die mit einem Appell an ihre Kollegen herangetreten sind: „Hört doch endlich auf, mit dem Unsinn von links und rechts – wir brauchen endlich die Synthese."

Besonders absurd in diesem Zusammenhang ist die Nachbetrachtung des Wirkens von Ronald Reagan. Die Reagan-Administration hatte den Höchstsatz der Einkommensteuer von 70 Prozent auf 33 Prozent gesenkt und die Kapitalertragssteuern und die Unternehmenssteuern drastisch reduziert. Tatsächlich war es mit der Wirtschaft bergauf gegangen. Klar „neoliberal" – sagen die einen. Reagan hatte aber auch die Rüstungsausgaben des Staates in unglaublichem Ausmaß emporschnellen lassen. Klar Keynes – sagen die anderen. Es mag sein, dass Reagans

Politik keynesianische Wirkungen gehabt hat. Aber Regieren nach Keynes heißt nicht Aufrüsten, sondern bewusste Beschäftigungspolitik machen. Der „Ökonom“ Ronald Reagan darf also ruhigen Gewissens als Neoliberaler oder Monetarist in Erinnerung bleiben.

Parallel dazu versuchen aber tatsächlich viele Ökonomen die Annäherung der beiden Denkschulen. Elemente von „links“ werden in ein neoliberales, angebotsorientiertes Paket gepackt, Elemente von „rechts“ in ein nachfrageorientiertes Paket. Deshalb lässt sich auch die Frage so schwer beantworten, ob jetzt, mit der zweiten Weltwirtschaftskrise, „Keynes wieder da“ ist.

Elemente von Keynes sind wieder da. Aber, wenn jetzt plötzlich unter dem Eindruck der Krise, die relativ willkürlich definierten Defizitkriterien der Europäischen Union und die Anti-Inflations-Politik der Europäischen Zentralbank unter dem Druck der Verhältnisse – für wie lange? – über den Haufen geworfen werden, dann ist das allein noch nicht keynesianisch.

Der Grundunterschied zwischen beiden Lehren wird trotz aller Syntheseversuche, die wir im folgenden Kapitel behandeln werden, bleiben. Vor allem in der Makroökonomie. Keynes erklärt sie sozusagen „von oben“, aus Sicht eines Staates, einer Volkswirtschaft. Die Neoklassik erklärt sie „von unten“, aus Sicht des einzelnen Wirtschaftsteilnehmers.

Kapitel V

Das Ende von links und rechts? – Neue ökonomische Theorien

1. Was ist „Mainstream"? – oder der Versuch, rechts und links zu verbinden

Am Beginn stellt sich die Frage, was „Mainstream" ist. Der Begriff taucht zunächst verstärkt in der Popkultur auf und spiegelt den Musikgeschmack einer großen Mehrheit wider. Im Gegensatz dazu stehen Subkulturen und „Independent" oder „Underground". Mittlerweile wird der Begriff Mainstream auf den gesamten Kulturbereich angewendet und spielt auch in einigen Wissenschaften eine Rolle. Zum Beispiel in der Ökonomie. Dort gelten die „Mainstream Economics" als ein Begriff, der eine Art allgemein akzeptierte Basis für Analysen der volkswirtschaftlichen Handlungen ist und der vor allem die herrschende Lehre beschreibt. Das heißt nicht, dass der „Mainstream" allgemein gültig ist, allerdings ist er das sehr wohl bis zu seiner Widerlegung, oder solange, bis es eine neue Theorie zur „neuen Nummer 1" geschafft hat, um in der Sprache der Pop-Hits zu bleiben. Im Gegensatz zum ökonomischen Mainstream, werden heute tatsächlich auch Begriffe wie „Underground Economics" verwendet oder weniger drastisch „alternative Wirtschaftswissenschaften" oder „heterodoxe Theorien"

Als Mainstream gilt in der Ökonomie die Neoklassik. Und das seit rund 140 Jahren. Nur einmal musste sie abdanken: Wie wir gesehen haben nach dem Zweiten Weltkrieg bis in die 1970er-Jahre hinein. Dann wurde das damalige Modell aus Varianten keynesianischer Wirtschaftslehre gekoppelt mit einem Wohlfahrtsstaat wieder schrittweise verworfen. An seine Stelle trat ein neuer Kapitalismustyp, der eine Gesellschaft über Markt,

Wettbewerb, Privatisierung und Deregulierung formen wollte. Freiheit des Kapitalverkehrs, massiver Abbau von erkämpften sozialen Standards galten als seine Markenzeichen. Für die geistige und politische Legitimierung dieses Projekts standen die Instrumente des global agierenden Neoliberalismus zur Verfügung. Hilfreich für die weitere Ausbreitung dieser Denkrichtung war der Zusammenbruch des europäischen Sozialismus Ende der 1980er- und Anfang der 1990er-Jahre. Da sich auch in den Ländern der „Dritten Welt" eine neue Form des Wirtschaftens durchzusetzen begann, konnte der Neoliberalismus sein globales Fundament auf drei Säulen aufbauen:

- im bisherigen westlichen Wohlfahrtsstaat
- im bisherigen sozialistischen Planungsstaat
- in den bisherigen Entwicklungsländern

Nobelpreisträger Joseph Stiglitz sieht eine Dreier-Verantwortung für den globalen Aufstieg des Neoliberalismus: Internationaler Währungsfonds, Weltbank und US-Regierung. „Ihr neoliberales Konzept besteht darin, die früher kommunistischen und alle in Finanzkrisen befindlichen Länder dazu zu zwingen, ihre Unternehmen sofort zu privatisieren, die Finanzmärkte zu liberalisieren und die Rolle des Staates in der Wirtschaft soweit wie möglich zu reduzieren« (Stiglitz, 2002).

Ein Begriff steht besonders für diese Entwicklung, der berühmte „Washington Consensus". Damit wird eine Strategie bezeichnet, die Entwicklungsländer wettbewerbsfähiger und kreditwürdiger machen sollte. Und zwar durch Deregulierung und Privatisierung, sowie durch die Liberalisierung des Außenhandels. In gleich zwei Büchern rechnet der Nobelpreisträger von 2001 mit diesem „Konsens" aus dem Jahr 1990 in Washington ab: Der Internationale Währungsfonds (IWF) habe nur einen Selbstzweck erfüllt und die betroffenen Länder in noch größere Unterschiede zwischen Arm und Reich getrieben.

Zusammenfassend kann also gesagt werden, Mainstream ist seit rund 1870 weitgehend die Neoklassik mit Ausnahme jener Länder, in denen Staatssozialismus versucht worden ist und wird.

Dennoch rütteln immer mehr Ökonomen an dieser Vorherrschaft und arbeiten an einer Synthese von, vereinfacht gesagt, „rechts und links". Also an einer Volkswirtschaftslehre, die neoklassische und keynesianische Elemente verbindet.

„Unorthodoxe" Ökonomen, die sich nicht nur an Rationalität, Nutzenmaximierung und Gleichgewicht orientieren, finden sich im deutschsprachigen Raum zwar immer mehr, dennoch handelt es sich bei ihnen nach wie vor um Ausnahmeerscheinungen. Andere, die stärker auf Institutionen und Dynamik setzen, aber gleichzeitig den Gleichgewichtsmodellansatz akzeptieren, formulieren möglichst so, dass das neoklassische theoretische Grundgerüst nicht beeinträchtigt wird. Auf den Trendsetter USA reagiert Europa mit der Verzögerung von einer Dekade – und wenn man dort schon längst weiter ist (siehe die Überwindung rein monetaristischer Dogmen Ende der achtziger Jahre in den USA) hält man im deutschsprachigen Raum eisern daran fest. Mainstream-Positionen werden jedenfalls in weiten Teilen Europas sehr viel langsamer revidiert. In den letzten Jahren versuchen dennoch immer wieder beide führenden wirtschaftswissenschaftlichen Strömungen, Elemente der jeweils anderen Theorie zu berücksichtigen.

Bei N. Gregory Mankiv, einem in den USA sehr einflussreichen Ökonomen, spielt vor allem die Annahme rigider Preise und rigider Löhne eine große Rolle, viel mehr noch als bei Keynes. Damit entstehen, wie wir gesehen haben, Gleichgewichte mit Arbeitslosigkeit. Änderungen in der Nachfrage oder im Angebot können dann nur noch über die Güter-Mengen zurück ins Gleichgewicht finden. Während in der Neoklassik die Preise gesunken wären, bis wieder ein Voll-Beschäftigungsgleichgewicht erreicht ist.

Zumindest anerkennen auch immer mehr neoliberale Ökonomen, dass das Marktsystem doch störungsanfällig ist, und dafür nicht nur Staat oder Gewerkschaften verantwortlich gemacht werden können. Wenn heute allerdings des Öfteren gesagt wird, dass nun auch liberale Ökonomen „eine keynesianische Politik machen", so verstehen Keynesianer dies lediglich als oberflächliche Retusche. Diese Ökonomen seien nur bereit, jetzt und nur jetzt, den Staat arbeiten zu lassen und das ausschließlich nur deshalb, weil eine große Wirtschaftskrise herrscht. Aber nach der Krise werde ein neoliberaler Ökonom oder Staatenlenker umgehend wieder zum „Mainstream" zurückkehren, befürchten die Nachfolger Keynes'. Dann würden sich wohl auch die Unterschiede zwischen „links" und „rechts" wieder viel deutlicher zeigen und die krisenbedingt zugedeckten Gräben wieder sichtbar werden.

Aber nochmals: Beide Seiten übernehmen doch Elemente des anderen. Zum Beispiel hängen zwar Neoklassiker nach wie vor an der Theorie der rationalen Erwartungen, aber sie akzeptieren, dass der Mensch nicht sofort alles ökonomisch richtig einschätzt.

Robert Lucas hatte angenommen, dass alle Menschen sofort die gesamten Folgen einer staatlichen Politik sehen können. Demnach erkennen alle Beteiligten umgehend, dass eine Erhöhung der Geldmenge zu Preissteigerungen führen wird und stellen sich sofort auf die neue Situation ein, d.h. die Firmen erhöhen die Preise, die Arbeiter verlangen höhere Löhne. Die Menschen können also rational alles vorweg nehmen und man bewegt sich sehr rasch zu einem neuen Gleichgewicht hin. Damit werde jede Wirtschaftspolitik unwirksam. In diesem Punkt lenken die Neoklassiker Ende des letzten Jahrhunderts ein und räumen ein, dass Menschen vielleicht doch nicht so schnell auf neue Gegebenheiten reagieren würden.

Olivier Blanchard anerkennt, dass eine Nachfragepolitik, auch, wenn sie die Inflation erhöht, eine belebende Wirkung auf die Realwirtschaft haben kann. Durch neue Investitionen, die in ein neues Gleichgewicht führen.

Manche Neoklassiker geben zu, dass keynesianische, staatliche, Politik helfen kann, manche Keynesianer geben zu, dass sie nicht dauerhaft wirken muss, weil eben die Menschen nicht langfristig „getäuscht" werden können.

In *einer* Phase des wirtschaftlichen Handelns sind sich die beiden Strömungen also weitgehend einig: In der Krise. Da gleichen sich die jeweiligen Instrumente. Bei den Prognosen gilt das schon wieder nicht mehr. „Wir werden in eine gewaltige Inflation taumeln", warnen die Neoliberalen vor überdimensionierten Rettungspaketen. „Wir rutschen in die Deflation", sagen die Nachfolger Keynes'. So wie es Japan ergangen sei, weil dort die Konjunkturpakete aufgrund immenser Unsicherheit aller Wirtschaftsteilnehmer lange Zeit nicht gegriffen haben.

Weshalb eine Synthese der beiden Richtungen so schwierig ist und vermutlich unmöglich sein wird, steckt auch im kleinen Wort „ergodic", oder ergodisch, ein Ausdruck aus der Technik, der stark vereinfacht besagt, dass aus einem gegebenem Zustand stets ein ganz bestimmter Folgezustand entsteht. Die Neoklassik beharrt darauf, dass sich unter bestimmten Bedingungen immer wieder das bekannte Gleichgewicht ergibt. Keynesianer lehnen das entschieden ab. Eine solchen „ergodic process" gebe es in der Wirtschaft einfach nicht. Darauf hat der bekannte US-Keynesianer Paul Davidson immer wieder hingewiesen.

Für Paul Samuelson – einem der bekanntesten Vertreter der Neoklassischen Synthese – bildet diese ergodische Annahme eine der Grundlagen der ökonomischen Wissenschaft. Unter bestimmten Bedingungen sind Handlungen stabil und die Akteure werden stets auf die gleiche Weise, gleich Automaten, auf bestimmte Situationen reagieren.

Es besteht aber in einer Welt der Unsicherheit immer die Möglichkeit, dass sich verschiedenste Gleichgewichte ergeben können, wenn auch vielleicht innerhalb eines gewissen Rahmens. Aber dass alle Menschen immer gleich handeln, wenn zum

Beispiel die Preise steigen oder fallen, ist für die Kritiker dieses Modells der eindeutigen Erwartungen eine Scheinwelt.

Deshalb sind auch alle Antworten, die heute, mitten in der zweiten Weltwirtschaftskrise, gegeben werden, rein spekulativ. Wenn wir in eine Deflationsspirale kommen, dann kann die Krise sehr lang dauern, wenn der Umschwung schnell gelingt, kann es sehr rasch zu einer Inflation kommen. Und wenn plötzlich das aufgestaute neue Geld in den Banken neuerlich in sehr riskante Produkte hinein gesteckt wird, kann das statt zu einer Erholung zu einer neuen, noch schlimmeren Finanzkrise führen.

Es wird kommen, wie es kommen muss, meinen die Neoklassiker. Also die große Inflation. Irgendwann. Es kann, aber es muss nicht so kommen, sagen die „alternativen“ Wirtschaftswissenschafter.

Deirdre N. McCloskey, anerkannte Ökonomin und Kommunikationswissenschaftlerin in den USA, zeigte übrigens auf, welch enorm wichtige Rolle die Rhetorik spielt. Man müsse auch immer überlegen, wie plausibel das sei, was man prognostiziere. Man solle darüber hinaus in der Ökonomie auch sagen dürfen, die Japaner würden sich so verhalten, weil sie eben Japaner seien. Ein undenkbarer Satz für Naturwissenschaftler und Ökonomen, die ausschließlich an die Vernunft des denkenden Menschen glauben.

Moderne Denker, die sich nicht ausschließlich am (nahezu natur-)wissenschaftlichen Mainstream orientieren, kämpfen immer intensiver um den Einzug auch anderer Wissenschaften in das graue Gebäude der Wirtschaftstheorien. Nicht nur, damit es dort lustiger wird, sondern, weil man sich nur so dem wirklichen Leben annähere. Soziologen, Psychologen, Kommunikationswissenschaftler: Sie könn(t)en alle mithelfen, Verhaltensweisen von Wirtschaftsteilnehmern, von uns allen, zu erklären. Warum darf man denn nicht sagen, dass vielleicht in Deutschland die Anti-Inflationspolitik der Notenbank deshalb so streng war und ist, weil einigen noch immer das traumatische Erlebnis der Nachkriegsinflation der 1920er-Jahre in den Knochen steckt, die die

Währung in einem Ausmaß zerstört hat, dass sie eigentlich ihre Funktion als Tauschmittel verloren hatte. Franzosen oder Italiener wiederum haben eine derartige Situation nicht durchmachen müssen – und können sich daher vielleicht eine andere Einstellung zu einer inflationistischen Politik leisten.

Resümierend kann man also sagen, dass marktfreundlichere und staatsfreundlichere Ökonomen vor allem in Krisenzeiten gar nicht so weit auseinander liegen. Rund vier Fünftel der Lehre und Strategien gleichen sich immer mehr an. Nur um das eine Fünftel wird, wie in jeder Wissenschaft, die keine exakte Wissenschaft ist, immer gerungen und heftig gekämpft werden.

Keine Theorie wird je für sich beanspruchen können, die einzig Richtige zu sein, aber Schwerpunkte können gesetzt werden, und die werden einerseits ein wenig „rechter" und andererseits ein wenig mehr „links" bleiben. Wirklich große Ökonomen haben übrigens immer sehr viel für ihren wirtschaftswissenschaftlichen „Gegner" übrig gehabt. Schumpeter etwa für Marx. Marx für Smith.

Schumpeter sagte stets: Ich bewundere zwei Leute, den Neoklassiker Walras und Marx. An Walras hat er die analytischen Fähigkeiten geschätzt, ein ökonomisches Modell zu bauen, „das ja wirklich ein Kunstwerk war" (Kurt W. Rothschild), und an Marx die Vision über die gesellschaftlichen Auswirkungen ökonomischer Prozesse. Schumpeter hatte bereits soziologisch gedacht und deshalb Marx bewundert. Jenen Karl Marx, der als erster versucht hat zu sehen, wie aus dem, was man momentan sieht, etwas ganz anderes entstehen kann.

Ob diese Visionen dann gestimmt haben, das ist eine andere Frage. Aber den Versuch war es wert, sie zu entwerfen und viele haben daraus gelernt.

Marx hat Smith und Ricardo bewundert. Auch für deren Versuch, eine ökonomische Wissenschaft zu bauen. Aber sie hätten eben manches übersehen, vor allem die soziologischen Elemente, die Klassenunterschiede und die Konflikte, die daraus entstehen müssen, erläuterte Karl Marx später.

Was lernen nun junge Menschen, die heute ein Volkswirtschaftsstudium beginnen? Den Versuch einer Synthese. Neoklassik mit einigen keynesianischen und Keynes mit – etwas mehr – neoklassischen Elementen.

Dazu müssen wir eigentlich mehr als siebzig Jahre zurückblenden. Denn es war John Richard Hicks, dem das 1937 als erstem Ökonom gelang. Er schuf das in der Ökonomie berühmt gewordene Hicks-Diagramm. Gütermarkt und Geldmarkt werden darin erstmals verbunden und Hicks zeigt grafisch auf, dass die Erhöhung von Staatsausgaben das Volkseinkommen vergrößern kann.

Sir John Richard Hicks (1904–1989)

Der britische Ökonom studierte in Oxford Ökonomie und Mathematik, interessierte sich Zeit seines Lebens aber auch für andere Bereiche, wie Philosophie, Literatur und Geschichte, was seinen Zugang zur Ökonomie wesentlich beeinflusste.
Er gilt als einer der wichtigsten Ökonomen des 20. Jahrhunderts, besonders bedeutend sind seine Arbeiten zum ökonomischen Gleichgewicht sowie zur Wohlfahrtsökonomie. Sein frühes Buch *Theory of Wages* (1932) ist nach wie vor ein Standardwerk zur Arbeitsmarkttheorie.
Hicks sagte von sich selbst, dass er keine eigene Ökonomie entwickelt, sondern Ideen der Keynesianische Schule verbreitert und neu formuliert habe. Seine Weiterentwicklung von Keynes' Theorie, zum Beispiel im so genannten Hicks-Hansen IS/LM-Modell, kann aber als bedeutende Basis für neokeynesianische Ideen gelten. Oft wird darauf hingewiesen, Hicks habe Keynes popularisiert.
Sein dynamisches Modell der Volkswirtschaft stellte er in seinem Hauptwerk *Value and Capital* 1939 dar. Wichtig ist außerdem das gemeinsam mit Nicholas Kaldor entwickelte Kaldor-Hicks-Kriterium, das eine Beschreibung der Effizienz von Kompensationszahlungen bei Wohlfahrtsvergleichen darstellt.
Hicks lehrte an der Victoria Universität in Manchester (1938-1946) sowie an verschiedenen Colleges in Oxford (1946-1971), 1964 wurde er in den Adelsstand erhoben. 1972 erhielt er gemeinsam mit Kenneth Joseph Arrow den Nobelpreis für Arbeiten zur Theorie des ökonomischen Gleichgewichts und zur Wohlfahrtstheorie.

Eine Synthese der zwei wichtigsten Denkrichtungen könnte folgende Eckpfeiler haben:

Die Synthese: Ersparnis/Kreditmarkt

In einer „Ehe" beider Theorien ist klar, dass der Preis, also die Höhe der Kreditzinsen, allein kein Gleichgewicht herstellen kann. Die Vergabe eines Kredites ist eine Frage der Kreditwürdigkeit des Kunden. Niemand kann heute zur Bank eilen, wegen des niedrigen Zinssatzes einen Kredit von 300.000 Euro verlangen und zufrieden wieder nach Hause gehen. Das war vielleicht in der Blütezeit der Häuserkredite in den USA möglich. In normalen Zeiten, in denen nicht alle verrückt spielen, und vor allem nach Krisen, ist es mit dem Kreditparadies vorbei.

Vor allem linke Ökonomen betonen immer wieder, dass ein vermögensloser Arbeiter noch so viele aussichtsreiche Projekte vorlegen könne, im Zweifel werde beim Bankberater immer der Unternehmer den Kredit-Vorzug bekommen. Auch die Neoklassiker akzeptieren das heute: Ja, es gebe Kreditbeschränkungen und die Akteure könnten deshalb nicht rational entscheiden. Konsum und Ersparnis hängen somit nicht nur vom Lebenseinkommen, sondern auch vom laufenden Einkommen ab. Ein Sprung über den Schatten – für Neoklassiker.

Aber der Grundunterschied bleibt: Für Klassiker ist die Ersparnis das, was man nicht konsumiert und stattdessen investiert. Für Keynesianer ist aber der entscheidente Aspekt des Sparens der Konsumentenaufschub, aus welchen Gründen auch immer.

Die Synthese: Beschäftigung

In diesem Punkt müssen Keynesianer klein beigeben. Viele von ihnen erkennen mittlerweile an, dass Beschäftigungspolitik tatsächlich die Inflation nach oben treibt. Im Gegenzug akzeptieren die Neo-Neoklassiker, dass es natürlich nicht nur strukturelle oder gar „freiwillige" Arbeitslosigkeit gibt, sondern auch konjunkturbedingte Arbeitslosigkeit. Die könne durch aktive Wirtschaftspolitik bekämpft werden – aber nicht über lange Zeit hinaus und nur um den Preis hoher Staatsverschuldungen, fügen die Neoliberalen hinzu.

Die Synthese: Preise und Löhne

Zwischen beiden Denkschulen herrscht weitgehender Konsens, dass Preise und Löhne weder starr noch beweglich sind. Sie passen sich „langsam" an.

Menschenbild

Nicht alles läuft also rational und ökonomisch ab. Vor allem, wenn es zum so genannten Herdenverhalten kommt. Verhaltensweisen wie der „Bank-Run" werden nun auch von den Neoklassikern einbezogen. Denn es zeigt sich immer mehr, dass sich Konsumenten nicht einmal im Supermarkt rational verhalten. Eher schon habituell: Was er täglich kauft, kauft er wieder und wenn der Preis ein wenig nach oben oder nach unten geht, wechselt er nicht sofort die Marke. Er ärgert sich vielleicht, aber er wechselt nicht gleich das Produkt. Sein Verhalten hängt natürlich auch von den Umständen ab: Der Mensch wird sich nach einer Inflationsperiode anders verhalten als nach einer Periode mit niedrigeren, stabilen Preisen. Nicht rein rational, sondern einfach vorsichtiger, zurückhaltender.

Ein anderes interessantes Beispiel des Schweizer Ökonomen Bruno Frey, zeigt wie die Berücksichtigung anderer Faktoren zu anderen als nur ökonomischen Ergebnissen führt: In den USA wird für Blutspenden bezahlt, in Großbritannien wird es auf freiwilliger Basis organisiert. Eine Folge ist, dass die Qualität des Blutes in England besser ist, weil die Spender aus besseren Kreisen und einer hygienischeren Lebensumgebung kommen. Und sie spenden meist aus idealistischen Gründen. In Amerika gehen die Menschen Blut spenden um damit etwas zu verdienen und sei es noch so wenig. Die Qualität des Blutes ist schlechter. Blutspender sind vorwiegend Menschen aus niedrigeren sozialen Schichten, die immer wieder kommen. Plötzlich werden auch in Großbritannien

Blutspender entlohnt. Und jetzt ereignet sich etwas völlig Unökonomisches: Obwohl Geld dafür bezahlt wird, geht die Zahl von Blutspenden zurück. Viele Menschen waren zwar bereit, Blut zu spenden, aber eben meist nur aus idealistischen Gründen. Als dafür bezahlt wurde, argumentierten sie sinngemäß: Wer Geld braucht, soll es machen, aber ich habe das nicht nötig.

In den Vereinigten Staaten wird nun die Einrichtung eines Amtes für Konsumenteninformation zum Verhalten auf Finanzmärkten diskutiert. Die Menschen sollen dazu angehalten werden, nicht ausschließlich wegen hoher Renditen-Erwartungen und damit „ökonomisch rational" zu handeln, sondern vielleicht mehr mit Bauchgefühl, Psychologie und Hausverstand.

Auch bei Löhnen können ausschließlich ökonomische Erwägungen nicht bestehen. In den USA vielleicht noch am ehesten, dort lösen tatsächlich geringe Lohndifferenzen Wanderungsbewegungen aus. Der Amerikaner ist mobil und arbeitet schon mal in Chicago statt in New York City, wenn der Lohn dort höher ist. In Österreich wird etwa ein Vorarlberger erst bei sehr deutlichen Gehaltsversprechungen mit Sack und Pack ins 600 Kilometer entfernte Wien ziehen. Und ein Berliner nach München wohl auch nur, wenn er wirklich muss.

Immer mehr neoklassische Theoretiker sehen diese Probleme, wenngleich sie noch zögern, sie auch in ihre Theorien einzubauen, ein zugegebenermaßen äußerst schwieriges Unterfangen. Und immer mehr Keynesianer wissen mittlerweile, dass nach teuren Konjunkturpaketen und Banken-Rettungen irgendwann Zahltag ist. Wirtschaftspolitisches Handeln kann Menschen nicht mehr über längere Zeiträume hinweg „täuschen". Das haben Keynesianer von den Neoklassikern gelernt.

Keine Popgruppe: NMC

Der „New Macroeconomic Consensus", NMC, ist ein schönes, gar nicht so neues Wort (kreiert schon in den 1960er-Jahren) für einen alten Versuch, der seit einigen Jahren wieder aufgewärmt wird. Für den Versuch, wenn schon nicht in allen Bereichen, so zumindest auf makroökonomischer, gesamtwirtschaftlicher Ebene, einen Konsens von „links" und „rechts" zu erreichen. Wobei das „extrem neoliberale" und das „extrem staatsorientierte" aus der Verschmelzung verbannt werden soll.

Die Kern-Idee: Ihr Keynesianer verzichtet auf eine Politik höherer Staatsausgaben oder niedrigerer Steuern, dafür akzeptieren wir Liberale, dass die Ausweitung der Geldmenge doch nicht nur die Inflation beschleunigt, sondern tatsächlich auch die Wirtschaft ankurbelt. Also: Intervenieren ja, aber nicht mit Schuldenpolitik.

Von Keynesianern wird also eigentlich eine unmögliche „Verbiegung" verlangt. Keine Staatsausgabenpolitik? Was dann? Wirtschaftspolitik über den Zinssatz. Das wollen zwar die Neoklassiker auch nicht, aber wenn schon unbedingt Wirtschaftspolitik, dann über Zinsen und Geld, aber nicht über Defizitpolitik. So gesehen „verbiegen" sich also auch die Neoklassiker, denn Geld sollte ja aus ihrer Sicht nicht mehr tun, als mit dem Wirtschaftswachstum mitwachsen. Mit diesem Zugeständnis der Neoklassiker im Rahmen des „New Macroeconomic Consensus" an die Keynesianer, müssen sie natürlich auch die Unabhängigkeit der Notenbanken aufgeben, also der Europäischen Zentralbank im Euroland. Denn Geldpolitik ist eben Politik und verlangt ein Mitspracherecht dieser bei den wirtschaftspolitischen Zielen. Tatsächlich betreibt die EZB nach längerem Zögern eine von der Politik verlangte Zinssenkungspolitik – wohl aber nur auf begrenzte Dauer: während dieser zweiten Weltwirtschaftskrise. Einer der bekanntesten Vertreter des NMC ist Olivier Blanchard, aber schon Paul A. Samuelson, Robert Solow und N. Gregory Mankiw haben zuvor versucht, in ihren Lehrbüchern eine Synthese beider großer ökonomischen Denkrichtungen zu konstruieren.

Vielleicht können wir es uns so vorstellen, dass sich „links" und „rechts" keineswegs umarmen, aber vielleicht danach trachten werden, Hand in Hand durch die Wirtschaftswelt zu gehen. Nicht mehr und nicht weniger.

Olivier Blanchard (geb. 1948), Nicholas Gregory Mankiw (geb. 1958), Paul Anthony Samuelson (geb. 1915), Robert Merton Solow (geb. 1924)

Der amerikanische Ökonom **Paul Anthony Samuelson** ist der Sohn polnischer Einwanderer. Bereits während seiner Kindheit hat er das kapitalistische System hautnah erlebt – sein Vater war Apotheker, der gleichzeitig die Arbeiter bei der weltgrößten Stahlfirma Steel, die sich keinen Arzt leisten konnten, medizinisch betreute.
Gemeinsam mit George Stigler und Milton Friedman studierte Samuelson an der Universität Chicago, sein Doktorat schloss er an der Harvard Universität ab, wo Wassily Leontief und Joseph A. Schumpeter zu seinen Lehrern zählten. Ab 1940 bis zu seiner Emeritierung 1986 lehrte Samuelson am Massachusetts Institute of Technology (MIT).
Sein immer noch verwendetes Lehrwerk *Economics – An Introductory Analysis* (*Volkswirtschaftslehre,* 1948) ist das erfolgreichste Lehrbuch aller Zeiten. Es machte Keynes' Theorie populär und ermöglichte gleichzeitig einen neuartigen, einfacheren Zugang zur Ökonomie: Geschrieben in einer leicht verständlichen Sprache mit ansprechenden Grafiken und guter Struktur. Und – es blieb aktuell: In jeder neuen Auflage hat Samuelson aktuelle Theorien und Ergebnisse aus der Forschung eingearbeitet.
1970 erhielt Samuelson den Wirtschaftsnobelpreis für seine Arbeiten. Er ist keiner ökonomischen Schule zugehörig und postuliert, man müsse Angebot und Nachfrage im Auge behalten und durchaus auch Intervention durch den Staat zulassen.
Robert Merton Solow wurde 1924 als Sohn russischstämmiger Eltern in Brooklyn geboren. Ein Stipendium ermöglichte ihm das Studium an der Harvard Universität, wo er bei Wassily Leontief studierte und später sein Assistent wurde. Ab 1950 war er, zuerst als Assistenzprofessor, später als Professor für Volkswirtschaftslehre bis zu seiner Emeritierung 1995 am MIT tätig. Dort baute er gemeinsam mit Paul Samuelson eine weltbekannte wirtschaftswissenschaftliche Fakultät auf. Bereits 1956 erklärte er in seinem bahnbrechendem Aufsatz "A Contribution to the Theory of Economic Growth" im so genannten Solow Modell langfristiges Wirtschaftswachstum durch technischen Fortschritt. Er griff dabei Ideen David Ricardos wieder auf.
Solow steht für eine gemischte Form des Kapitalismus, bei der der Staat regulierend eingreift um Massenarbeitslosigkeit, Armut und Benachteiligung zu verhindern. 1987 wurde ihm der Wirtschaftsnobelpreis verliehen.

Gemeinsam mit David Romer und David N. Weil entwickelte **Nicholas Gregory Mankiw** Solows Wachstumsmodell weiter und ergänzte es um den Faktor Humankapital. Mankiw studierte in Princeton Ökonomie und schloss 1984 sein Doktorat am MIT ab. Bereits als 29-Jähriger erhielt er eine Professur an der Harvard Universität, wo er, mit einer kurzen Unterbrechung als Chef-Wirtschaftsberater von George W. Bush zwischen 2003 und 2005, auch heute lehrt. Während seines politischen Intermezzos sollte Mankiw Bushs bereits beschlossene Wirtschaftspolitik an die Öffentlichkeit verkaufen. Für seine positive Meinung gegenüber dem Outsourcing, das eine insgesamt positive Wirkung auf die Volkswirtschaft habe, wurde er dabei kritisiert.
Mankiw gilt trotzdem als Neukeynesianer, er vertritt den aufgeklärten Keynesianismus und befürwortet Eingriffe durch den Staat, lehnt aber Haushaltsdefizite ab. Mankiw ist dafür bekannt, dass er selbst komplizierte Sachverhalte in einfacher Sprache darstellen kann, wie zum Beispiel in seinen populären Lehrbüchern und in seinen zehn Thesen der Volkswirtschaft.
Auch der gebürtige Franzose **Olivier Blanchard** entstammt der Schule des MIT, wo er 1977 sein Doktorat abschloss. Anschließend unterrichtete er bis 1983 an der Harvard Universität, bevor er als Professor für Makroökonomie ans MIT zurückkehrte. Seit 2008 ist Blanchard Chefökonom des Internationalen Währungsfonds.
Er beschäftigt sich in seiner Forschung vor allem mit der Makroökonomie, sein Lehrbuch *Macroeconomics* ist eines der weltweit erfolgreichsten.

2. Abseits des Mainstreams – und Ökonomien „aus dem Bauch"

2.1. Die „Nachfolger" – der Postkeynesianismus

Der Postkeynesianismus erhebt für sich den Anspruch, seit Mitte der 1970er-Jahre eine eigene Theorierichtung zu sein. Seine Anhänger ärgern sich seit dieser Zeit darüber, dass man in den Lehrbüchern, so man überhaupt erwähnt wird, den Eindruck gewinnen könnte, der Postkeynesianismus knüpfe ausschließlich an die Lehren von John Maynard Keynes an oder sei zu nichts anderem fähig, als sich auf die Neoliberalen einzuschießen. Viele Postkeynesianer lehnen es ab, nur als die „Schüler Keynes'" verstanden zu werden, vor allem, weil sie ihre Theorierichtung als „Politische Ökonomie" verstehen und nicht als reine Ökonomik.

Der Drang der Neoklassiker, aus der Wirtschaft eine exakte Wissenschaft zu machen, habe zwar zu vielen mathematischen Modellen geführt, zu einer Art sozialen Physik, aber wichtige Elemente wie „Zeit" und „Historische Dimension" seien dadurch verloren gegangen. „Zeit" ist für die Neoklassiker weder für die Produktion noch für den Konsum eine entscheidende Größe, da rational handelnde Menschen notwendige Informationen stets zur Verfügung haben. Die Ausklammerung von historischen und gesellschaftlichen Faktoren wird zur Hauptkritik der Postkeynesianer an der Neoklassik und konsequenterweise auch an ihrem politischen und ökonomischen Betätigungsfeld. Postkeynesianer können bei den Vertretern der Erwartungstheorien auch nicht erkennen, welches rationale „Weltmodell" die Menschen bei ihren Entscheidungen im Kopf haben sollten.

Paul Davidson war mit *Money and the Real World* (1972) der wichtigste Postkeynesianer, der Unsicherheit und die Folgen der Funktion des Geldes als Wertaufbewahrung in den Mittelpunkt seiner Betrachtungen gestellt hat.

2.2. Schon wieder das halbvolle und das halbleere Glas: Behaviorismus / Experimentismus / „animal spirits"

Jetzt wird's ein wenig intensiver. Wir steigen hinab – oder doch hinauf – vielleicht hinein, in die menschliche Seele. Der Behaviorismus kommt aus der Verhaltensforschung, aus der Psychologie, und hat als Begriff schon knapp 100 Jahre auf dem Buckel. In der Welt der Wirtschaft ist man jünger, die Verhaltensforschung ist dort ein junger Erwachsener, so um die 25, 30 Jahre alt.

Diese Ökonomische Richtung arbeitet vor allem mit Experimenten. Freiwillige Versuchspersonen müssen in bestimmten Situationen ökonomische Entscheidungen treffen. Es fließt auch (Spiel-)Geld. Die Versuche finden in völliger Anonymität statt, damit sich die spielenden „Konsumenten", „Unternehmer", „Arbeitnehmer", „Gewerkschaften", „Arbeitslose" und ähnliche Testpersonen nicht gegenseitig beeinflussen können.

Einfach hat es diese Richtung in der Ökonomie nicht. Vor allem bei all jenen Wirtschaftswissenschaftern nicht, die seit nunmehr 250 Jahren daran arbeiten, dass sich die Wirtschaftstheorie endlich zu einer Art „naturwissenschaftlichen" Lehre entwickelt. Mit klaren Modellen, Berechnungen, Formeln.

Damit können auch George A. Akerlof, Nobelpreisträger 2001, und Robert J. Shiller nicht dienen. In ihrem 2009 erschienenen Buch *Animal Spirits* behandeln sie den Einfluss menschlicher Instinkte auf wirtschaftliches Handeln. Erst seit einigen Jahren beschäftigen sich Ökonomen mit menschlichen Faktoren wie Vertrauen, zu viel Vertrauen, Fairness, Korruption, Arglist und ähnlichen Charaktereigenschaften und Verhaltensweisen, um damit ökonomische Handlungsabläufe und Entscheidungsprozesse vollkommen anders zu erklären, als man es als Ökonom bisher gewohnt war.

Der Ausdruck selbst geht auf Keynes zurück. Er hatte die „animal spirits", die menschlichen Instinkte, allerdings nur in ihren Auswirkungen auf Investitionen und Spekulation beschrieben, die Ökonomen siebzig Jahre später wollen sie auf den gesamten Wirtschaftskreislauf ausdehnen.

Keynes und Schumpeter haben zwar auch erkannt, dass Investitionen in die Zukunft nicht nur vom Zinssatz abhängen, sondern auch von Faktoren wie Aufbruchsstimmung (Nachkriegszeit) oder Angst (Finanzkrisen), aber die neuen Ökonomen bleiben dabei: Das sei alles sehr verdienstvoll gewesen, aber letztlich viel zu wenig, um in der heutigen Zeit irgendetwas sinnvoll und ökonomisch zu erklären.

Die Frage, die sich nun alle, Sie und wir, stellen: Wie können die das alles „beweisen"? Gar nicht. Zumindest noch nicht mit empirischen Daten. Diese liefert derzeit immer noch ausschließlich die Psychologie.

Daniel Kahneman ist Psychologe und hat 2002 den Nobelpreis erhalten. Und zwar den Nobelpreis für Wirtschaft. Für die psychologischen Untersuchungen und Experimente, die er größtenteils gemeinsam mit Amos Tversky entwickelt hatte.

Deren Kernaussage: Menschliche Entscheidungen hängen von den Aussichten innerhalb eines bestimmten Rahmens ab. Es lässt sich durch Experimente klar zeigen, dass man Entscheidungen völlig unterschiedlich trifft, je nachdem, ob das Umfeld gerade ein angenehmes, lustvolles ist, oder ein düsteres. Eine Hose um 200 Euro zu kaufen, macht viel mehr Spaß, wenn sie am Vortag noch 250 Euro gekostet hat, als eine Hose, für die der Verkäufer schon längere Zeit 200 Euro verlangt.

Verliere ich bei einem Finanzgeschäft „sogar" 1010 statt der erwarteten 1000 Euro, wird es mir ziemlich egal sein (auch schon „wurscht"). Über den Verlust von zwanzig statt nur zehn Euro werde ich mich deutlich mehr ärgern. Die Verlustdifferenz: Jeweils zehn Euro, also identisch.

Gewinne ich 1010 statt 1000 Euro: Naja, auch ok. Gewinne ich zwanzig statt zehn Euro: Juchuuu! Gewinn verdoppelt. Alles einsichtig. Aber eben mehr als das: Durch zahlreiche Experimente empirisch nachgewiesen.

Was ist eigentlich der Unterschied, ob ich bei einem Gewinnspiel 500 Euro, die mir sicher sind, nehme, anstatt eine fünfzigprozentige Chance auf 1000 Euro wahrzunehmen? Offenbar viel, denn fast alle Testpersonen nehmen die „sichere Summe".

Ein interessantes Beispiel ist auch jenes, das den Unterschied zum „klassischen" homo oeconomicus aufzeigt, das „Ultimatum-Spiel": Sie geben einer Person I 100 Dollar, sagen ihr aber dazu, dass sie einer anderen unbekannten Person II einen Teil dieses Geldes geben soll (Person II weiß von den 100 Dollar, die Person

I geschenkt bekommen hat). Nimmt diese zweite Person den von Person eins angebotenen Teil des Geldes an, darf die erste Person den Rest behalten. Lehnt sie ab, bekommt keiner der beiden die 100 Dollar. Der völlig rational denkende „homo oeconomicus" würde Person II einen Dollar geben und 99 behalten, weil er davon ausgeht, dass die Person II lieber einen Dollar als nichts haben will und deshalb sicher diesen einen Dollar nicht ablehnen wird. Denn lehnt er ab, hat er gar nichts.

Was war nun das Ergebnis des Experiments? Nur ein winziger Prozentsatz hatte einen Dollar angeboten, in der Hoffnung, dass ihm selbst 99 Dollar bleiben. Der Dollar wurde auch tatsächlich in den meisten Fällen abgelehnt. Ein kleiner Teil hat zehn Dollar angeboten, die aber ebenso in den meisten Fällen von Person II abgelehnt worden sind. „Du hast 100 bekommen und mir gibst Du nur zehn?" Die überwältigend große Mehrheit der Versuchspersonen hat Person II fünfzig Dollar gegeben.

Ob aus Gründen der Fairness oder aus strategischem Denken heraus – „50 Dollar kann er nicht ablehnen" – ist für dieses Experiment nicht relevant.

Doch halt! – Nicht einmal das stimmt mehr. Eine der neuesten Wirtschafts-Richtungen nennt sich „Neuroökonomie" und fragt nach: *Warum* lehnen die Menschen etwa Angebote im Ultimatum-Spiel ab und welche Emotionen werden überhaupt in diesem Spiel ausgelöst? Welche Gehirnregionen werden aktiviert, wenn eine Person spürt, dass sie unfair behandelt worden ist? Diesbezügliche neurowissenschaftliche Experimente sind erst einige Jahre alt. Vor, nach und während der Entscheidungen sind die Gehirnaktivitäten aufgezeichnet und am Bildschirm farblich dargestellt worden. Die Forschungsergebnisse dazu explodieren nahezu. Sie hier anzuführen, würde ein Buch über 250 Jahre Ökonomie überladen.

Deshalb noch einmal zurück zu den guten alten Verhaltenstheorien: Das wohl berühmteste Beispiel findet sich bei der Beurteilung von Schadensdimensionen. Je nachdem, ob ein Glas als „halbvoll" oder „halbleer" angeboten wird, wird es im

Gehirn als „Gewinn" oder als „Schaden" verbucht, also als etwas, was man im Falle des Gewinns haben, oder im Falle des Schadens lieber vermeiden sollte. Wer kauft nicht lieber Fleisch mit der Angabe „Achtzig Prozent Magerfleisch“ als „Nur zwanzig Prozent Fett“?

An dieser Stelle ein Wort zur „Informationsökonomie“ und einem weiteren, schon erwähnten Nobelpreisträger, Joseph E. Stiglitz. Er erhält den Preis für seine Arbeiten über den Zusammenhang zwischen Märkten und Information. Konkret für das Aufzeigen der Probleme, die entstehen, wenn zwei Vertragsparteien nicht über dieselben Informationen verfügen. Eine typische Situation für die Szenen einer Ehe am Finanzmarkt. Wenn er oder sie fast alles weiß und der oder die andere fast nichts und es trotzdem zum Ehevertrag, also zum Kauf risikoreicher Papiere kommt, kann man sich ausmalen, wer in dieser Vertragsehe den Kürzeren ziehen wird.

Hätten die Akteure in der jetzigen Finanzkrise Informationen über den wahren Inhalt der Kreditpakete gehabt, hätten viele von ihnen wohl nie abgeschlossen.

2.3. Von nichts kommt nichts – die evolutorische Ökonomik

Die evolutorische Ökonomik ist zwar eine äußerst junge Forschungsrichtung der Wirtschaftswissenschaften, erste Wurzeln finden wir aber schon bei Marx und Schumpeter. Beide arbeiten mit Bildern aus der Biologie. Auch dort könne man „normale Entwicklungen“ oder, im Gegenteil dazu, Mutationen beobachten. So wie beim Unternehmer – alles läuft normal, plötzlich eine Erfindung, eine Innovation, der technische Fortschritt, und die halbe Welt steht Kopf. Nichts ist mehr normal, seit der Erfindung des mobilen Telefons. Eine Wirtschaftswelt vor dem Handy und nach dem Handy. Eine Welt vor dem Computer, eine Welt nach dem Computer.

Diese Wirtschaft der Evolution geht von einem ständigen Prozess aus, bei dem alles stets in Bewegung ist und jede entstandene Situation nur durch die vorherige Situation erklärt werden kann. Alles entwickelt sich permanent weiter und – das ist wichtig: Nichts geht verloren. Evolution eben.

Natürlich kommt es zu Änderungen und Störungen, aber man landet immer wieder auf einem Pfad ständigen Wachstums. Derartige Änderungen erfassen dann alle Lebensbereiche. Die industrielle Revolution hat auch neue Bevölkerungsschichten geschaffen, etwa Fabrikarbeiter. Die Mikroelektronik Millionen von Computertechnikern und Programmierern. Die Börsen-, Banken- und Finanzwelt Finanzprodukte, die die Entstehung von Hedgefonds auslösen, oder umgekehrt.

Aus Null wird nicht immer nur eins, manchmal ganz etwas anderes, manchmal auch nur Chaos.

All diesen Theorien ist jedenfalls Eines gemein: Der Mensch ist nicht berechenbar.

In einer längeren Phase des Optimismus, des Vertrauens, der beginnenden Euphorie, beginnen Menschen, die in „normalen" Zeiten sogar den Gedanken an Aktien ablehnen, Risikopapiere zu kaufen. Ein Lotto-Fünffach-Jackpot treibt fast alle in die Lottoannahmestellen. Vielleicht sogar uns Autoren, obwohl wir uns beide eher als spielimmun bezeichnen würden.

2.4. Alles, aber alles im Rahmen: Der Ordoliberalismus

Auch in der Wirtschaft gibt es nichts, das es nicht gibt. Zum Beispiel Wirtschaftsliberale, die einen starken Staat wollen (außer in einer Krise, da wollen ihn (fast) alle). Den wirklichen Durchbruch haben die „Ordoliberalen" aber nicht geschafft. Denn es lässt sich schwer arbeiten mit einem Widerspruch in sich. Und dennoch hat er funktioniert. Allerdings offenbar nur in Deutschland, wo er auch wirklich angewendet worden ist. Vor allem vom berühmten Ludwig Erhard, Wirtschaftsminister in der deutschen Nachkriegszeit.

Neoliberalismus in seiner deutschen Ausprägung mit einem festen Ordnungsrahmen, umgesetzt als so genannte Soziale Marktwirtschaft bezeichnet man als Ordoliberalismus:

- geordneter friedlicher Ablauf der freien Märkte
- geordnete soziale Verhältnisse
- möglichst keine Korruption

Ein starker Staat, in dem die Märkte innerhalb eines festen Rahmens in Ruhe gelassen werden. So sollte es funktionieren und so hat es lange Zeit auch funktioniert.

2.5. Von Kammern und Kirchen: Der Institutionalismus

Wieder sind wir in der Mitte des 20. Jahrhunderts gelandet. Auf der Basis einer älteren amerikanischen Tradition, die auf Thorstein Veblen zurückgeht, hat sich vor allem der Ökonom John K. Galbraith Gedanken darüber gemacht, ob Institutionen den Kapitalismus beeinflussen. Wichtigstes Beispiel sind wohl Arbeitgebervertreter und Arbeitnehmervertreter. Wobei für die Institutionalisten nicht entscheidend ist, die Bildung von Macht zu verhindern, sondern ein Macht*gleichgewicht* zu versuchen. Aber nicht nur Unternehmer-Kammern und Gewerkschaften spielen eine Rolle, sondern auch gemeinnützige Institutionen aller Art.

Und wieder ist da der Unterschied zur Neoklassik: Nicht der individualistische Ansatz ist von Bedeutung – Gruppenentscheidungen sind es, die in modernen Industriegesellschaften zählen.

Institutionen sollen nun das Wirken der Menschen in eine Richtung lenken, die dem Gemeinwohl dient. Ob organisierte Pflege, Betreuung und Hilfe für Schwächere, Umweltorganisationen, Rotes Kreuz, Mülltrennung, öffentliche Verkehrsmittel, kulturelle Organisation oder die Kirche. Sie können Institutionen sein, die für einen bestimmten gesellschaftspolitischen Rahmen sorgen. Und innerhalb dieses Rahmens findet Ökonomie statt: Menschliches Wirtschaften, beeinflusst von Macht oder auch nur von Ideen von und aus Institutionen.

Die Richtung der institutionellen Ökonomie beschäftigt sich auch mit durchaus praktischen, lebensnahen und aktuellen Bereichen, wie zum Beispiel: Wie verändert die Erbschaftssteuer das Sparverhalten der Gesellschaft? Welche umweltpolitischen und ökonomischen Auswirkungen hat eine CO2-Steuer? Welche Berufe sind noch mit moralischen Wertvorstellungen vereinbar und welche nicht? Welche Auswirkungen hat der Einbau von Hürden in diese beruflichen Laufbahnen? Es verschwimmen also die Grenzen von Wirtschaft und Politik.

3. Dieser Weg – Welcher Weg?

In Europa herrschte in den letzten Jahrzehnten ein neoliberaler Grundkonsens, mit mehr oder weniger sozialpolitischen Elementen, aber doch deutlichen geografischen Unterschieden: Frankreich betreibt einen Etatismus (von französisch: der Staat), ein politischer Begriff aus dem Ende des 19. Jahrhunderts, der die starke Stellung des Staates für die Gesellschaftspolitik veranschaulichen soll. Heute versteht man unter Etatismus vor allem seinen wirtschaftlichen Charakter. Dementsprechend gilt er aktuell, in der zweiten Weltwirtschaftskrise in Europa, als besonders modern.

Deutschland und Österreich sind die Vertreter einer Sozialen Marktwirtschaft, ebenfalls mit einem starken Staat und in Österreich mit einer starken Sozialpartnerschaft aus Arbeitgeber- und Arbeitnehmerverbänden. Im Hohen Norden gibt ebenfalls der Staat den Ton an, allerdings deutlich lauter. Eine hohe Staatsquote, hohe Steuern, viele Sozialleistungen, aber auch flexible Arbeitnehmer und internationale Wettbewerbsfähigkeit das berühmte „skandinavische Modell“.

Großbritannien hingegen gilt, letztlich unabhängig von seiner jeweiligen Regierung, als wirtschaftsliberal. So, wie nahezu alle Länder des ehemaligen Ost-Blocks.

Nicht genau einzuordnen sind die Mittelmeerländer. Vermutlich irgendwo zwischen Deutschland und Frankreich. Eine hohe Staatsverschuldung eint auch sie.

Stark verallgemeinernd kann man sagen, dass in weiten Teilen Europas eine Art ökonomische Konsens-Politik aus beiden volkswirtschaftstheoretischen Denkrichtungen von Neoklassik und zuletzt immer mehr Keynesianismus angewendet wird. Seit Beginn der Krise mit deutlichen Vorteilen für den Staatsinterventionismus.

Wirklich glücklich damit sind weder konservative noch sozialdemokratische Regierungen. Die Zahl letzterer nimmt aber im ersten Jahrzehnt des 21. Jahrhunderts ohnehin stetig ab.

Dabei hätten die neuen Sozialdemokraten auch einen neuen Weg ge- und versucht. Der erste Mann dieses sogenannten „Dritten Weges“ ist Tony Blair, britischer Premierminister von 1997 bis 2007. Dieser Weg ist gepflastert mit:

- Keynes
- dem Glauben an den Markt und sogar an das Saysche Gesetz (jedes Angebot wird sich schon seine Nachfrage schaffen)
- Akzeptanz einer gewissen Arbeitslosigkeit, damit die Inflation nicht beschleunigt wird (NAIRU, Non Accelerating Inflation Rate of Unemployment)
- stabilen Preisen, wofür die politisch unabhängige EZB zuständig ist
- Steuerpolitik, die in schlechten Zeiten zu hohen Budgetdefiziten führen darf, aber: In ökonomisch guten Zeiten müssen auch Budgetüberschüsse erzielt werden (also das, was Keynes

ja immer verlangt hat, woran sich Regierungen aber so ungern gehalten haben).

Durchgesetzt hat sich aber in Europa bis zur großen Krise weitgehend die Wirtschaftspolitik konservativer Regierungen. Der Dritte Weg von Tony Blair, Gerhard Schröder und vielleicht Viktor Klima in Österreich blieb auf der Strecke. Letzterer hat ohnehin nur drei Jahre Versuchszeit gehabt, ihn zu gehen, bevor ihn der Christdemokrat Wolfgang Schüssel als Bundeskanzler abgelöst hat.

Konsequentes Sparen ist (zumindest bis zum Ausbruch der Krise 2008/2009) bei konservativen *und* sozialdemokratischen Regierungen „Mainstream". Einschnitte in den zu teuer gewordenen Wohlfahrtsstaat, Lockerung der Kündigungsgesetze, „Golden hand shakes", Reduzierung der Arbeitskosten, steuerliche Vorteile bei Unternehmensansiedlungen. Das Hauptziel wird im Jahr 2000 beim Frühlingsgipfel der damals noch 15 EU-Staats- und Regierungschefs in die Welt posaunt: „Bis 2010 wollen wir zum wettbewerbsfähigsten und dynamischsten Wirtschaftsraum der Welt werden".

Die Erreichung dieses Ziels ist misslungen. Niedrige Wachstumsraten, mittelmäßige Konsumnachfrage, mangelnde Bereitschaft vieler Unternehmen zu investieren und zusätzliche Kapazitäten aufzubauen, sind die Ursachen dafür. Verunsicherte Menschen, konfrontiert mit Arbeitsplatzproblemen und niedrigen Einkommensaussichten, die lieber ihr Geld auf die Seite legen, ergänzen das ökonomische Stimmungsbild in Europa. Eine Europäische Zentralbank, die lange Zeit, um jeden Preis, den stabilen Preis will, fördert es: Wer nur laut „no inflation" ruft, fördert nicht unbedingt Wachstum, Produktion und Beschäftigung.

Wäre nur noch die nationale Fiskalpolitik geblieben, doch der setzen die Defizit-Kriterien klare Grenzen. Auch wenn diese 2005 ein wenig aufgeweicht wurden: Zu einem Sanktionsverfahren gegen den Defizit-Sünder kommt es dann nicht, wenn in diesem Land so genannte Zukunfts-Investitionen getätigt werden, oder wenn das Land in einer besonders schlimmen Konjunktur steckt.

Ein Kampf gegen eine wirtschaftliche Talfahrt aus dem Käfig, der durch die strengen Defizit-Regelungen entstanden ist. Da konnte es sich nicht ausgehen, die Nummer 1 der Welt zu werden.

Europa wird langfristig um eine vernünftige Steuerpolitik nicht umhin können. Auch wenn das Auf und Ab von Steuern nationale Sache bleibt. Zumindest eine Koordination könnte angestrebt werden. Steuererleichterungen sollten jenen Haushalten, in denen mehr konsumiert wird, beziehungsweise werden wird, zu Gute kommen, Unternehmen sollten echte Anreize bekommen, wieder zu investieren. Und welche Wirtschaftstheorie schafft das? Keine.

Sind Ökonomen sinnlos geworden? Müssen sie um ihren Berufsstand fürchten?

Nein, denn vermutlich werden beide nie ohne einander auskommen – Ökonom und Politiker.

Der eine kann nicht umsetzen, was er erdacht hat. Der andere nicht erdenken, was er umsetzen soll.

John Maynard Keynes schrieb 1936 in seiner *General theory*: „Leider sind es meist die Theoretiker der Vergangenheit, die politische Narren beeinflussen."

Und Kurt W. Rothschild meint auf die Frage, ob Politiker Ökonomen noch brauchen: „Nur, weil manche Ärzte gut und manche schlecht sind, höre ich doch nicht auf, zu einem Arzt zu gehen."

Jedenfalls würden wir ganz ohne ökonomische Theorie ärmer dastehen. Auch wenn es den armen Ökonomen nicht selten wie Erdbebenforschern ergeht. Nie konnte sie verlässliche Voraussagen machen. Aber auch die Erdbebenforscher haben nicht aufgegeben. Tsunamiwarnungen sind heute möglich.

Und immerhin: Ökonomen haben achtzig Jahre lang nicht aufgegeben, darauf hinzuweisen, dass man auf eine weltweite Finanzkrise anders reagieren muss als in den 1930er-Jahren. Das Warten hat sich ausgezahlt. Die ökonomischen Eingriffe von heute haben (zumindest bis jetzt) das Allerschlimmste verhindert.

Ein vorletztes Wort zu den Universitäten: Vielleicht sollte dort tatsächlich etwas mehr Volkswirtschaftspolitik statt Volkswirtschaftstheorie unterrichtet werden, meint der „Schüler“ unter den beiden Autoren.

Und Methodenstreit, jahrelange Diskussion, ob man nun eine Art Naturwissenschaft sei oder nicht und unbewegliches links-rechts-Gefasel werden schwer Platz finden in einer komplexen Wirtschaft, die die Welt bewegt.

Schlussbetrachtungen

1. Das Ende der Selbstverständlichkeiten

Sind Sie enttäuscht? Weil eine Wissenschaftsdisziplin, die es immerhin schon rund 250 Jahre lang gibt, noch immer auf keinen grünen Zweig gekommen ist? Zumindest nicht zu einem eindeutigen Modell, wie Wirtschaft funktioniert. Zu keinem Modell, keinem Theoriegebäude, das für immer und ewig anwendbar sein wird, wie das Gesetz der Gravitation, das in jeder Situation eine schlüssige Erklärung dafür liefern kann, weshalb etwa ein Buch zu Boden und nicht nach oben fällt, wenn man es vom Tisch schubst.

Eine Wissenschaft, die beide Varianten für möglich hält und dazu auch noch für beide Annahmen entsprechende, riesige Erklärungsmodelle liefert, darf sich nicht wundern, wenn sie unter Beschuss gerät. Aber zumindest eines ist nach zwei Weltwirtschaftskrisen klar: Immer mehr Ökonomen können Beweise dafür liefern, dass die Wahrscheinlichkeit deutlich größer ist, dass – im übertragenen Sinn – ein Buch nach unten fällt und nicht nach oben. Will heißen: Die Wahrscheinlichkeit, dass eine Wirtschaft auf und ab verläuft und selten im Gleichgewicht ist, ist größer, als dass sie sich selbst durch eine „unsichtbare Hand" immer wieder und das sehr rasch in ein (mathematisch beschreibbares) Gleichgewicht einpendelt.

Dennoch wird die Wirtschaftswissenschaft auf der verzweifelten Suche nach dem einen gültigen Modell bleiben. Der Wunsch, nach so vielen Jahren endlich eine Gebrauchsanweisung für Wirtschaften weltweit verteilen zu können, ist verständlich.

2009 ist der Streit zwischen „mehr Mathematik in der Ökonomie" und mehr Wirtschaftspolitik an Deutschlands Universitäten so eskaliert, dass zunächst 83 Volkswirtschaftsprofessoren in einem schriftlichen Appell vor zu vielen mathematisch orientierten Professoren eindringlich gewarnt haben. Zuvor waren an der Universität Köln einige wirtschaftspolitisch orientierte Lehrstühle in solche mit einer deutlichen Präferenz für die neoklassische Theorie umgewandelt worden. Wenig später kam der Gegenaufruf. 188 Ökonomen, die vor einem „Zurück in die Steinzeit" warnten. – Letztlich wurden es also mehr als doppelt so viele Gegen- wie Erstunterzeichner.

Der Streit, der vor allem im Internet ausgetragen wird, tobt noch immer, die Beschimpfungen werden wüster, die griffigsten Titel im hart geführten Dogmenstreit reichen von „Gefangen in der Formelwelt", über „Schadet es, wenn Ökonomen rechnen können?" bis zu „Rettet die Wirtschaftspolitik an den Universitäten".

Wie schwierig es ist, von einer herrschenden (derzeit neoliberalen, in Deutschland noch immer teils ordo-liberalen) Doktrin auf eine neue Doktrin überzuspringen, beschreibt schon der 1977 verstorbene kanadische Ökonom Harry G. Johnson – und das mit einer besonderen Mischung von Zynismus und Frustration: „Die neue Theorie muss so kompliziert sein, dass die älteren, etablierten Fachkollegen sie nicht richtig verstehen, sich daher irrtümlich mit irrelevanten Details befassen und so ihre Kritik selbst entwerten."

Der deutsche Arbeitsmarktforscher Christoph M. Schmidt und der deutsche Ökonom und Journalist Nils aus dem Moore wiederum meinen: „Erst die Mathematik zwingt der theoretischen Analyse in komplexen Zusammenhängen die Disziplin auf, inhaltlich konsistent zu argumentieren, und sie legt der empirischen Forschung jene wissenschaftliche Bescheidenheit nahe, die einer weitgehend nichtexperimentellen Vorgehensweise angemessen ist." So kann man Disziplin also auch verstehen …

Letztlich kreisen all diese heftigen Debatten über Ökonomie um eine einzige Frage: „Warum ist es uns / euch nicht gelungen, diese größte Krise seit den 1930er-Jahren auch nur ansatzweise vorauszusehen?"

Der Finanzwissenschaftler Clemens Fuest berichtet von einem Gespräch mit einem Banken-Regulator vor einigen Jahren: „Er sagte mir, er habe ein sehr schlechtes Gefühl, weil die Ratingagenturen so stark mit den Firmen verbandelt sind, die sie eigentlich kontrollieren sollen – doch das habe ich nicht ernst genug genommen." Und außerdem gelte ein „Crash-Prophet", der „ein unwahrscheinliches Ereignis mit katastrophalen Auswirkungen gebetsmühlenartig ankündige, leicht als Spinner."

Dieser Dogmen- und Methodenstreit hilft uns also nicht weiter. Eher schon der Einbau der menschlichen Instinkte, wie wir sie bei Keynes erstmals lesen konnten. Ralph Dahrendorf spricht von Mentalitäten, wenn er die Weltwirtschaftskrise 2009 zu erklären versucht. Schon 1984 beschreibt der weltberühmte Soziologe, Publizist, liberale Politiker und frühere Direktor der London School of Economics and Political Science Ralph Dahrendorf den Weg vom Sparkapitalismus zum Pumpkapitalismus.

Jahrzehntelang hätten in Europa „Verzicht und Sparen trotz harter Arbeit" gegolten, plötzlich, in den 1970er-Jahren sei das Leben „auf Pump" modern geworden. 1976 beschreibt Daniel Bell in *Cultural Contradictions of Capitalism* das Dilemma des modernen Menschen. Am Arbeitsplatz im Unternehmen, also dort, wo Produktion stattfindet, werden die alten Werte verlangt: Fleiß, Ordnung, Disziplin, Pflichtgefühl, Maßhalten. Das hingegen, was diese Produktion im Unternehmen auslöst und immer wieder antreibt, sind die gegenteiligen menschlichen Kräfte: Genuss, Vergnügen, Lust, Erholung, Wellness, Konsumwahn, Hedonismus, Gier, der Wunsch, mit dem Trend zu gehen, Imagepflege und dergleichen.

Dahrendorf spricht in einem bemerkenswerten Aufsatz im Mai 2009 von einer protestantischen Ethik am Arbeitsplatz und fragt, ob diese „nach der Krise" auf den Konsum übergreifen werde. Einen Monat später stirbt Dahrendorf. Es sollte ihm nicht mehr vergönnt sein, die Antwort zu erfahren.

Die Anzeichen mehren sich, dass Dahrendorf Recht behalten wird. Es scheint auf der einen Seite ein Innehalten im Konsumdrang und andererseits ein zumindest vorläufiges Ende von Selbstverständlichkeiten zu nahen. Wer hätte sich am Beginn dieses Jahrtausends gedacht , dass wenige Jahre später, mitten in der zweiten Weltwirtschaftskrise, die zahlenmäßig größte Gruppe der Einkommensbezieher, die so genannte breite Mittelschicht, jahrzehntelang praktizierte Gewohnheiten, ja Selbstverständlichkeiten, in Frage stellt. Ist es ein unwahrscheinliches Szenario, dass sich bald immer mehr Menschen in Wohlstandsgesellschaften überlegen könnten, ob sie überhaupt noch ein Auto brauchen? Nicht etwa aus ökologischen Gründen, sondern weil sie es sich schlicht und einfach nicht mehr leisten können. Dass sie sich etwa auch fragen könnten, ob ein Haushalt ohne Fernsehgerät vorstellbar wäre – wieder nicht aus gesellschaftspolitischen Gründen. Dass sie vielleicht angesichts explodierender Heizölpreise die Raumtemperatur ein paar Grade niedriger einstellen, weil man im Winter auch einen Pullover anziehen könnte, statt im Wohnzimmer nur ein T-Shirt zu tragen? Mütter oder Väter aus Familien mit mittlerem Einkommen verbringen schon jetzt mehr Zeit im Supermarkt. Nicht, weil sie mehr einkaufen, sondern weil sie mehr Zeit für Preisvergleiche verwenden. Immer mehr Europäer überlegen, auf einen längeren Urlaub zu verzichten. Inlandsurlaub wird wieder zur echten Alternative.

Wenn all diese Entwicklungen eintreffen, könnten ganze Wirtschaftsbereiche, wie etwa die flächendeckende Wellness-Industrie, zusammenbrechen.

Dabei hat die Gesamtlohnsumme in den meisten Volkswirtschaften noch gar nicht wirklich zu rutschen begonnen.

Was, wenn die Menschen weniger konsumieren, nicht weil sie nicht konsumieren *wollen*, sondern weil sie in diesem Ausmaß nicht mehr *können*, wie es ihrem bisherigen Lebensstandard entsprochen hat? Rutschen wir dann in der Maslowschen Bedürfnispyramide wieder nach unten? Nach Abraham Maslow, einem amerikanischen Psychologen, können die menschlichen Bedürfnisse in Stufen gegliedert werden. Zunächst versucht der Mensch die ersten drei Bedürfnis-Stufen zu befriedigen:

Freiheit, Gesundheit, Essen, Trinken, Wohnen, Schlafen, Sexualität, gefolgt von Sicherheitsbedürfnissen, wie Recht und Ordnung, Kündigungsschutz, Altersvorsorge. Erst dann sind es die sozialen Beziehungen, wie Partnerschaft, Familie, Freunde, Gruppen, die wir anstreben. Wenn der Mensch in all diesen Stufen halbwegs zufrieden leben kann, wird er sich – automatisch – der vierten Stufe, der Anerkennung, der sozialen Wertschätzung zuwenden. Fragen, wie Ruf, Status und Prestige.

Die oberste Spitze dieser Pyramide und somit Stufe fünf ist die Selbstverwirklichung. Glück durch Finden und Ausschöpfen meiner Talente. Die Suche nach Perfektion. Aber auch kulturelle Bedürfnisse und Fragen der Transzendenz.

Selbstverständlich hat sich die Konsumpsychologie in den letzten Jahren vor allem mit den Stufen vier und fünf beschäftigt, es blieb ihr auch nichts anderes übrig. Die Bedürfnisse in den Stufen eins bis drei erklären sich von selbst. Menschen in Wohlstandsgesellschaft haben ausreichend zu essen und zu trinken, fühlen sich (halbwegs) sicher, weil sie versperrbare Wohnungen oder Häuser haben, (meistens) auch einen Arbeitsplatz und sie leben mehr oder weniger zufrieden in Partnerschaften und Freundeskreisen.

Die Wirtschaft, die nur die kaufkräftige, effektive Nachfrage sucht, *musste* sich also ab einem gewissen Niveau der Bedürfnisbefriedigung in den ersten drei Stufen, in Folge um Stufe vier und fünf kümmern. Statussymbol Auto – Statussymbol neuestes Mobiltelefon und dergleichen für Stufe vier und der kreative Trommelkurs in Griechenland samt milliardenschwerer Esoterik- und Lebenshilfeindustrie für Stufe fünf – die Selbstverwirklichung. Nicht nur, aber auch der riesige Bereich der Unterhaltungsindustrie hat es auf die Spitze (der Pyramide) getrieben.

Doch wen kümmert die Selbstverwirklichung, wenn der Arbeitsplatz wackelt, die Fixkosten fürs Leben immer höher werden und das Pensionssystem wankt? Auf jene Branchen, die sich in den letzten Jahren auf die Stufen vier und fünf konzentriert haben, könnten schlimme Zeiten zukommen. Der Psychologe würde sagen: Vielleicht gar nicht so schlecht.

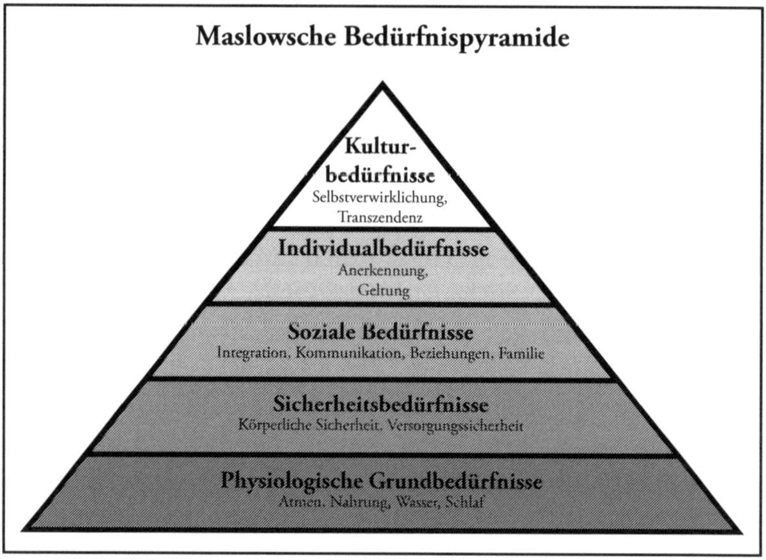

Bleibt nur noch eine Frage: Gehen die Menschen freiwillig auf niedrigere Stufen der Bedürfnisbefriedigung zurück oder bleibt ihnen einfach nichts anderes übrig? Wird kommenden Generationen schlicht und einfach das Geld für ein „Immer mehr" fehlen?

Den Jungen von heute wird es aller Voraussicht nach nicht mehr so gut gehen wie den Alten von heute. Keine neue Erkenntnis: Das war schon vor der Krise klar. Was wir nicht wissen können, ist das Ausmaß der sozialen Talfahrt. Die schlechtesten Ratgeber sind in jedem Fall Angst und Unsicherheit. Es wäre hilfreich, wenn das schwer erschütterte Vertrauen in verlässliche Institutionen wiederhergestellt würde. Ein weiterer Schritt in die richtige Richtung wäre, wenn es im Finanzkapitalismus künftig heißen würde: „weniger statt mehr" – und das auch noch langsamer. Moderner formuliert, eine Entschleunigung der Prozesse, die zu mehr Transparenz für Anleger, Bankkunden und letztlich für alle Bürger führen würde.

2. Und was jetzt?

Der Schock, den die gegenwärtige tiefgreifende Finanz- und Wirtschaftskrise auslöste, führt – wie es auch nach den großen Krisen des 19. Jahrhunderts und der Krise der dreißiger Jahr des vorigen Jahrhunderts der Fall war – zu grundlegenden Überlegungen über Effizienz und Zweckmäßigkeit bestehender ökonomischer Theorien und über wirtschaftspolitische Politik und Institutionen. Während die zahlreichen kleineren oder regional begrenzten Finanz- und Wirtschaftskrisen als Betriebsunfälle in einem mehr oder weniger normalen Wirtschaftsprozess betrachtet werden können, wirft das Ereignis einer umfassenden und tiefgreifenden Krise mit ihren dramatischen wirtschaftlichen und sozialen Auswirkungen stets die Problematik einer prinzipiellen Störungsanfälligkeit des gesamten Wirtschaftssystems auf und damit die Frage seiner Veränderung, um solche Verwerfungen in Zukunft zu vermeiden. Im Bereich der Theorie sind Marx und Keynes zwei herausragende Beispiele im 19. und 20. Jahrhundert, wobei sie sich vor allem darin unterscheiden, dass Marx eine Lösung des Problems nur durch einen kompletten Systemwechsel erwartete, während Keynes sich auf Reformen innerhalb des existierenden Systems konzentrierte.

Wenn man heute die Frage aufwirft, wie man die Wiederholung einer so schweren globalen Krise, wie wir sie jetzt erleben, möglichst vermeiden kann, kann man sich selbstverständlich nicht einfach nur auf die Erfahrungen und Diskussionen aus früheren Krisenperioden beschränken. Wiewohl diese Erfahrungen und Diskussionen wichtige Hinweise liefern und zum Teil auch schon dazu beigetragen haben, katastrophale Entwicklungen in der gegenwärtigen Krise zu verhindern, ist es doch klar, dass die gewaltigen strukturellen Wandlungen in der Wirtschaft in den Jahren seit dem Zweiten Weltkrieg zum Teil eine neue Situation mit neuen Problemen geschaffen hat. Geblieben ist die Erkenntnis der Störungsanfälligkeit des Systems. Offen und diskussionsbedürftig ist die Frage, wie es weitergeht und wie eine Wiederholung solcher tiefer und globaler Krisen verhindert werden kann.

Die zwei wesentlichsten neuen Elemente, die in den letzten Jahrzehnten an Bedeutung gewonnen haben, sind ein enormes Wachstum eines zunehmend differenzierten Finanz- und Spekulationssektors und eine durch die Errungenschaften der Transportwirtschaft und der mikro-elektronischen Technologie ermöglichte Entstehung und Organisation großer international agierender Konzerne, die – durch umfangreiche Fusionen gefördert – in der Wirtschaft und der Wirtschaftspolitik einen bedeutenden Einfluss gewonnen haben. Gemäss UNCTAD-Daten hat sich die Zahl transnationaler Konzerne zwischen 1988 und 2007 von 19.000 auf 79.000 und die Zahl ihrer Niederlassungen von ca. 170.000 auf 790.000 erhöht. Die internationalen Stützpunkte (sowohl im Produktions- wie im Absatzbereich) dieser Konzerne sowie die technisch möglich gewordenen Strategien des Outsourcing einzelner Aktivitäten in verschiedene Länder haben die wirtschaftspolitischen Einfluss- und Bargainingstrukturen deutlich zugunsten dieser Konzerne verschoben. Dies gilt sowohl für die Beziehungen gegenüber den Arbeitnehmern wie für die Beziehungen zu den nationalen Regierungen und deren Politik. Der deutsche Soziologe Ulrich Beck beklagt in seinem Buch *Was ist Globalisierung?* (1997), dass die internationalen Konzerne „Zugriff auf die Lebensadern moderner nationalstaatlicher Gesellschaften haben, ohne Revolution, ohne Gesetzes- oder Verfassungsänderung und ohne Regierungsbeschluss“. Die Spuren dieser Veränderungen lassen sich in der raschen Verbreitung der neoliberalen Ideologie erkennen, die mit ihrer prinzipiellen Ausrichtung auf einen freien und deregulierten Weltmarkt den Interessen international agierender und disponierender Finanz- und Produktionsorganisationen entspricht.

Dies ist der Hintergrund für die Frage ob und wie eine Verhinderung solch großer Krisen, wie wir sie jetzt erleben, erreicht werden kann. Was die theoretische Seite betrifft, muss man feststellen, dass es eine umfassende theoretische Grundlage für die neue globale Wirtschaft noch nicht gibt. Zweifellos ist von fundamentalistischen neoklassischen Theorien, die von Modellen mit effizient funktionierenden Finanzmärkten und gleichgewichtigen Gütermärkten ausgehen, nicht viel zu erwarten. Hingegen können die keynesianische und einige andere „heterodoxe“ (d.i. nichtneoklassische) Theorien, die sich intensiver mit realen Märkten und deren Störungen befassen, wichtige Anhaltspunkte für ein Verständnis der Krisen und deren Vermeidung liefern. Schließlich war es ja Keynes, der schon 1936 in seinem Hauptwerk *The General Theory of Employment, Interest, and Money* folgenden Satz schrieb, der heute fast prophetisch wirkt: „Speculators may do no harm as bubbles on a steady stream of enterprise. But the position is serious when enterprise becomes the bubble on the whirlpool of speculation“. Diese Theorien sowie Forschungsergebnisse aus den Bereichen Psychologie, Soziologie und Politikwissenschaft enthalten viele Elemente, die für eine Wirtschaftspolitik relevant sind, wenn es um Krisenvermeidung geht. Aber eine umfassende Theorie, welche die Zusammenhänge und Abläufe in unserer „schönen neuen Welt“ plastisch herausarbeitet, wie es eben Keynes für seine Zeit tat, fehlt noch. Nicht zufällig schrieb der prominente englische Sozialwissenschaftler Robert Skidelsky, ein Bewunderer von Keynes, über den er eine dreibändige Biographie verfasst hat, in einem Artikel in der englischen Zeitschrift *The Economist*, der sich mit den Problemen der theoretischen Behandlung der Gegenwartswirtschaft beschäftigt: „Ein neuer Keynes muss her“.

Wenn man sich der praktischen Seite zuwendet, das heißt der Frage, wie weit eine geänderte Wirtschaftspolitik heute imstande ist, das Auftreten systemerschütternder Krisen in Zukunft zu vermeiden, so ergibt sich ein zwiespältiges Bild. Einerseits besteht kein Zweifel, dass der Schock der gegenwärtigen Krise die dogmatische Einseitigkeit und Dominanz einer radikalen Markt- und Deregulierungsorientierung erschüttert hat. So reagierte man – wenn auch etwas spät und zunächst in zu geringem Ausmaß – auf die wachsenden Krisenerscheinungen mit massiven monetären und budgetären Eingriffen und Konjunkturpaketen, welche dem neoliberalen Konzept zuwiderlaufen, mit einem keynesianischen Konzept aber durchaus vereinbar sind. Ohne diese Maßnahmen hätte sich die Krise weit dramatischer entwickelt. Für die Zukunft bedeutender ist aber der Umstand, dass die Krise eine breite Einsicht und Diskussion über die Notwendigkeit einer künftigen Reregulierung des Finanzsektors ausgelöst hat, die eine Wiederkehr solcher verheerenden Spekulations- und Finanzkrisen verhindern soll.

Diese Diskussion, die noch durchaus im Laufen ist, beschäftigt sich hauptsächlich mit der Frage, wie man das Finanzsystem so gestalten kann, dass es nachhaltig mehr Verantwortungs- und Risikobewusstsein schafft und dass spekulative Exzesse vermieden werden. Hier ist nicht der Platz, den Inhalt dieser umfangreichen und zum Teil kontroversen Reformvorschläge mit ihren komplizierten Überlegungen im Detail zu behandeln. Nur einige der wichtigsten Vorschläge sollen beispielhaft benannt werden, wobei zu bemerken ist, dass sie alle gemeinsam haben, dass sie die neoliberale Annahme, unregulierte Finanzmärkte seien „effizient“, als unzutreffend betrachten. Zu nennen wären neben einer generellen Forderung nach einer effizienteren Beaufsichtigung der Finanzmärkte Maßnahmen bezüglich höherer Eigenkapitalquoten der Banken, Transaktionssteuern auf Finanzmarktaktionen (Tobinsteuer), verlässlichere Ratingagenturen, transparentere Bilanzen, Trockenlegung der Offshore-Finanzzentren, Kontrolle oder Abschaffung der Hedgefonds und ähnliches mehr.

So positiv und bedeutsam diese theorie- und praxisgesteuerten Überlegungen für eine krisenfreiere Zukunft sind (die auch beweisen, dass man „aus Krisen lernen" kann), bleibt doch die Frage, wie wahrscheinlich es ist, dass die neuen Erkenntnisse und Reformvorschläge in der Praxis möglichst global durchgesetzt werden. Man darf ja nicht übersehen, dass es schon früher Krisen gegeben hat, aus denen gewisse Lehren gezogen wurden, die später aber wieder vergessen wurden. Der prominente amerikanische postkeynesianische Ökonom, Hyman Minsky, der sich ausführlich mit Krisen im Allgemeinen und Finanzkrisen im Besonderen beschäftigte, hatte schon in den achtziger Jahren des vorigen Jahrhunderts davor gewarnt, dass mit weiteren Spekulations- und Finanzkrisen zu rechnen sei. Auf Grund seiner historischen Studien zeigte er, dass sich nach einer größeren Krise meist eine Bereitschaft zu Reformen und zu einem verantwortungsvollen risikobewussten Verhalten einstellt, dies aber nach einer längeren „goldenen" Periode wirtschaftlicher Bedingungen wieder verblasst. Es kommt dann wieder zu einer Suche nach höheren Renditen durch risikoreichere und spekulative Aktionen, die schließlich zu neuen Krisenzuständen führen. Er schlug schon damals verschiedene Maßnahmen zur Verhinderung solcher Spekulationswellen vor, gepaart mit – was jetzt noch zu wenig beachtet wird – stabilisierenden Maßnahmen gegen Rückschläge im realwirtschaftlichen Bereich durch einen wirtschaftlich einflussreichen öffentlichen Sektor. Leider wurden seine Warnungen nicht genügend beachtet. „We had too little Minsky in our thinking about the roles of money and finance in the business cycle", klagt der amerikanische Ökonom Willem H. Buiter 2008 in *Central Banks and Financial Crises*, einer ausführlichen Studie über die gegenwärtige Finanzkrise. Ein solcher „Minsky-Prozess" kann sich durchaus wiederholen. Nach wie vor existieren einflussreiche Wirtschaftsakteure, die an einer prinzipiell unbehinderten Dispositions- und Aktionsfreiheit auf den nationalen und internationalen Märkten interessiert sind. Mit Widerständen gegen eine Realisierung von stabilitätsorientierten Regulierungsvorschlägen und eine stärkere Berücksichtigung sozialer und ökologischer Folgeerscheinungen ist daher zu rechnen. Sie zeigen sich schon jetzt in verschiedenen Forderungen nach einer möglichst baldigen Rückkehr zu „business as usual".

In der heutigen Zeit rascher und dynamischer politischer und wirtschaftspolitischer Entwicklungen ist es nicht möglich die langfristigen Veränderungen in der Wirtschaft und Wirtschaftspolitik vorherzusagen. Man kann aber auf Grund theoretischer Kenntnisse und praktischer Erfahrungen realistische Szenarien erarbeiten, die eine Orientierungshilfe für die laufende wirtschaftspolitische Diskussion bieten. Eine verlässliche *Prognose* der künftigen Entwicklung ist aber nicht möglich, denn wie schon Karl Valentin betonte: „Prognosen sind schwierig, besonders wenn sie die Zukunft betreffen".

Danksagungen

Unser Dank gilt vor allem der neuen Verlagsleitung. Konstanze und Bernhard Borovansky haben uns zu diesem Buch nicht nur ermuntert und von Beginn an daran geglaubt, sondern das Projekt immer wieder vor allem dann vorangetrieben, wenn sich die beiden Autoren in stundenlangen ökonomischen Diskussionen verzettelt hatten. Danke für ihr Beharrungsvermögen.

Ganz allein sind Kurt Rothschild und Hans Bürger auch an den Tonaufnahme-Tagen nicht gewesen. Sie haben „unter Aufsicht" geredet. Unsere Lektorin, die Literaturwissenschaftlerin Sandra Vlasta, hat ihr wachsames Auge und ihr geschultes Ohr kaum von den beiden Herren gelassen und nach Abgabe des ersten Manuskripts Unglaubliches geleistet. Herzlichen Dank von uns beiden!

Danke auch der Stenotypistin, Frau Romana Pucher, die in vielen Stunden viele Manuskriptseiten aus über dreißig Stunden Bandmaterial „heraushören" konnte.

Ich, Hans Bürger, möchte unbedingt auch noch meiner Frau Friederike danke sagen, die mich ermuntert und unterstützt hat. Meine beiden Buben Taddeo und Benno freuen sich, dass ihr Papa nun wieder mehr Zeit fürs Auto- und Fußballspielen hat. Möge auch ihre Generation so unbeschwert wie möglich aufwachsen können.

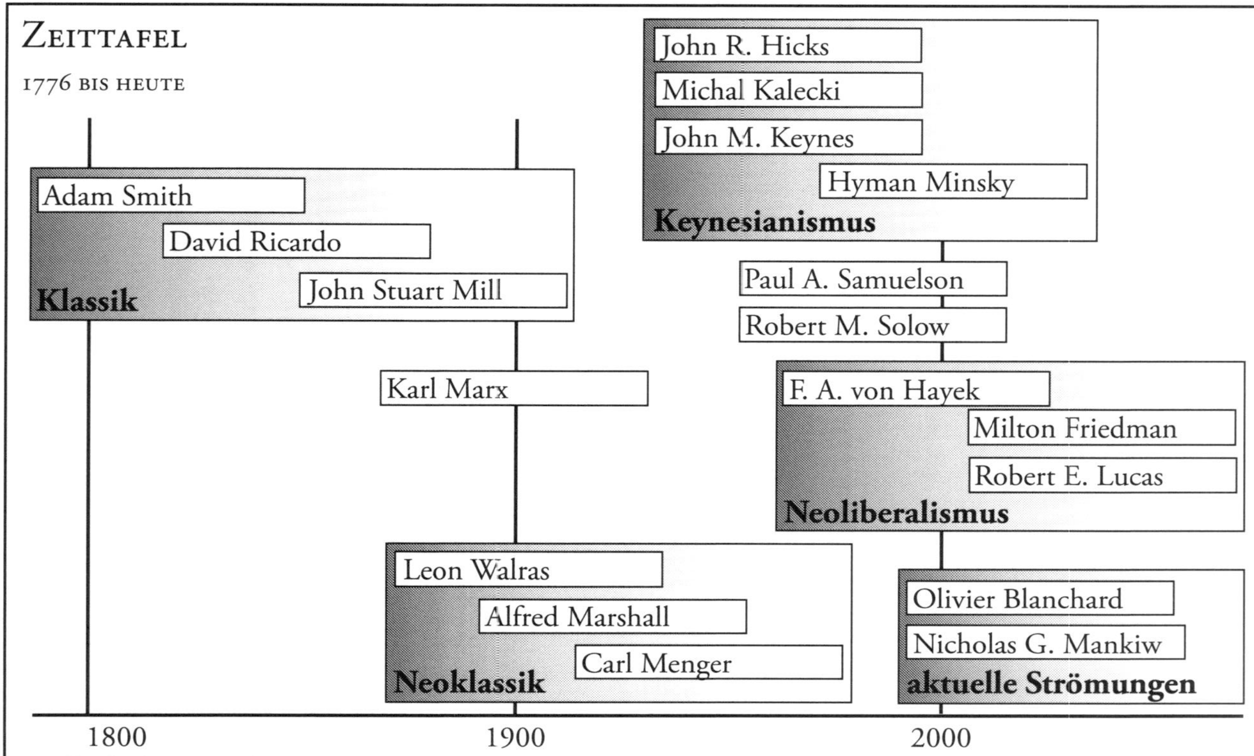
ZEITTAFEL
1776 BIS HEUTE
Klassik
Adam Smith
David Ricardo
John Stuart Mill
Karl Marx
Neoklassik
Leon Walras
Alfred Marshall
Carl Menger
Keynesianismus
John R. Hicks
Michal Kalecki
John M. Keynes
Hyman Minsky
Paul A. Samuelson
Robert M. Solow
Neoliberalismus
F. A. von Hayek
Milton Friedman
Robert E. Lucas
aktuelle Strömungen
Olivier Blanchard
Nicholas G. Mankiw
1800
1900
2000

Glossar

- **alternative Wirtschaftswissenschaften**: Auch heterodoxe oder „Underground Economics"; Wirtschaftstheorien, die nicht dem Mainstream entsprechen, sondern alternativ dazu entwickelt wurden.
- **„animal spirits"**: Bereits Keynes beschreibt „animal spirits", menschliche Instinkte, und ihre Auswirkungen auf Spekulationen und Investitionen. Heute werden Charaktereigenschaften und Verhaltensweisen wie Vertrauen, Fairness, Korruption, Arglist etc. als Faktoren in ökonomischen Handlungsabläufen und Entscheidungsprozessen gesehen und als psychologische Momente in ökonomische Modelle einbezogen.
- **antizyklische Wirtschaftspolitik**: Wird heute als Inbegriff des Keynesianismus verstanden, wurde allerdings von Keynes selbst nie wirklich ausformuliert. Eine antizyklische Wirtschaftspolitik steht für Investitionen durch den Staat in Krisenzeiten, die die Produktion und in Folge die Nachfrage ankurbeln sollen. Gespart werden sollte in Folge in wirtschaftlich stabilen Zeiten, ein Faktor, der in der Realpolitik oft vernachlässigt wurde.
- **Arbeitslosigkeit**
  - ❍ **strukturelle**: Arbeitslosigkeit, die durch Strukturkrisen bedingt ist, wie z.B. Arbeitslosigkeit, da die Arbeitssuchenden für die offenen Stellen nicht entsprechend qualifiziert sind, oder Arbeitslosigkeit durch den Ersatz von Arbeitskräften durch Maschinen.
  - ❍ **konjunkturbedingte**: Arbeitslosigkeit, die durch Nachfragemangel in einer wirtschaftlich schwachen Periode bedingt ist.
- **Arbeitsmarktpolitik**: Politische Eingriffe in den Arbeitsmarkt, die Einfluss auf Angebot und Nachfrage von Arbeitskraft haben sollen.

- **Austrokeynesianismus**: Österreichische Version des Keynesianismus, die vor allem die 1970er-Jahre unter Bundeskanzler Bruno Kreisky geprägt hat. Durch intensives deficit spending wurde versucht, mit öffentlichen Aufträgen der Wirtschaftskrise entgegenzuwirken. Durch die sozialpartnerschaftliche, gemeinsame Festlegung der Löhne durch Arbeitgeber und -nehmer konnte außerdem gewährleistet werden, dass die Gesamtlöhne nicht stärker stiegen als die Produktivität.
- **automatische Stabilisatoren**: Ein in die Volkswirtschaft eingebauter Mechanismus, der dafür sorgt, dass sich Nachfragerückgänge in verminderter Form auf andere Wirtschaftsfaktoren auswirken. Automatische Stabilisatoren zeigen meist eine raschere Wirkung als konjunkturpolitische Maßnahmen. Beispiele für Stabilisatoren sind das Arbeitslosengeld oder progressive Steuern.
- **„bail-out"**: „Rettungsplan", heute meist im Zusammenhang mit zahlungsunfähigen Unternehmen verwendet. Finanzielle Hilfe, Schulden- oder Haftungsübernahme passiert dabei oft durch den Staat.
- **Banken-Run**: Ein „Ansturm auf die Bank", bei dem viele Anleger zum selben Zeitpunkt ihre Einlagen als Bargeld abheben wollen. Da Banken immer nur für einen gewissen Teil der Forderungen über Bargeld verfügen, kann das zur Zahlungsunfähigkeit (Insolvenz) der Institution führen.
- **Beteiligungskapital**: Investitionen durch so genannte Beteiligungsgesellschaften, durch die diese Anteile an Unternehmen erwerben und damit an deren Erfolg beteiligt sind.
- **Bretton-Woods-System**: Das von 1944 bis 1973 geltende weltweite Währungssystem mit festen Wechselkursen und der Möglichkeit innerhalb gewisser Bandbreiten auf- oder abzuwerten. Als Leitwährung galt dabei der goldhinterlegte US-Dollar. Das System brach wegen mehrerer Faktoren zusammen, vor allem aber aufgrund der hohen Inflation des Dollars. Das Ende von Bretton-Woods bedeutete gleichzeitig den Beginn liberalisierter Finanzmärkte.

- **Bruttoinlandsprodukt (BIP)**: Maß für die wirtschaftliche Leistung einer Volkswirtschaft, eine der wichtigsten volkswirtschaftlichen Größen. Gesamtwert aller Waren und Diensteistungen, die innerhalb eines Jahres in einem Land hergestellt und erbracht wurden und dem Endverbrauch dienen.
- **Bundesbank**: siehe Notenbank.
- **„Chicago boys“**: 25 chilenische Wirtschaftswissenschafter, die an der Universität Chicago vor allem bei Milton Friedman studiert haben und später in der chilenischen Militärdiktatur Pinochets großen Einfluss hatten. Sie traten für weitreichende Deregulierung und Privatisierung ein.
- **Collateralized Debt Obligations (CDO)**: Finanzinstrument, das aus festverzinslichen Wertpapieren besteht, die in drei Tranchen, von sicheren bis zu solchen mit hohem Risiko, aufgeteilt werden. Durch den Anteil sicherer Wertpapiere werden die unsicheren Anteile jeweils ausgeglichen, CDOs erhalten deshalb gute Ratings. In der Finanzkrise 2008/09 sind sie aber zunehmend wegen ihrer auf diese Weise „getarnten“ Unsicherheit kritisiert worden.
- **corporate governance**: Unternehmensklima, interne Politik eines Unternehmens den gegenseitigen Umgang betreffend, wird von der Führungsebene vorgegeben und vorgelebt.
- **„crowding out“-Hypothese**: „Verdrängungseffekt“; private Investitionen werden durch Investitionstätigkeiten des Staates verdrängt.
- **deficit spending**: Eine Form der antizyklischen Wirtschaftspolitk; Ankurbeln der Wirtschaft durch Ausgaben des Staates in wirtschaftlich schwachen Zeiten. Der Staat kurbelt über öffentliche Ausgaben die Nachfrage an, selbst wenn er dabei Schulden (ein Defizit) macht. Idealerweise sollten die Schulden in Zeiten der Hochkonjunktur wieder ausgeglichen werden.
- **Deflation**: Im Gegensatz zur Inflation ein über längere Zeit anhaltender Rückgang des Preisniveaus.

- **Depression**: Auch Konjunkturtief; ein über längere Zeit anhaltender Tiefstand nach einem Wirtschaftsabschwung mit weitreichenden Folgen: Börsenkurse fallen, die Arbeitslosigkeit steigt, eventuell kommt es zur Deflation. Analog zu dem Begriff wird die Krise in den 1920er-Jahren im Englischen als „Great Depression" bezeichnet.
- **Derivate**: Verträge, die das Recht garantieren, zu einem bestimmten Preis zu kaufen oder verkaufen. Anfangs haben sich Derivate auf Rohstoff- oder Aktienpreise bezogen, ab den 1980er-Jahren hat der Handel mit Derivaten stark zugenommen und das Konzept wurde auch auf Zinsänderungsrisiken und Wechselkursrisiken angewendet. Kommen üblicherweise in Hedgefonds zum Einsatz.
- **dynamischer Prozess**: Im Gegensatz zur Sichtweise, die Momentaufnahmen und Gleichgewichtsbedingungen in den Mittelpunkt stellt, beschäftigt sich die Ökonomie im dynamischen Prozess mit Abläufen und Bewegungen im wirtschaftlichen Handeln. Damit kommen Begriffe wie Instabilität oder Konjunkturschwankungen ins Spiel, die in der klassischen Gleichgewichtstheorie nicht vorgesehen sind.
- **effektive Nachfrage**: Tatsächlich als Kauf umgesetzte Nachfrage.
- **Einkommensverteilung**: Wie die Einkommen z.B. eines Landes verteilt sind, es können unterschiedliche Aspekte von Interesse sein, so z.B. die Aufteilung auf die verschiedenen Wirtschaftssektoren, die Aufteilung nach Geschlecht bzw. nach Altersstruktur, die räumliche Verteilung bzw. die mengenmäßige Aufteilung der unterschiedlich hohen Einkommen.
- **Einlagensicherung**: Die Sicherung der Spareinlagen auf den Sparbüchern und Konten, die garantiert, dass das Geld von den Kunden jederzeit in vollem Umfang abgehoben werden kann. In der Finanzkrise 2008/09 haben viele Staaten diese Einlagensicherung zumindest für eine Zeit lang für bestimmte

Bankinstitute übernommen und damit das Vertrauen der Kunden in die Banken gestärkt.

- **Europäische Zentralbank (EZB)**: siehe Notenbank.
- **Fannie Mae**: Weltweit größte US-Hypothekenbank, die im Zuge der Finanzkrise 2008 vor dem Bankrott stand. Sie wurde, genau wie ihr Konkurrent Freddie Mac, durch Kredite und Aktienkäufen in Milliardenhöhe von der US-Regierung gerettet.
- **Finanzdienstleister**: Im weitesten Sinn alle Dienstleister, die einen Bezug zum Finanzgeschäft haben, wie z.B. Banken, Kreditinstitute, Versicherungen etc. …
- **Finanzkapitalismus**: Bezeichnet die Form des Kapitalismus, die sich ab Mitte des 20. Jahrhunderts immer stärker dem Finanzmarkt zuwendet. Unternehmenseigentümer geben die Leitung ihrer Firmen an Manager ab, der Aktienmarkt gewinnt an Bedeutung.
- **Finanzmarkt**: Markt, auf dem Handel mit Kapital getrieben wird, üblicherweise in die drei Bereiche 1. Geld-, 2. Kredit- und Kapitalmärkte und 3. Devisenmärkte aufgegliedert.
- **Fiskalpolitik**: Steuerpolitik; mittels Steuerung der Steuern und Staatsausgaben können konjunkturelle Schwankungen ausgeglichen und ein gleichmäßiges Wirtschafswachstum in einem Land gesichert werden.
- **Freddie Mac**: Zweitgrößte, börsennotierte US-Hypothekenbank, die im Zuge der Finanzkrise 2008 vor dem Bankrott stand. Sie wurde, genau wie ihr Konkurrent Fannie Mae, durch Kredite und Aktienkäufen in Milliardenhöhe von der US-Regierung gerettet.
- **Geldmarkt**: Jener Teil des Finanzmarktes, auf dem mit den Bargeldmengen der Banken gehandelt wird.
- **Geldpolitik**: Wirtschaftspolitische Maßnahmen einer Notenbank um ihre Ziele, z.B. Preisstabilität (Europäische Zentralbank) zu erreichen. Notenbanken können die im Umlauf befindliche Geldmenge oder die Zinsen verändern.

- **Gewinnquote**: Das Pendant zur Lohnquote. Prozentueller Anteil am Volkseinkommen, der durch Einkommen aus Vermögen wie Aktien, Mieten, Zinsen, Gewinnen und unternehmerischen Tätigkeiten erzielt wird.
- **Grenznutzen**: Der Grenznutzen gibt an, wie viel zusätzlichen Nutzen ein weiteres Stück eines Gutes bringen würde. Eine zusätzliche Arbeitskraft z.B. wird nur eingestellt, wenn ihre Grenzproduktivität positiv ist.
- **Grenzproduktivität**: Gibt an um wie viel der Output steigt, wenn z.B. eine Arbeitsstunde mehr geleistet wird oder eine zusätzliche Arbeitskraft eingestellt wird.
- **Hebelwirkung**: siehe Leverage-Effekt.
- **Hedgefonds**: Von engl. „to hedge" – absichern; eine spezielle Art von Investmentfonds, der durch Leerverkäufe, den Einsatz von Derivaten, sowie Fremdfinanzierungen, die mittels des Leverage-Effekts größere Eigenkapitalraten bringen sollen, gekennzeichnet ist. Hedgefonds ermöglichen sehr hohe Renditen, aber bergen damit auch sehr große Risiken.
- **heterodox**: Als heterodox werden ökonomische Lehren bezeichnet, die nicht neo-liberal sind.
- **Heuschrecken**: Eine Metapher für Private-Equity-Gesellschaften, die 2005 vom damaligen SPD-Vorsitzenden Franz Müntefering geprägt wurde.
- **Hicks-Diagramm**: Von John Richard Hicks entworfenes Diagramm, in dem erstmals Güter- und Geldmarkt verbunden werden und grafisch dargestellt wird, dass die Erhöhung von Staatsausgaben das Volkseinkommen vergrößern kann.
- **„homo oeconomicus"**: Der (fiktive) Wirtschaftsteilnehmer, der ohne Unterbrechung rational aufgrund seiner Präferenzen handelt, auf Restriktionen reagiert, vollständig informiert ist und darauf abzielt, seinen eigenen Nutzen zu maximieren.
- **„horten"**: Geld wird zurückgehalten und der Wirtschafstätigkeit komplett entzogen. Geld bleibt unverzinst liegen.

- **Hyperinflation**: Eine Form der Inflation, bei der sich das Preisniveau sehr schnell erhöht. Ab einer monatlichen Inflationsrate von 50% spricht man von Hyperinflation.
- **Hypothekarkredite**: Auch Hypothekendarlehen; Ein Kredit, der durch ein Grundpfandrecht auf eine (oder mehrere) Immobilien gesichert ist.
- **Hypothekenpapiere**: siehe Hypothekarkredit.
- **industrielle Reservearmee**: Marx' Bezeichnung für Arbeitslose.
- **Inflation**: Geldentwertung; Preisanstieg aufgrund Vergrößerung der Geldmenge durch Staaten oder Notenbanken.
- **institutionelle Anleger**: Institutionen wie Banken, Versicherungen, Investmentgesellschaften etc., die als Anleger am Kapitelmarkt auftreten. Ihnen stehen in der Regel hohe Investitionssummen (eigene und/oder die ihrer Kunden) zur Verfügung.
- **Interventionismus**: Auch Staatsinterventionismus; Bereitschaft eines Staates, in eine grundsätzlich marktwirtschaftlich ausgerichtete Volkswirtschaft zur Durchsetzung z.B. politischer Ziele einzugreifen. Es geht dabei vor allem um das Reagieren auf aktuelle Ereignisse, wie z.B. Krisen, Arbeitslosigkeit etc. …
- **Investmentbanken**: Banken, die sich hauptsächlich Investmentgeschäften widmen und vor allem die Vermögensanlage für ihre Kunden übernehmen, Handel mit Aktien- und Wertpapieren treiben und Unternehmen bei der Aufnahme von Krediten unterstützen.
- **Investor**: Auch Kapitalanleger oder Anleger; einer der Akteure am Kapitalmarkt, er investiert in den Kapitalmarkt indem er Geld anlegt.
- **kapitalistische Akkumulation**: Von Kapitalisten vorangetriebene Erweiterung des Kapitals durch Investition des auf dem Markt realisierten Mehrwerts. Der Begriff wird Marx zugeschrieben, der allerdings beide Seiten diese Prozesses sieht:

Die Anhäufung des Kapitals in den Händen der Reichen und die gleichzeitige Verarmung der Arbeiter bzw. der unteren Bevölkerungsschichten.

- **Kapitalmarkt**: Jener Teil des Finanzmarktes, der zur mittel- und langfristigen Kapitalbeschaffung dient. Dazu zählen der Aktienmarkt, der Rentenmarkt (für langfristige Kredite) und der Markt für Beteiligungskapital.
- **Kasinokapitalismus**: Äußerst spekulative Form des Kapitalismus, die sich vor allem im Bereich des Finanzmarktes bewegt und dort auf Investitionsformen mit hohem Risiko setzt.
- **Keynesianismus**: In den 1930er-Jahren von John Maynard Keynes entwickelte theoretische Richtung der Wirtschaftswissenschaften, erstmals angewendet in den 1950er-Jahren.
- **Klassik**: Phase der ersten wirtschaftswissenschaftlichen Theorien, deren Beginn mit dem Erscheinen von Adam Smiths Werk *The Wealth of Nations* 1776 angenommen wird. Wichtigste Vertreter: Adam Smith, David Ricardo, Jean-Baptiste Say, Thomas Malthus, John Stuart Mill.
- **Kommerzbanken**: Kommerzbanken nehmen Spareinlagen entgegen und vergeben Kredite, Investmentbanken veranlagen Geld. In den USA sind diese Bankenformen strikt getrennt. In Europa findet man diese Trennung kaum und spricht insgesamt von „Geschäftsbanken".
- **Konjunkturzyklus**: Das Auf und Ab wirtschaftlicher Aktivitäten in einer Volkswirtschaft über einen längeren Zeitraum hinweg. Im Konjunkturzyklus unterscheidet man verschiedene Phasen: Aufschwungphase, Hochkonjunktur (Boom), Abschwungphase (Rezession), Tiefphase (Depression).
- **Konsumfunktion**: Von John Maynard Keynes formulierte Funktion, die einen Zusammenhang zwischen Konsum und Einkommen herstellt. Keynes geht davon aus, dass der Konsum mit dem laufenden Einkommen (und nicht dem vergangenen oder zukünftigen) zusammenhängt. Menschen, deren laufendes Einkommen sinkt, geben auch weniger aus.

- **Kreditklemme**: Bezeichnet eine abwartende Haltung der Banken, die trotz Nachfrage Kredite nur sehr zögerlich bzw. nur mit hohen Zinssätzen und strengen Auflagen vergeben.
- **Laffer-Kurve**: Von Arthur B. Laffer 1974 beschriebener Zusammenhang zwischen Steuersatz und Steuereinnahmen. Mit der Kurve ging Laffer der Frage nach, was passiert, wenn die einzelnen Steuern immer mehr steigen? Zunächst wachsen auch die Steuereinnahmen mit, allerdings immer gedämpfter, weil die Firmen aufgrund des hohen Steuersatzes ihre Produktion einschränken. Ab einem gewissen Scheitelpunkt hat der Steuersatz so eine Höhe erreicht, dass die Produktion dermaßen eingeschränkt wird, dass auch die Steueraufkommen zurückgehen.
- **Leerverkäufe**: Der Verkauf von Wertpapieren, die der Verkäufer noch gar nicht besitzt, zu einem fixierten, späteren Zeitpunkt, in der Hoffnung, dass der Preis innerhalb dieses Zeitraums fällt. Vor allem Hedgefonds arbeiten mit Leerverkäufen.
- **Lehman Brothers**: Große ehemalige amerikanische Investmentbank, die im September 2008 im Zuge der Finanzkrise Insolvenz anmelden musste.
- **Leverage-Effekt**: „Hebeleffekt"; Der Effekt tritt dann ein, wenn ein Anleger aus Spekulationsgründen Fremdkapital zu günstigeren Konditionen aufnimmt als seine Investition Rendite erzielt. Auf diese Weise kann der Ertrag für das Eigenkapital erweitert werden.
- **Liberalisierung**: Die Zurücknahme staatlicher Eingriffe in wirtschaftliche Prozesse, z.B. durch Deregulierung und Privatisierung.
- **liquide**: Über ausreichend Zahlungsmittel verfügen.
- **Liquiditätsfalle**: Eine Falle für den Staat – in Zeiten wirtschaftlicher Krisen halten die Menschen ihr Geld zurück, kaufen weder ein, noch legen sie ihr Geld an, sie wollen liquide bleiben.

- **Lohnquote**: Das Pendant zur Gewinnquote. Prozentueller Anteil am Volkseinkommen, der durch Einkommen aus nichtselbständiger Arbeit erzielt wird. Bei der Lohnquote wird die Brutto- und Nettolohnquote (jeweils vor bzw. nach Abzug von Steuern und Abgaben) unterschieden.
- **Maastricht-Kriterien**: Auch EU-Konvergenzkriterien; Vier Kriterien, die Länder erfüllen müssen, bevor sie der EU-Währungsunion beitreten können: Preisniveaustabilität, Finanzlage der öffentlichen Hand, Wechselkurs, langfristige Zinssätze. Auch nach dem Beitritt sind im Rahmen des Stabilitäts- und Wachstumspaktes zwei der Kriterien (Neuverschuldung max. 3% des Bruttoinlandsproduktes (BIP), öffentlicher Schuldenstand unter 60% des BIP) ständig zu erfüllen.
- **magisches Vieleck**: Ein System, das fünf wirtschaftspolitische Ziele in sich vereint, wobei davon nie alle gleichzeitig erreicht werden können: Wirtschaftswachstum, Preisstabilität, niedrige Arbeitslosenquote, außenwirtschaftliches Gleichgewicht gerechte Einkommensverteilung.
- **Mainstream-Ökonomie**: „Mainstream Economics“ gelten als akzeptierte Basis für Analysen der volkswirtschaftlichen Handlungen und beschreiben die aktuell herrschende Lehre an den Universitäten. Das heißt nicht, dass der „Mainstream“ allgemein gültig ist, allerdings ist er das sehr wohl bis zu seiner Widerlegung. Seit Mitte der 1970er-Jahre gilt die Neoklassik als „Mainstream“.
- **Makroökonomie**: Die Makroökonomie betrachtet die Gesellschaft bzw. die Volkswirschaft als Ganzes, im Gegensatz zur Mikroökonomie.
- **Maßnahmen-Mix**: Volkswirtschaften setzen ökonomische Theorien kaum in Reinkultur um, sondern bedienen sich eines Maßnahmen-Mixes, der häufig stark an eine Theorie angelehnt ist.
- **Menu of choice**: In der Ökonomie versteht man darunter einen Begriff aus jener Zeit (1958), in der der Ökonom

A. W. Phillips anhand der Phillipskurve aufgezeigt hat, dass die Wirtschaftspolitik immer nur die Möglichkeit hat, entweder weniger Inflation oder weniger Arbeitslosigkeit zu erzielen. Man spricht auch von einem Zielkonflikt zwischen Beschäftigung und Geldwertstabilität.

- **Mikroökonomie**: Kernstück der neoklassischen Theorie. Im Gegensatz zur Makroökonomie stehen hier die Kauf- und Produktionsentscheidungen des Einzelnen im Mittelpunkt.
- **Minsky-Moment**: Krisentheorie vom Ökonomen Hyman Minsky, der damit bereits in den 1970er-Jahren die Krise 2008/09 zu beschreiben schien. Am Anfang steht eine abgesicherte Finanzierung von Anlegern. Der Gewinn durch die Investition reicht aus, um den Kredit zurückzuzahlen. Mit der Zeit werden die Anleger risikofreudiger, die Investitionen werden risikoreicher angelegt, die Gewinne reichen nur mehr um die Zinsen der Kredite zu begleichen, die Kredite selbst werden durch neu aufgenommenes Geld ersetzt. Schließlich werden sogar zur Begleichung der Zinsen weitere Kredite aufgenommen, bis das ganze System so instabil wird, dass die Spekulationsblase platzt.
- **Monetarismus**: Vor allem von Milton Friedman in den 1960er- und 1970er-Jahren als Gegenentwurf zum Keynesianismus konzipierte wirtschaftswissenschaftliche Denkschule, bei der er auf die angebotsorientierten Theorien der Neoklassiker der 1930er-Jahre zurückgreift. Monetarismus und seine politische Ausformung des Neoliberalismus sind ab dem Ende der 1970er-Jahre bis zum Ausbruch der zweiten Finanzkrise die tonangebenden wirtschaftlichen Strömungen.
- **Monopol**: Situation auf dem Markt, in der ein Produkt von nur einem Anbieter angeboten wird.
- **Mortgage Backed Securities (MBS)**: Durch Immobilien gesicherte Wertpapiere.
- **Multiplikator**: Gibt an, wie sich wirtschaftspolitische Impulse auswirken. Bestandteil der Theorie von Keynes, den der

Multiplikator vor allem im Rahmen der Frage einer Stimulierung der gesamtwirtschaftlichen Nachfrage interessierte.

- **Neokeynesianismus**: Ökonomische Theorie in der Nachfolge John Maynard Keynes, die sich auf jene seiner Aussagen stützt, die ein längeres ökonomisches Gleichgewicht zulassen. Damit wird eine Synthese mit der Neoklassik möglich mit der Aussage, dass kurzfristig zwar der Keynesianismus gilt, langfristig aber die neoklassische Theorie Recht hat. Nicht zu verwechseln mit dem Postkeynesianismus.
- **Neoklassik**: Theoretische Schule der 2. Hälfte des 19. Jahrhunderts, die die klassische Theorie (unter anderem Adam Smith, siehe Klassik) ablöste.
- **Neoliberalismus**: Ab Mitte des 20. Jahrhunderts politische Ausformung des Monetarismus. Abgrenzung besonders gegenüber dem Keynesianismus, im Mittelpunkt steht die wirtschaftliche Freiheit des Marktes, es sollen keine politischen Eingriffe erfolgen, die Politik organisiert nur die Rahmenbedingungen für einen ansonsten ungestörten Handel.
- **New economy**: In den späten 1990er-Jahren entstanden neue Wirtschaftssektoren im Bereich der Computerbranche und neuer Kommunikationsmedien. Nach einem kurzen Höhenflug, bei dem Kleinstunternehmen durch Börsengänge über Nacht milliardenschwere Betriebe wurden, platze die New Economy-Blase jedoch und hat sich bis heute nicht erholt.
- **nomineller Lohn**: Der ausbezahlte Lohn, der im Gegensatz zum Reallohn nichts über dessen Kaufkraft aussagt.
- **Notenbank**: Auch Bundesbank, Zentralbank; eine für die Geld- und Währungspolitik eines bestimmten Währungsraums (z.B. Staaten, aber auch Staatengemeinschaften wie die EU) zuständige Institution, z.B. Österreichische Nationalbank, Europäische Zentralbank (EZB), US-Federal Reserve System (FED), Schweizerische Nationalbank (SNB).
- **Offenmarktpolitik**: Heute das Standardinstrument zur Kontrolle der Geldmengen durch die Notenbank. Diese bietet den

Banken Wertpapiere zum Kauf an oder kauft ihnen Wertpapiere ab. Kaufen die Banken, können sie weniger Kredite vergeben. Verkaufen sie, steht ihnen wiederum mehr Geld für Kredite zur Verfügung.

- **Oligopol**: Marktform, bei der es viele Nachfrager, aber nur wenige Anbieter gibt.
- **„over the counter"-Geschäft**: „über den Ladentisch"; ein außerbörslicher Handel mit Wertpapieren, der direkt zwischen Käufern und Verkäufern (und nicht über die Börse) stattfindet.
- **Pareto-Optimum**: Auch Pareto-Effizienz; bezeichnet einen Zustand, in dem kein Individuum mehr besser gestellt werden kann ohne ein anderes schlechter zu stellen.
- **Pensionssäule(n)**: Die einzelnen Säulen entsprechen den einzelnen Bestandteilen, aus denen sich die Pension zusammensetzt, meist spricht man von drei Pensionssäulen: Der staatlichen, der betrieblichen und der privaten. Neben der staatlichen Pension wird den Arbeitnehmern ab den 1990er-Jahren in vielen westlichen Staaten empfohlen, sich frühzeitig auch um die zweite und dritte Pensionssäule zu kümmern.
- **Phillips-Kurve**: Von Alben W. Phillips entwickeltes Modell, das den Zusammenhang zwischen Arbeitslosigkeit und Inflation illustriert. Keynesianer (Keynesianismus) und Monetaristen (Monetarismus) haben die Kurve jeweils individuell beurteilt und ihr unterschiedliche Formen gegeben.
- **Pigou-Effekt**: Erstmals von Arthur Cecil Pigou beschrieben; bei fallendem Preisniveau wird das Geld der Menschen mehr wert, sie werden wohlhabender und steigern ihren Konsum.
- **„Ponzi"-Finanzierung**: Der Name geht zurück auf Charles Ponzi, einen der größten Betrüger der amerikanischen Geschichte, der die Teilnehmer an einem von ihm organisierten Schneeballsystem um insgesamt rund 150 Millionen Dollar geprellt hatte. Als Ponzi-Trick bezeichnet man heute Schneeballsysteme, eine Ponzi-Finanzierung entspricht einer Anlage-

form mit unrealistisch hohen Renditen, die in der Folge irgendwann zusammenbricht, weil mehr aus- als einbezahlt werden müsste.

- **Postkeynesianismus**: Wirtschaftswissenschaftliche Schule in der Nachfolge John Maynard Keynes, die im Gegensatz zu den Neukeynesianern, die seinen Theorien nur kurzfristige Gültigkeit zusprechen, davon ausgeht, dass Keynes' Theorien auch auf lange Sicht gelten können.
- **Private-Equity-Gesellschaften**: Eine Form des Beteiligungskapitals, bei dem die Beteiligung durch private oder institutionelle Anleger nicht an den Börsen handelbar ist. Private-Equity-Gesellschaften kaufen Anteile an Unternehmen mit Eigen- und Fremdkapital auf. Das Ziel ist, das Fremdkapital mit den Gewinnanteilen zurückzuzahlen und damit das Unternehmen nur mit dem Eigenkapitalanteil erworben zu haben. 2005 bezeichnete der damalige SPD-Vorsitzende Franz Müntefering Private-Equity-Gesellschaften als Heuschrecken.
- **Produktivität**: Kennzahl für die Leistungsfähigkeit einer Volkswirtschaft. Verhältnis zwischen produzierten Gütern und den dafür benötigten Produktionsfaktoren.
- **Ratingagenturen**: Unternehmen, die die Kreditwürdigkeiten von Firmen aller Art mit einer von AAA (exzellent) bis zu D (zahlungsunfähig) reichenden Bewertungsskala beurteilen.
- **rationale Erwartungen**: Informiertheit und optimale Verwertung von Informationen bei ökonomischen Entscheidungen.
- **Reallohn**: Lohn, der (im Gegensatz zum nominellen Lohn) der tatsächlichen Kaufkraft entspricht.
- **Rendite**: Der jährliche Gesamtertrag eines Kapitals, meistens angegeben in Prozent des angelegten Kapitals.
- **Rezession**: Herrscht, wenn die Wirtschaft in zwei aufeinanderfolgenden Quartalen schrumpft.

- **Risikoprämie**: Zinsaufschlag, den der Anleger für ein Investment in risikoreiche Kapitalanlagen fordert. Je größer das Verlust- oder Ausfallrisiko ist, desto höher ist der Aufschlag.
- **Sanktionsverfahren**: Wenn ein Euro-Mitgliedsland Gefahr läuft, die Marke der Neuverschuldung von drei Prozent zu überschreiten, kann die EU-Kommission eine Frühwarnung („Blauer Brief") erlassen. Bei Überschreitung wird ein „Verfahren wegen übermäßigen Defizits" ausgelöst. In einer ersten Stufe müssen die betroffenen Länder einen Plan vorlegen, wie sie das Defizit abzubauen gedenken. Halten sie diesen Plan nicht ein, können Sanktionen verhängt werden. (Geldstrafen von 0,2 bis zu 0,5 Prozent des BIP oder Hinterlegung einer unverzinslichen Einlage in „angemessener Höhe" in Brüssel und andere Sanktionen).
- **Sättigungstendenzen**: Die Annahme, dass es an einem bestimmten Punkt zu mehr Angebot als Nachfrage kommt, weil die Menschen bereits alles besitzen, also gesättigt sind.
- **Saysches Theorem**: 1803 von Jean-Baptiste Say formulierte Annahme, dass sich jedes Angebot selbst seine Nachfrage schafft.
- **Sichteinlagen**: Einlagen bei Banken und Kreditinstituten, über die unbeschränkt und täglich verfügt werden kann, wie z.B. Girokonten.
- **Shareholder Value**: Aktionärswert; Entspricht dem Unternehmenswert und dem davon abhängigen Wert der Anteile an einem Unternehmen.
- **sozialistischer Planstaat/Planwirtschaft**: Im Kontrast zur Marktwirtschaft stehendes System in dem wesentliche wirtschaftliche Entscheidungen nicht dem Markt überlassen, sondern zentral getroffen werden. Es werden Pläne für die Entwicklung der Wirtschaft entworfen, wie z.B. der Fünfjahresplan in der ehemaligen DDR und UdSSR.
- **Spekulationsgeschäfte**: Bei Spekulationsgeschäften beabsichtigt weder der Käufer noch der Verkäufer die Waren länger-

fristig zu erwerben bzw. abzugeben. Entscheidend sind die Erwartungen darüber, wie sich das gehandelte Produkt (z.B. Aktien) entwickelt. Ist ein bestimmter Kurs erreicht, wird das Produkt wieder ge- oder verkauft.

- **Staatsinterventionismus**: siehe Interventionismus.
- **Staatsverschuldung**: Die Gesamtforderungen von Gläubigern an den Staat; die Verschuldung eines Staates ausgedrückt in absoluten Zahlen und in Prozent des Bruttoinlandsproduktes (BIP).
- **Stabilitäts- und Wachstumspakt**: Vereinbarung der EU-Mitgliedsstaaten, die sich auch nach dem Beitritt zum Euro zur Einhaltung von zwei der Maastricht-Kriterien verpflichten, nämlich zu einer Neuverschuldung von maximal drei Prozent des Bruttoinlandsproduktes (BIP) und einem Schuldenstand von maximal sechzig Prozent des BIP.
- **Stagflation**: Aus den Worten Stagnation und Inflation kreierter Begriff, der eine Phase des Zusammenfalls der beiden Phänomene bezeichnet. Während einer Stagflation gelingt es einer Volkswirtschaft weder die Nachfrage und damit die Produktion anzukurbeln, noch die Geldentwertung zu stoppen.
- **Subprime-Kredite**: „zweitklassige" Kredite; am privaten (nicht gewerblichen) Kreditmarkt vergebene Kredite, die vor allem an Menschen mit geringer Bonität gerichtet sind.
- **Termineinlagen**: Geldeinlagen, die für eine bestimmte Zeit gebunden sind.
- **Terminmarkt**: Geregelte Institution, in der Termingeschäfte getätigt werden.
- **Thatcherism**: Bezeichnung für die Wirtschaftspolitik der ehemaligen britischen Premierministerin Margaret Thatcher (1979-1990).
- **Ungleichgewichtstheorie**: Seit der Kritik von Keynes an der allgemeinen Gleichgewichtstheorie entstandene Ansätze zur Erklärung von Entstehen und Beharrungstendenz von Ungleichgewichten.

- **Unsichtbare Hand**: Adam Smith zugeschriebener Begriff, der allerdings zu seiner Zeit eine gebräuchliche Metapher war. Sorgt automatisch dafür, dass Angebot und Nachfrage am Markt einander ausgleichen und so das volkswirtschaftliche Optimum erreicht wird.
- **verfügbares Einkommen**: Auf private Haushalte bezogen jener Betrag, der den Menschen für Konsumzwecke oder zur Ersparnisbildung zur Verfügung steht.
- **Volkseinkommen**: Die Summe aller innerhalb einer Volkswirtschaft aus dem In- und Ausland bezogenen Erwerbs- und Vermögenseinkommen wie Löhne, Gehälter, Mieten, Zinsen, Pachten und Vertriebsgewinne.
- **Volkswirtschaft**: Gesamtheit aller in einem Wirtschaftsraum (meist ein Staat) agierenden Wirtschaftssubjekte, also Haushalte, Unternehmen und der Staat. Oft wird auch der Wirtschaftsraum selbst, also z.B. ein Staat, als Volkswirtschaft bezeichnet.
- **Vollbeschäftigung**: Die Beschäftigung aller in einer Volkswirtschaft lebenden, arbeitswilligen Personen. In Österreich spricht man bei einer Arbeitslosenquote unter 3,5 Prozent von Vollbeschäftigung, in Deutschland bewegt sich der Prozentsatz seit den 1990er-Jahren zwischen vier und sechs Prozent.
- **vollkommene Konkurrenz**: Theoretisches Modell eines homogenen Marktes, das in der Ökonomie zur Untersuchung von komplexen Zusammenhängen herangezogen wird.
- **Washington Consensus**: Eine Anzahl neoliberaler wirtschaftspolitischer Maßnahmen, die Regierungen zur Förderung von wirtschaftlicher Stabilität und Wachstum durchführen sollen. Der Begriff wurde 1990 vom Ökonomen John Williamsen anlässlich einer Konferenz in Washington geprägt.
- **Wechselkurse**: Preis einer Währung ausgedrückt in einer anderen Währung. Faktor, der wichtig für die Wettbewerbsfähigkeit eines Währungsraumes ist.

- **Wirtschaftswachstum**: Veränderung des Bruttoinlandsproduktes (BIP) von einem Betrachtungszeitraum zum nächsten.
- **Wohlfahrtsökonomie**: Teilbereich der Wirtschaftswissenschaften, der sich mit den Auswirkungen wirtschaftlichen Handelns und staatlicher Einflüsse auf die Verteilung von Einkommen und Nutzen zwischen den Beteiligten beschäftigt.
- **Zahlungsbilanzausgleich**: Die Zahlungsbilanz bildet die grenzüberschreitenden Geld- und Kapitalströme einer Volkswirtschaft ab.
- **Zentralbank**: siehe Notenbank.
- **Zertifikate**: Wertpapiere, die von Banken ausgegeben und vorwiegend an Privatkunden verkauft werden. Der Handel von Zertifikaten findet vor allem außerbörslich statt.

Sachregister

Literaturverzeichnis

Akerlof, George A. / Shiller, Robert J.: *Animal spirits. Wie Wirtschaft wirklich funktioniert*, Frankfurt / Main: Campus, 2009.

Arbeitsgemeinschaft für wissenschaftliche Wirtschaftspolitik: *Wirtschaftspolitische Alternativen zur globalen Hegemonie des Neoliberalismus.* Wien: Verlag des Österreichischen Gewerkschaftsbundes, 1997.

Balzli, P. (u. a.): „Im Hauptquartier der Gier", in: *Der Spiegel*, 13. Juli 2009.

Beck, Ulrich: *Was ist Globalisierung?*, Frankfurt / Main: Suhrkamp, 2004 (9. Auflage).

Dahrendorf, Ralf: *Reise nach innen und außen. Aspekte der Zeit.* Stuttgart: DVA, 1984.

Dahrendorf, Ralf: „Nach der Krise: Zurück zur protestantischen Ehtik? Sechs Anmerkungen", in: *Merkur*, Nr. 270, Mai 2009, S. 373–381.

Eicker-Wolf, Kai / Limbers Jan: „Politische Ökonomie oder Economics? Überlegungen zur Methodik der Postkeynesianischen Theorie", in: *Politik & Wirtschaft – Materialien zur Bildung und Information*, Heft Nr. 1, 2004.

Fontana, Giuseppe: "Whither New Consensus Macroeconomics? The Role of Government and Fiscal Policy in Modern Macroeconomics", in: *The Levy Economics Institute Working Paper Collection*, Mai 2009, http://papers.ssrn.com/sol3/papers.cfm?abstract_id=1410615 (Juli 2009).

Fuest, Clemens: „Was ist schiefgelaufen? Die Ökonomen in der Sinnkrise", in: *faz.net* (www.faz.net), 5. April 2009.

Guger, Alois / Marterbauer, Markus: „Langfristige Tendenzen der Einkommensverteilung in Österreich – ein Update. Die Verteilung von Einkommen und Vermögen". *WIFO Working Papers*, 307 / 2007, Wien: Österreichisches Institut für Wirtschaftsforschung, 2007.

Jarchow, Hans-Joachim: *Theorie und Politik des Geldes*, Band I (*Geldtheorie*) und II (*Geldmarkt, Bundesbank und geldpolitisches Instrumentarium*), Göttingen: Vandenhoeck & Ruprecht / UTB, 2003 (11. Auflage).

Krugman, Paul R.: *Die neue Weltwirtschaftskrise*, Frankfurt / Main: Campus, 2009.

Linß, Vera: *Die wichtigsten Wirtschaftsdenker*, Wiesbaden: marix, 2007.

Müller, Anja: „Der Stammbaum der Makroökonomie", in: *Handelsblatt*, 23. März 2009.

Niechoj, Torsten: „Wie heterodox ist der Mainstream? Ökonomische Forschung und wirtschaftspolitische Beratung im deutschsprachigen Raum", Umfrage der Zeitschrift *Intervention*, März 2007.

Pelzmann, Linda: „Das große Aufräumen", in: *Kleine Zeitung*, 20. April 2009.

Rothschild, Kurt W.: *Die politischen Visionen großer Ökonomen*, Bern: Stämpfli, 2004.

Samuelson, Paul A. / Nordhaus, William D.: *Volkswirtschaftslehre*, Landsberg am Lech: mi-Fachverlag, Redline, 2007 (3. Auflage).

Schäfer, Ulrich: *Der Crash des Kapitalismus*, Frankfurt / Main: Campus, 2009.

Schmidt, Christoph M. / aus dem Moore, Nils: „Quo vadis, Ökonomik?", in: *faz.net* (www.faz.net), 22. Mai 2009.

Schmidt, Helmut: „Wie entkommen wir der Depressionsfalle?", in: *Die Zeit*, 15. Jänner 2009.

Schnibben, Cord: „Lob der Gier", in: *Der Spiegel*, 11. Mai 2009.

Schulmeister, Stephan: „Neues Bündnis von Realkapital und Arbeit", in: *Die Presse*, 12. Juni 2009.

Schumpeter, Joseph A.: *Geschichte der ökonomischen Analyse*, 2 Bde., Göttingen: Vandenhoeck + Ruprecht, 1965.

Senf, Bernd: *Die blinden Flecken der Ökonomie. Wirtschaftstheorien in der Krise*, Kiel: Verlag für Sozialökonomie, 2008 (5. Auflage).

Stiglitz, Joseph E.: „Es fehlt der Sinn für soziale Gerechtigkeit", in: *Süddeutsche Zeitung*, 7. März 2009.

Stiglitz, Joseph E.: *Die Chancen der Globalisierung*, München: Siedler, 2006.

Stiglitz, Joseph E.: *Die Schatten der Globalisierung*, Berlin: Siedler, 2002 (6. Auflage).

Wheen, Francis: *Über Karl Marx, Das Kapital* (Hörbuch), Grünwald: Komplett-Media GmbH, 2006.

Willke, Gerhard: *Neoliberalismus*, Frankfurt / Main: Campus, 2003.

Zimmermann, Klaus F. (Hg.): *Neue Entwicklungen in der Wirtschaftswissenschaft*. Heidelberg: Physica-Verlag, 2002.